LES ALIMENTS TRAFIQUÉS

Brewster Kneen

LES ALIMENTS TRAFIQUÉS
Les dessous de la biotechnologie

Préface de Louise Vandelac

Traduit de l'anglais
par
Geneviève Boulanger et Françoise Forest

les éditions
écosociété

MONTRÉAL

Révision : Marie-Claude Rochon

Typographie : Pierre Wyrsch

Illustration de la couverture : Gabrièle Fontana

Responsable de la production : Serge Mongeau

Titre original : *Farmageddon*

© Brewster Kneen, 1999

Pour l'édition française :

© Brewster Kneen, 2000
Les Éditions Écosociété
C.P. 32052, succ. Les Atriums
Montréal (Québec) H2L 4Y5

Dépôt légal :
2ᵉ trimestre 2000
ISBN : 2-921561-51-4

Données de catalogage avant publication (Canada)

Kneen, Brewster

Les aliments trafiqués : les dessous de la biotechnologie

Traduction de : Farmageddon.

ISBN : 2-921561-51-4

1. Aliments – Biotechnologie. 2. Organismes génétiquement modifiés. 3. Manipulations génétiques. 4. Plantes transgéniques. I. Titre.

TP248.65.F66K5314 2000   664´.024   C00-940779-0

LE CONSEIL DES ARTS
DU CANADA
DEPUIS 1957 | THE CANADA COUNCIL
FOR THE ARTS
SINCE 1957

Nous remercions le Conseil des Arts du Canada de l'aide accordée à notre programme de publication, ainsi qu'à la traduction du présent ouvrage.

Nous reconnaissons l'aide financière du gouvernement du Canada par l'entremise du Programme d'aide au développement de l'industrie de l'édition (PADIÉ) pour nos activités d'édition.

Nous remercions enfin la Sodec pour son soutien financier.

Table des matières

PRÉFACE

Louise Vandelac [1]

PREMIERS RAYONS CHAUDS d'avril... *Noyée de soleil et de cris d'oiseaux, je referme ce livre que vous ouvrez à peine, encore profondément habitée par cette force de conviction et cette intelligence sensible avec lesquelles Brewster Kneen démonte les prémisses, les enjeux et les glissements en cascades nous menant vers cet étonnant marché du remodelage génétique du vivant, dont nous sommes à la fois les clients, les objets et les observateurs, somnambules ou incrédules...*

Il est vrai que le train des aliments transgéniques, des animaux-usines clonés et des embryons-laboratoires, qui risque de changer radicalement autant nos horizons que nos paysages intérieurs, est passé si rapidement qu'on l'a à peine vu passer. En quelques décennies, la possibilité d'isoler, de modifier, de breveter des gènes de plantes, d'animaux et d'humains, de transgresser les frontières entre les espèces et les règnes élaborées sur plus de trois milliards d'années, de transformer ce vivant en viviers industriels, sous la promesse de procédés miracles et de nouveaux élixirs, nous a fascinés au point de nous

---

1. *Professeure titulaire au Département de sociologie à l'Université du Québec à Montréal et chercheure au CINBIOSE (Centre d'étude des interactions biologiques entre la santé et l'environnement), centre collaborateur OMS-OPS, Louise Vandelac travaille, entre autres, sur les enjeux économiques, sociopolitiques et éthiques de l'appropriation des sources de vie et des mutations du vivant (humain, animal, végétal), objets, en 1999–2000 de deux documentaires:* Main basse sur les gènes ou les aliments mutants *et* Clonage ou l'art de se faire doubler, *coréalisés avec Karl Parent, pour l'Office national du film du Canada.*

faire oublier que les multinationales de la « Life Industry » en profitaient pour commencer à faire main basse sur le patrimoine génétique de la planète.

À partir des combinatoires infinies de l'alphabet génétique doublé de la puissance informatique, certains — avec les mêmes prétentions conquérantes et salvatrices et les mêmes intérêts économiques à courte vue qui ont présidé à la dévastation de l'environnement —, s'apprêtent à réécrire le monde, voire, d'ici quelques décennies, à redessiner le profil génétique des générations futures : « We are talking about remaking human biology », annoncent-ils déjà[2].

Cette appropriation des ressources génétiques et ce remodelage du vivant instaurent d'autres partages du monde et de ses ressources, nouvelle géopolitique qui se replie de plus en plus sur l'univers troublant du bio-pouvoir dont le philosophe Michel Foucault semble avoir eu la prémonition. Les enjeux de pouvoir, antérieurement liés aux conquêtes de territoires et de leurs richesses, puis au contrôle des énergies fossiles, des procédés industriels, chimiques et informationnels, tiennent en effet de plus en plus à la maîtrise des sources de vie et de leurs recombinaisons génético-informatiques instaurant un nouveau mode de production biologique qui impose son idéologie propre. Ces questions nous concernent donc tous au premier chef puisque c'est notre environnement, notre alimentation, nos rapports aux autres, à la pensée et à la vie, donc notre identité même, comme individus et comme espèce, qui en sont désormais les objets.

Certes, comme en témoigne éloquemment Les aliments trafiqués, *les objectifs industriels, commerciaux et financiers de ce marché de la transformation génétique du vivant sont aussi évidents que leurs risques environnementaux, sociopolitiques et sanitaires. Toutefois, l'aplatissement de tout horizon économique au ras des pâquerettes du néolibéralisme, la puissance des enjeux inconscients prétendant résoudre à coups de bistouri la complexe question des origines, le déterminisme technologique, assimilant bêtement toute technologie à l'inéluctable et au mythique progrès, l'habile miroitement des perspectives de bien-être et de longévité, qui, grâce à l'habillage rassurant des instances publiques, taisent leurs risques et effets pervers, sont autant de facteurs qui contribuent à notre endormissement collectif. À voir ces découvertes, présentées au fil de l'actualité comme à la fois prodigieuses et anodines, s'imposer au rythme échevelé de la cacophonie médiatique qui transforme les spectres d'hier*

---

2. Lee Silver, biologiste de Princeton et Gregory Stock, chef du *Programme de médecine, technologie et société, École de médecine UCLA (université de Californie à Los Angeles),* Associated Press, *6 mars 2000.*

en faits divers, la sidération en banalisation et l'essentiel en accessoire, il est difficile, il est vrai, de saisir toute la profondeur et la radicalité de cette emprise techno-économique sur « le vivant », qui effrite déjà les frontières entre les règnes et les espèces, entre les personnes et les choses, entre le vivant et la matière...

Sans nier ni l'intérêt de la connaissance scientifique, ni celui du génie génétique comme outil de recherche, de diagnostic et parfois de soins, force est d'admettre que les dispositifs d'appropriation et de transformation génétique du vivant, parfois aussi redoutables que la naïveté des discours dont ils se drapent, ont des impacts beaucoup plus profonds qu'ils ne le laissent entrevoir. À la faveur des développements exponentiels de l'informatique, des nanotechnologies et de l'électronique moléculaire annonçant d'ici une trentaine d'années, selon le célèbre informaticien Bill Joy, la conception de puissants outils capables de se dupliquer et d'évoluer[3], les transformations inusitées du vivant et de l'ensemble des rapports sociaux induits notamment par la transgénèse et le clonage, et leurs risques pour les écosystèmes, les liens sociaux et les repères identitaires qui nous ancrent dans l'humanité, dépassent largement leurs bienfaits réels, apparents ou escomptés.

Au moment où l'avidité boulimique de la technoscience et le cannibalisme du marché structurent de plus en plus nos rapports au monde, voire à la pensée elle-même, ce sont non seulement les modalités de développement et de diffusion de certaines applications du génie génétique qui méritent d'être mises en question, mais leur sens, leur finalité et leur pertinence même ; sinon, nous risquons de nous laisser dériver au nom d'une pensée scientifique qui, coupée de la conscience politique et éthique, pour reprendre Edgar Morin, et incapable de penser sa propre ambivalence et sa propre aventure, commande l'avenir des sociétés sans se commander elle-même, condamnant les citoyens à une ignorance croissante des problèmes de leur destin.

Il est donc impératif de combler l'incroyable déficit de réflexion collective et de débats sociaux sur ces mutations du vivant et plus largement sur les rapports technologie-science-économie, essentiels pour éviter de concentrer encore davantage aux mains de quelques-uns, et sans contre-pouvoir réel, des outils de vie et de mort d'une puissance inégalée, qui risquent de nous laisser en rade avec une démocratie en panne. Certes, le caractère imprévisible et ambivalent des technologies brouille la boule de cristal de l'avenir, mais devant le rythme infernal où se déploient ces technologies, il serait imprudent de nous défiler de nos responsabilités envers les autres générations, le bien

---

3. Bill Joy, « *Why the future doesn't need us* », Wired Magazine, *Archive, avril 2000.*

commun et la biodiversité. Il serait également périlleux de repousser cette exigence de penser l'ampleur et la complexité de cette emprise inégalée sur le vivant, qui permettra d'entrevoir l'univers qu'elle dessine, la reconfiguration de l'humanité vers laquelle elle nous conduit, et d'avoir une prise quelconque sur le futur que certains nous réservent. C'est une telle réflexion de fond qu'amorce avec lucidité Brewster Kneen, à partir du dossier des plantes et aliments transgéniques, qui, montre-t-il habilement, nous fait avaler bien d'autres couleuvres que celle de la transgénèse.

Parmi ces couleuvres, celle du déterminisme techniciste qui, de façon simpliste, univoque et quasi religieuse, présente les plantes, aliments et animaux transgéniques comme inéluctables et salutaires, tout en excluant et en discréditant toute question du non-spécialiste, aussitôt taxée d'impertinence ou de crainte irrationnelle. Serions-nous déjà dans le néo-obscurantisme généralisé évoqué il y a 20 ans par Edgar Morin, pour qui le morcellement et le cloisonnement accélérés des savoirs et des spécialisations — où le spécialiste devient ignorant de ce qui échappe à sa discipline alors que le non-spécialiste renonce d'avance à réfléchir sur le monde, la vie, la société, laissant ce soin aux spécialistes qui n'en ont ni le temps, ni les moyens conceptuels —, conduisant à cette situation paradoxale « où le développement de la connaissance instaure la résignation à l'ignorance et où le développement de la science est en même temps celui de l'inconscience[4] » ?

Or, ce qui est en cause, c'est non seulement le savoir parcellaire et verrouillé de chercheurs dont les intérêts socioprofessionnels, dominés par l'industrie et les lobbies, les placent souvent en position de juges et parties, mais également l'éviction de citoyens intimidés par les jargons et la complexité du domaine, ainsi que des pouvoirs publics qui, dans ce vent de balayage néolibéral, ont largement abandonné les outils publics de recherche et d'analyse permettant d'échapper au simplisme désarmant des discours scientistes et économicistes servis à satiété par des firmes dont les projets de remodelage génético-économique de l'alimentation et du monde reposent sur le silence consentant de l'opinion publique, ou du moins sur la neutralisation des critiques et des oppositions. C'est dans cette perspective qu'apparaît tout l'intérêt de l'imposant travail de déconstruction idéologique qu'amorce ici Brewster Kneen, pressentant bien que si les aliments transgéniques ne constituent pas le talon d'Achille des « multinationales du vivant », ils risquent à terme de constituer le nôtre.

Cette industrie dite du vivant, fleuron de l'univers du « Science Push » caractérisant ces secteurs techno-industriels à haute concentration de savoir

---

4. Edgar Morin, « Pour la science », Science avec Conscience, Fayard, Paris, 1990, p. 17.

et de capitaux, où les innovations, imposées par faits accomplis successifs, forcent à produire la demande et à stimuler les marchés afin d'assurer de rapides et imposants retours sur investissements aux actionnaires, exige de faramineux budgets de recherche et de publicité. Cela explique en partie les vents de fusions et de rachats d'entreprises, concentration inégalée où les géants de la pétrochimie, des semences et du pharmaceutique s'associent pour dominer, à l'aide notamment des OGM et des brevets sur le vivant, le secteur agroalimentaire. Or, quand une poignée de firmes contrôle l'essentiel des semences du monde, détient une partie importante des outils de production et de transformation, impose ses OGM au risque de compromettre la biodiversité, les cultures biologiques et traditionnelles en plus de renforcer la dépendance des agriculteurs, le tout avec l'aval de certains États et à l'insu ou à l'encontre d'un nombre croissant de citoyens et de consommateurs, c'est non seulement la démocratie qui risque d'être flouée, mais la survie de populations entières qui est menacée, rappelle Brewster Kneen.

Un tel coup d'État bioéconomique requiert évidemment d'imposants dispositifs de persuasion, de légitimation sociale et de promotion idéologique et politique[5], peu soucieux parfois des mécanismes d'évaluation et d'encadrement que certains n'hésitent guère à contourner, à court-circuiter ou à remodeler, parfois même avec la complicité des pouvoirs publics, comme le montre éloquemment Brewster Kneen. Dans un tel contexte, rien d'étonnant à l'inflation de prétendus miracles (visant à rassurer autant les actionnaires que les consommateurs), comme celui de la première tomate transgénique dont le mirage et la faillite sont analysés ici en détails. Rien d'étonnant non plus aux prétentions intenables et perverses voulant que les OGM servent à nourrir le monde et à sauver l'environnement, que Brewster Kneen déboulonne également pièce par pièce.

Au-delà du scintillement médiatique, Brewster Kneen pose un regard large et profond sur les prémisses, les valeurs et les choix implicites incorporés à ces technologies, analysant non seulement les promesses à l'aune des résultats, mais interrogeant les choix technologiques et demandant à chaque fois si les problèmes qu'on prétend vouloir résoudre ne pourraient pas être posés et donc résolus tout autrement. Enquêteur patient et vulgarisateur habile, il s'inspire

---

5. *Mark Abley révélait dans le quotidien montréalais* The Gazette *du 28 février 2000 que le gouvernement canadien avait versé près de six millions de dollars aux principaux lobbies de l'industrie des biotechnologies au cours des années 1994–1999 pour étudier leur stratégie de communication afin d'améliorer l'« éducation » du public et pour faciliter le travail de réseautage des firmes de biotechnologie, qui ont par ailleurs accès à d'autres sources de fonds publics de plusieurs centaines de millions de dollars.*

largement des propos émanant des principales firmes et des pouvoirs publics, pour défaire l'écheveau complexe des stratégies, des secrets et des silences permettant de diffuser, dans l'ignorance entretenue des populations, des cultures et aliments transgéniques dont les risques et les impacts encore mal évalués pour l'environnement et la santé ne sont paradoxalement aucunement imputés aux firmes qui les imposent. Démontant les astuces rhétoriques et les constructions lexicales qui masquent les enjeux et nourrissent l'essor de cette industrie, Brewster Kneen réussit à vulgariser admirablement ces questions fort complexes. Il nous donne ainsi un précieux outil de réflexion et de démocratisation des savoirs, véritable antidote au cynisme, au silence et à l'inaction qui sont de précieux atouts pour ceux qui s'apprêtent à modifier les paramètres biologiques des êtres et de la planète pour leurs profits, tout en prétendant que c'est pour notre bien...

C'était quoi, le problème?

NOUS SOMMES DEVENUS agriculteurs en 1971. La ferme que nous avons acquise nous a été vendue avec un troupeau de vaches et un taureau de boucherie. Nous n'avons pas tardé à envoyer ce taureau à l'abattoir et à le remplacer par un géniteur performant, bien conformé, muni d'une bonne musculature et d'un pedigree impressionnant. Nous achetions de la « génétique », expression qui n'était jamais utilisée à cette époque où il n'était encore question que d'animaux entiers. Nous avons par la suite acheté d'autres taureaux tout aussi prometteurs, dans le but d'améliorer la qualité de nos vaches et celle de nos veaux, qui étaient vendus à 6 mois comme veaux d'embouche ou à 15 mois pour la viande destinée à la congélation.

Au bout d'un certain temps, après avoir travaillé à améliorer de la même façon notre troupeau de moutons, nous avons convenu que nous ne pouvions pas poursuivre les deux élevages; nous avons alors vendu notre troupeau de bovins de boucherie, le taureau y compris. Nous avons cependant gardé, pour les besoins de la famille, une vache Jersey qui nous approvisionnait en lait, en beurre et en viande, par ses veaux. Jusqu'à ce jour, il n'avait jamais été question de la faire inséminer parce que nous avions toujours eu un taureau à notre disposition quand venait le temps de l'accouplement. Un de nos voisins, Dunbar, avait aussi l'habitude de mener sa vache chez nous pour la faire saillir. Après le départ de notre taureau, cependant, nous avons dû recourir à l'insémination artificielle

(IA). Notre vache ne semblait pas s'en offusquer; la semence «collait» sans problème, et tout cela n'était pas un sujet de préoccupation. Dunbar, quant à lui, s'est départi de sa vache.

Aujourd'hui, quelque 15 ans plus tard, ces événements me reviennent à la mémoire quand je lis des articles sur la transplantation d'embryons, le tri génétique, la thérapie génique et le clonage. Ce qui se fait actuellement dans ce domaine me déplaît et me laisse perplexe: tout cela ne découlerait-il point du pas apparemment inoffensif que nous avons franchi en décidant de vendre notre taureau et de recourir à l'insémination artificielle pour «féconder» notre vache? Quel était le problème auquel l'insémination artificielle semblait apporter une solution[1]?

C'est là une question que nous devons nous poser à propos de la biotechnologie — l'application de la technologie au vivant et le traitement du vivant considéré comme une technologie. Il devient impératif de soulever cette question et bien d'autres, car les incursions humaines dans l'intégrité des organismes ne se sont pas limitées à l'IA. Il est maintenant question de scinder les embryons et de prélever des segments d'ADN sur un organisme pour les transplanter dans un autre. Ou encore d'«améliorer» la vie humaine en recourant à la sélection et aux manipulations génétiques, comme cela se fait pour l'«amélioration» de nos aliments par le génie génétique; on réunit déjà des fonds à cette fin. Devant tout cela, je m'interroge. Comment en sommes-nous arrivés là? Comment pouvons-nous accepter aujourd'hui des choses qui auraient été impensables, voire répugnantes, il y a seulement quelques années?

Sur notre ferme, nous avons accepté l'IA, qui augmentait considérablement notre choix de taureaux. Nous pouvions faire inséminer notre Jersey en achetant la semence d'un taureau Jersey primé si nous voulions élever une bonne vache laitière. Ou alors opter pour un géniteur Hereford en vue d'obtenir un veau d'embouche, ou pour toute autre race, selon nos caprices ou nos objectifs commerciaux. Aujourd'hui, non seulement des taureaux primés engendrent des dizaines de milliers de veaux qui seront dotés du même potentiel génétique, grâce à la congélation du sperme, mais on prend des embryons produits en laboratoire, on les congèle, on

---

1. Plusieurs mois après avoir écrit ces lignes, j'ai trouvé la phrase suivante dans un éditorial d'un numéro du *Journal of the American Medical Association* paru en 1972: «Nous pourrions donc considérer l'insémination artificielle comme la première technique du génie génétique», extrait cité dans Jon Turney, *Frankenstein's Footsteps: Science, Genetics and Popular Culture,* New Haven, Yale University Press, 1998.

les expédie par avion et on les introduit dans des vaches aux quatre coins du monde, dans le but d'obtenir des veaux identiques «de qualité supérieure».

Un rapport sur la recherche dans le domaine du transfert d'embryons en Ontario exprime bien l'attitude à l'égard de la vie qui sous-tend ces «technologies»: «Chaque fois qu'une vache est inséminée artificiellement en Ontario [...], il y a plus de 70 pour cent de chances que le taureau qui fournit la semence provienne lui-même d'un transfert d'embryon (TE) [2].» Plus loin dans ce même rapport, on peut lire: «Quand la qualité n'est pas une préoccupation prépondérante, il est maintenant relativement facile de produire des embryons à peu de frais à partir d'ovules prélevés dans des ovaires recueillis à l'abattoir et fécondés *in vitro* [3].» On peut recourir à des donneuses de meilleure qualité pour produire des embryons une ou deux fois par semaine grâce à une technique de prélèvement d'ovules [...] qui permet d'aspirer les ovules des ovaires de la donneuse avec une seringue spéciale introduite dans le vagin. Ce n'est pas tout. «Dans certaines circonstances, on pourrait même prendre les ovules d'une vache ordinaire abattue en Ontario pour produire des embryons exportables de qualité, en recourant à la fécondation *in vitro* à partir de spermatozoïdes sélectionnés. On pourrait ainsi convertir à peu de frais les ovules mis au rebut à l'abattoir en embryons de qualité en prélevant le fœtus au début de la gestation, quand on peut encore retirer celui-ci de la vache sans nuire à sa fertilité. »

Mais c'était quoi, le problème?

Ce n'est que récemment qu'il m'est venu à l'esprit que le problème découlait de la consolidation des fermes — appelée *rationalisation* à l'époque — et de la disparition des petites fermes familiales diversifiées qui en a résulté. Nous avons dû recourir à l'IA parce que nous n'avions plus de voisins agriculteurs et plus de taureau auquel nous pouvions mener notre vache. Il était devenu plus «rationnel» de réduire le taureau à du sperme congelé entreposé dans une bouteille d'azote liquide dans le coffre de la voiture d'un inséminateur que de faire monter notre vache dans un camion et de la conduire à un taureau à des kilomètres de chez nous. De plus, le sperme congelé est tellement plus «hygiénique», et si

---

2. Keith Betteridge, «Bovine Embryo Research», dans *Agri-food Research in Ontario*, Guelph, septembre 1995.

3. *In vitro* signifie littéralement «dans le verre», c'est-à-dire dans une éprouvette.

on franchit un pas de plus, il devient possible de sélectionner les embryons et d'éliminer ceux qui présentent une anomalie ou une maladie avant de les congeler et de les implanter.

Cependant, la naissance et l'établissement de la vie sont beaucoup plus complexes que de tels procédés technologiques. À la naissance, le nouvel organisme quitte un environnement et doit rapidement s'adapter à un autre. Malgré l'utilisation de techniques ou de mécanismes étonnants qui permettent d'amortir le choc, l'organisme demeure très vulnérable au cours de cette transition : son système immunitaire apprend à vivre avec l'énorme diversité d'organismes qui habitent déjà son nouvel univers. Chez les mammifères, y compris les humains, bien sûr, ces processus d'acclimatation et d'immunisation s'effectuent grâce au colostrum que le bébé ingurgite en tétant le lait maternel. Rien ne peut remplacer le colostrum. Il est impossible d'inventer un produit qui puisse procurer au nouveau-né ce dont il a besoin pour s'adapter à son nouvel environnement. Seule sa mère, ou peut-être une nourrice qui vit déjà dans son nouveau milieu, peut le faire.

Cela n'empêche pas les grandes firmes d'intervenir agressivement et de faire la promotion de laits maternisés «à la fine pointe de la science», auxquels on a ajouté des médicaments — et bientôt, nous dit-on, des additifs mis au point par l'ingénierie génétique — pour remplacer la pratique «insalubre» et «inefficace» de l'allaitement maternel, ou celle qui consiste à laisser les veaux téter leur mère pour acquérir l'immunité et la vigueur que procure le colostrum.

On a commercialisé des produits analogues pour d'autres animaux. Par exemple, la *Food and Drug Administration* (FDA) américaine a récemment approuvé un produit composé d'un mélange de bactéries intestinales commensales provenant de poulets adultes. Appliquant le principe d'exclusion compétitive, on vaporise ce produit sur les poussins frais éclos, qui absorbent les bactéries en faisant leur toilette. La flore commensale s'implante et élimine les agents pathogènes (comme la salmonelle) dans les intestins «vierges» du poussin.

À trois semaines, les poussins ont acquis une résistance naturelle à la salmonelle parce que leurs intestins sont déjà colonisés par quelque 300 à 400 types de bactéries. L'absence de flore protectrice chez les jeunes poussins semble être due au fait qu'aujourd'hui, les œufs sont couvés dans des incubateurs stériles et que le poussin n'a jamais l'occasion de voir une poule avant d'en devenir une lui-même. Avant l'arrivée des fermes avicoles modernes, les poules couvaient elles-mêmes leurs œufs et leur fiente bourrée de bactéries était souvent la première nourriture des poussins, ce qui aidait ces derniers à s'immuniser contre les organismes étrangers tels que la salmonelle [4].

Les innovations technologiques qui ont bouleversé la vie des poussins et des vaches sont comparables à celles qui ont modifié la gestation des êtres humains : amniocentèse, tri génétique, thérapie génétique et lait maternisé. Quel intérêt les compagnies qui commercialisent ces produits auraient-elles à distinguer un utérus sur deux pattes d'un utérus sur quatre pattes ? Après tout, un mammifère est un mammifère.

***

La manipulation génétique des organismes vivants semble moins nous toucher quand elle s'applique à des plantes que lorsque des animaux ou des êtres humains sont en cause. Nous nous identifions moins à la graine qu'on scinde en deux qu'à l'embryon d'une vache qu'on divise pour obtenir deux veaux (ou davantage) ou, plus près de nous encore, à l'embryon humain auquel on inflige le même sort. Tout le processus est mécanisé et celui qui l'exécute est coupé du geste qu'il pose par la présence de microscopes puissants.

Néanmoins, le public est de plus en plus préoccupé par la prolifération des organismes génétiquement modifiés (OGM) et des plantes transgéniques (contenant du matériel génétique d'espèces avec lesquelles elles ne se croiseraient pas normalement) telles que le canola, le soya, le maïs et le coton résistants aux herbicides, la pomme de terre, le maïs et le coton auxquels on a inoculé une toxine étrangère, ou le canola dans lequel on a introduit un gène du laurier de Californie.

Une fois de plus, je m'interroge. Quand avons-nous fait fausse route ? Quand l'« amélioration » des plantes a-t-elle franchi la clôture pour déborder dans le champ imprévisible de l'ingénierie génétique, qui s'est donné pour mandat de reconstruire les organismes vivants pour créer de nouvelles formes de vie à des fins commerciales ?

Sur un plan plus général, quand les petites entreprises qui pourvoyaient jadis aux besoins de la communauté sont-elles devenues les puissantes multinationales qui poussent le Fonds monétaire international (FMI) à obliger des pays à se soumettre à d'importantes « manipulations

---

4. *Wisconsin State Farmer,* 9 juin 1996 ; *Nature Biotechnology,* mai 1998.

génétiques » — les ajustements structurels — de façon à accroître leur contrôle et leurs profits ?

***

Les vendeurs de biotechnologies et leurs agents de change aiment bien répéter qu'il n'y a rien de nouveau dans la biotechnologie : les agriculteurs ne s'adonnent-ils pas depuis des millénaires à la sélection et au croisement des plantes et des animaux ? Selon ces promoteurs, en gardant les agnelles qui se développaient particulièrement bien dans l'environnement propre à notre ferme, en choisissant un bélier susceptible de nous donner des moutons destinés soit à la reproduction, soit au marché, nous utilisions la biotechnologie.

Cela est faux. Nous n'appliquions pas la technologie — à l'exception d'un crayon et d'un carnet pour inscrire nos données — à nos moutons, et nous ne visions pas l'uniformité génétique, bien au contraire, car il nous apparaissait nécessaire de préserver un certain degré de diversité. Pas plus que nous ne recherchions, ni ne pratiquions, la vitesse et la précision.

De même, quand nous travaillions à « améliorer » nos pacages permanents par une rotation des pâturages et une bonne gestion du cheptel, les plantes et les organismes présents dans le sol changeaient, certes, mais ils le faisaient selon leurs propres conditions et à l'intérieur de leurs propres limites. Nous ne forcions pas des plantes ou des micro-organismes à se conformer à un modèle que nous aurions jugé supérieur pour maximiser nos profits. Bien sûr, nous encouragions les transformations, mais celles-ci se faisaient de façon progressive et subtile. La brebis issue d'un croisement savait toujours comment s'alimenter, bien utiliser ce qu'elle trouvait à manger, mettre bas et nourrir ses rejetons avec un minimum d'intervention de la part du berger.

Nous étions engagés dans une sorte de danse complexe avec les organismes du sol, les plantes et les animaux, exécutant des figures non définies et sans fin, façonnées par des modes complexes d'interaction et d'évolution. Nous n'imposions pas la cadence, même si nous tentions parfois de favoriser l'harmonie. Pendant le déroulement de la danse, nous pouvions observer la santé de l'ensemble et au moins quelques-uns des éléments qui le constituaient, et amener délicatement un partenaire dans une direction ou une autre, selon son degré de détermination. Avec les années, nous avons surmonté notre tendance atavique à intervenir et avons appris à observer plus attentivement, dans l'espoir de mieux comprendre ce qui se passait devant nos yeux et sous nos pieds, comme le font les paysans et les éleveurs depuis des millénaires.

***

La science et la médecine modernes se présentent comme les champions des valeurs humaines, soutenant qu'il est inhumain de ne pas intervenir pour éliminer les caprices de la nature [5].

Je sens qu'il est impératif de regarder en arrière (au risque de passer pour un Luddite [6] aux yeux de certains) et d'examiner d'autres inventions et expériences que nous avons tenues pour acquises à l'époque, afin de mieux comprendre la façon dont les choses ont évolué d'hier à aujourd'hui et le chemin que nous avons parcouru pour nous retrouver dans la situation actuelle, où la manipulation génétique et l'invention de formes de vie sont associées au progrès et présentées comme une obligation morale.

Quand, il y a quelques années, j'ai écrit un livre sur la transformation du colza à l'origine de l'invention du canola [7], j'ai beaucoup appris sur ce qu'est devenue la reproduction des plantes. Aujourd'hui, je me rappelle cette expérience et lui trouve une nouvelle signification (comme à l'histoire de notre vache Jersey) à la lumière des manipulations génétiques qu'on fait maintenant subir au canola et à bon nombre d'autres plantes.

Le canola n'est pas un produit du génie génétique tel que défini aujourd'hui. C'est en fait du colza — qui fait partie de la grande famille très diversifiée des crucifères, tout comme le navet, le brocoli et la moutarde —, présentant des caractéristiques nutritives et oléagineuses définies légalement. Il a été « créé » au moyen d'un procédé de reproduction traditionnel, par des chercheurs qui ont opéré des croisements sur plusieurs générations, en ont analysé les propriétés et les caractéristiques, puis ont élaboré un programme de reproduction afin d'obtenir les traits et les caractéristiques désirés, ce qui correspond essentiellement à la façon dont nous procédions avec nos moutons.

---

5. Gina Maranto, *Quest for Perfection: The Drive to Breed Better Human Beings,* New York, Scribner, 1996.

6. Il s'agit d'un mouvement d'ouvriers anglais qui, dans les années 1810, avaient entrepris de détruire les machines, accusées de provoquer le chômage et de diminuer la qualité des produits. (NDT)

7. Brewster Kneen, *The Rape of Canola,* Toronto, NC Press, 1992.

Keith Downey a joué un rôle clé dans cette transformation du colza quand, à l'aide d'un scalpel d'ophtalmologiste, il a scindé une graine de colza en deux. Posant un jalon qui semblait de peu d'importance à l'époque, bien qu'il fît avancer considérablement la reproduction traditionnelle des plantes à laquelle s'adonnait Downey, celui-ci découvrit que parce que la graine de colza est un dicotylédon, chaque moitié d'une graine soigneusement sectionnée contient le code génétique complet de toute la graine. Cela lui donnait la possibilité de mettre une moitié de la graine de côté, puis d'analyser les caractéristiques oléagineuses et alimentaires de l'autre moitié. Si la graine présentait les caractéristiques qu'il recherchait — si ces caractéristiques se trouvaient «améliorées» —, il pouvait se servir de l'autre moitié de la graine pour produire une souche parentale pour la prochaine génération. Cette possibilité ajoutait une dimension de précision au processus traditionnel, mais ce n'était pas de l'ingénierie génétique : on n'effectuait aucun transfert génétique, on ne déplaçait ni ne retranchait des gènes, on ne manipulait pas directement le patrimoine génétique. La transformation s'opérait encore dans les limites connues de la plante.

Depuis ce jour, cependant, le canola est devenu l'enfant chéri des experts du génie génétique en raison de la facilité relative avec laquelle sa structure génétique peut être manipulée. De plus, l'ampleur de la famille à laquelle il appartient permet aux chercheurs de s'emparer d'une grande variété de caractéristiques et de les recombiner pour convertir le canola en une plante de plus en plus sophistiquée. Par contre, cela pose un dilemme chez les consommateurs soucieux de leur santé qui se font dire que le canola fournit une des huiles comestibles les plus saines, ce qu'ils ont des raisons de croire. Aujourd'hui, une bonne partie de l'huile de canola qu'on retrouve à l'épicerie, sans aucun étiquetage permettant de l'identifier, provient de canola transgénique mis au point pour résister à tel ou tel herbicide, dont nous ne connaissons pas les effets sur l'environnement et la santé humaine.

Rétrospectivement, j'ai tendance à penser que le coup de scalpel de Keith Downey — la technique qu'il a inventée — a été, symboliquement et pratiquement, le coup d'envoi du génie génétique commercial, qui s'est donné pour mission de restructurer le vivant à des fins extérieures, une «gestion par objectifs».

L'intervention de Downey a aussi été l'expression d'un manque de respect pour l'intégrité de la semence, lequel s'exprime de façon encore plus explicite dans les pratiques actuelles du génie génétique.

Ce manque de respect pour la merveilleuse complexité des formes de vie qui nous entourent, auquel s'ajoute la croyance en un progrès assuré par des technologies de plus en plus sophistiquées, engendre une profonde insatisfaction devant la vie telle qu'elle se présente. D'où une quête incessante pour améliorer la vie, l'*hubris* — cet orgueil empreint d'arrogance — nous donnant l'assurance que nous ne pouvons pas nuire et que si jamais nous commettons des erreurs, nous ne tarderons pas à trouver une autre technologie pour y remédier.

On nous assure que si, en recourant au génie génétique pour inventer de nouveaux organismes que nous larguons dans l'environnement, nous portons atteinte à la diversité des formes de vie — à celle de toute une famille de colza, par exemple —, ce même génie nous permettra de créer une nouvelle diversité. On nous assure que si, pour combattre un agent pathogène susceptible de nuire à une plante ou à un être humain, nous fabriquons et répandons un nouveau virus qui s'en prend à ses créateurs, il sera possible de le capturer et de le mater en inventant un nouvel organisme.

Comme nous ne connaissons pas vraiment les conséquences à long terme de l'ingénierie génétique et que nous ne sommes pas préparés à agir avec circonspection et à prendre le temps de les évaluer, nous devenons tous les cobayes d'une vaste expérience dont personne ne peut prédire l'issue. La pomme de terre Bt, le canola *Roundup Ready* ou le soya *Liberty-link* sont peut-être inoffensifs, mais ils peuvent aussi mener à la catastrophe. Quand nous le saurons, il sera trop tard.

Dans l'autre section du grand livre, cependant, est inscrit un processus que nous connaissons : les organismes changent, s'adaptent et survivent. Nous aussi, nous pouvons apprendre à résister à la restructuration du vivant à des fins commerciales.

Chapitre premier

Des relents de mort

N'avons-nous pas ici en Occident une morale simple, réconfortante : escompte la perfection et engueule la cible ratée [1] !

J'AI L'IMPRESSION que la plupart d'entre nous serions d'accord pour dire que la sélection et la reproduction des végétaux et des animaux font partie des « sciences de la vie », expression que se sont appropriée des multinationales pour définir leurs activités dans les domaines du génie génétique et de l'industrie pharmaceutique. Et pourtant, entre leurs mains et dans leurs laboratoires, ces activités ont des relents de mort. Les aliments, la santé et l'environnement sain qu'elles font miroiter, du moins dans leurs pochettes promotionnelles destinées aux investisseurs, sont obtenus au prix de violentes interventions, voire d'invasions, et de l'élimination de bactéries, de plantes et d'animaux, y compris d'êtres humains.

Dire que la biotechnologie engendre la mort peut sembler sévère, mais on n'a qu'à observer les cultures transgéniques mises au point par l'industrie des sciences de la vie. Le canola, le soya, le maïs et le coton ont tous été génétiquement modifiés (immunisés, pour ainsi dire) de façon à pouvoir résister à des doses mortelles d'herbicides destinés à détruire tous les autres végétaux qui poussent à proximité. Résultat : la vie de la plante choisie est « protégée » par sa mutation génétique des herbicides

---

1. Les propos d'Adah, dans *The Poisonwood Bible,* de Barbara Kingsolver.

chimiques qui éliminent tout le reste. Jusqu'à présent, l'industrie des agrotoxines a étonnamment bien réussi à cacher les effets délétères de ses produits. L'attrait d'une pelouse exempte de mauvaises herbes, d'un potager sans parasites et de fruits sans taches a suffi à faire oublier les morts qu'il faut infliger pour obtenir un produit uniforme de belle apparence et exempt d'éléments indésirables[2].

Sur le marché compétitif de la culture dominante, il y a des gagnants et des perdants. On nous encourage à ne pas trop nous préoccuper des perdants — ces expressions de la biodiversité qui s'écartent de la norme établie, qu'il s'agisse d'une mauvaise herbe ou d'une malformation chez un fœtus humain. Mais qu'arrive-t-il si c'est votre enfant en gestation chez qui on a diagnostiqué une « anomalie » qu'on propose de corriger en recourant à la thérapie génique, ou que les experts des sciences de la vie considèrent comme ne méritant pas de vivre, malgré les énormes marges d'erreur actuelles dans ce domaine ? Sous les dictatures militaires récentes en Amérique centrale et en Amérique du Sud, le mot « disparu » était utilisé pour désigner l'opposant politique indésirable éliminé par les autorités.

L'affirmation la plus trompeuse qui nous soit faite est que l'un des objectifs les plus importants — et les plus lucratifs — poursuivis par les experts des sciences de la vie est la prolongation de la vie, sinon l'immortalité, grâce à des techniques chirurgicales raffinées, qui vont de la chirurgie intra-utérine pratiquée chez le fœtus humain au remplacement d'organes usés ou déficients, de plus en plus intimes. Cette reconstruction du corps humain, qui dépend des autres espèces animales considérées comme des fabriques de pièces de rechange[3], peut permettre à un organisme de survivre quelques années, comme la vieille automobile qu'on prolonge en lui installant une nouvelle transmission ; elle crée toutefois un organisme différent, voire une nouvelle personne, qui n'évolue plus de la naissance à la mort. L'organisme remis à neuf se consacre désormais à prolonger sa vie, à la façon des plantes qui dépendent des « agents de protection des cultures » parce qu'on les prive du milieu familier qui les soutenait et qu'elles sont devenues des étrangères en terre

---

2. Pour obtenir de l'information sur cette question, adressez-vous à *Pesticides Action Network North America Regional Centre,* au 49, Powell Street #500, San Francisco, CA 94102 ; courriel : panna@panna.org

3. On appelle *xénotransplantations* les transplantations d'organes ou de parties d'organes sur un organisme appartenant à une espèce autre que celle du donneur.

hostile. La lutte contre la mort, non plus la plénitude de la vie, est devenue la règle d'or, l'or allant bien sûr dans les poches des entreprises consacrées aux sciences de la vie.

Le paradigme selon lequel la vie exige la mort est fondamental dans la monoculture de l'agriculture industrielle et, plus généralement, dans la culture et la science occidentales. Il diffère profondément de la conception religieuse voulant que la mort soit « transcendée » justement quand elle est englobée dans la vie et perçue comme son dernier acte. La plante meurt une fois qu'elle a produit la graine qui assurera sa survie.

Au contraire, l'accueil sans réserve de la vie qui anime l'agriculture biologique ou écologique met l'accent non pas sur la compétition et l'élimination mais sur la communauté des êtres vivants. Grâce à de longues rotations dans des sols en santé foisonnant littéralement de vie micro-bienne, à l'association des cultures, au désherbage et à un calendrier de semailles approprié, les mauvaises herbes s'affaiblissent et, dans certains cas, peuvent même devenir des compagnes et partager le même espace, ce qui contribue à la santé du milieu — en réduisant la déshydratation du sol, par exemple. Plutôt que l'intervention massive, c'est l'intervention minimale qui devient la règle.

La bactérie *Bacillus thuringiensis* (Bt), que l'on retrouve dans le sol sous diverses formes, en offre un bon exemple. Elle est connue et utilisée comme insecticide naturel spécifique depuis longtemps ; on vaporise ce produit directement, au besoin, quand on n'a pas réussi à venir à bout des insectes parasites autrement. Parce qu'il est spécifique et d'origine naturelle, cet insecticide est accepté en agriculture biologique [4].

Ces dernières années, cependant, plusieurs grandes firmes ont dé-couvert qu'elles pourraient faire des profits intéressants en insérant le Bt dans les plantes mêmes et en commercialisant les semences brevetées. Résultat : nous trouvons aujourd'hui sur le marché plusieurs plantes, dont le coton, le maïs et la pomme de terre, dans lesquelles on a introduit des gènes d'organismes producteurs de toxines, de sorte que les toxines sont libérées de façon continue dans toute la plante. Le but est de fournir, par des moyens « naturels », un insecticide omniprésent qui éliminera la pyrale du maïs, l'anthonome du cotonnier ou le doryphore de la pomme de terre dès qu'ils s'attaquent à la plante génétiquement modifiée.

---

4. Pour une étude des caractéristiques d'un sol vivant et en santé, consulter le site Web www.soilfoodweb.com

Nous retrouvons encore là le modèle de la monoculture selon lequel une plante ne survit qu'au prix de la mort des organismes voisins (définis comme des ravageurs et des prédateurs, en plus, bien sûr, des prédateurs de prédateurs, et ainsi de suite). C'est là un modèle écologique profondément différent de celui qui est fondé sur l'exclusion compétitive, ou le commensalisme et la coopération. Les pratiques agricoles de la monoculture poussée à l'extrême perpétuent une conception de la vie axée sur la compétition. Tuez vos ennemis! Ne ramenez aucun prisonnier! Et surtout, ne cherchez pas à découvrir l'origine du problème, ni la façon dont vous pourriez le résoudre en estimant la vie tout entière et non seulement quelques «élus», qu'il s'agisse de plantes, de fourmis ou d'êtres humains.

Il existe d'autres approches. Par exemple, des chercheurs de l'Université Cornell croient avoir découvert la façon dont un insecte ravageur de la courge évite les attaques de ses prédateurs. «[Cet insecte] sécrète son système de défense chimique durant la semaine de repos qui précède l'âge adulte. Quand une fourmi entre en contact avec cette substance suspendue en gouttelettes à l'extrémité des poils minuscules dont est revêtu le corps jaune et noir de la chrysalide, elle détale et vomit[5].» Cette approche de la protection du vivant contraste avec celle des agrotoxines et de la biotechnologie selon laquelle nous tentons d'étendre notre domaine en décidant ce que nous entendons y inclure, sous notre contrôle, pour ensuite marginaliser, tuer ou détruire tout le reste. Après tout, tout ce que veut cet insecte ravageur, c'est qu'on le laisse tranquille.

Nous devons conclure que ces sciences de la vie sont en réalité des condamnations à mort. Elles se consacrent à débarrasser le monde d'ennemis déclarés — qualifiés de «pestes» ou de «nuisances», quelle que soit leur forme biologique —, en s'inspirant d'une philosophie selon laquelle il n'y a pas assez d'espace ni de ressources pour tous les êtres vivants, que la vie est un combat acharné pour «la survie du plus apte» et que la vie des uns exige la mort des autres.

Il est vrai qu'il se produit un renouvellement constant des formes de vie, des cellules du corps humain aux micro-organismes en passant par tout ce qui se situe entre les deux. Mais le génie génétique s'appuie sur une élimination moins sélective et plus délibérée de certaines formes de vie, sur une tradition dont les agrotoxines sont un reflet et qui considère la nature comme l'ennemi à conquérir et la Création comme une ressource

---

5. *New Scientist,* 25 juillet 1998; *Science,* vol. 281, p. 428.

à exploiter. La « purification ethnique », ou génocide, exprime essentiellement la même attitude ; elle découle inévitablement de l'« amélioration » génétique.

***

Le titre d'un article du bulletin du syndicat des agriculteurs de l'Oklahoma a retenu mon attention : « La mort emporte le plus vieux membre de la compagnie Cleveland ». L'agriculteur en question avait vu le jour en 1895, mais ce n'est pas sa longévité qui m'a fait réfléchir. C'est le fait que dans cet article, on reconnaissait la Mort comme un acteur dans le drame de la vie, simplement, sans se laisser emporter par l'émotion. Cet homme venait de mourir de vieillesse. Pas de greffes spectaculaires ni de médicaments miracles. Mais dans la manchette en question, on ne disait pas simplement que cet homme venait de mourir à un âge avancé ; on affirmait que la Mort venait de l'emporter.

Dans notre désir excessif de longévité, voire d'immortalité, y a-t-il une place pour une simple mort « de vieillesse » ? La vie a-t-elle été réduite à une quête technologique destinée à enrichir les multinationales ? À nous en remettre à Monsanto, Cargill, Novartis ou à une autre multinationale anonyme pour combler nos besoins en nourriture, en santé et en espoir ?

Comme l'exprime Lee Hoinacki, un ami intime d'Ivan Illich :

> Voir la mort aujourd'hui, c'est pouvoir distinguer clairement entre le concept de la mort qu'entretiennent les sciences et la technologie et ma propre mort. Une mort technologique, de par sa nature même, ne saurait être ma propre mort. La vision des sciences et de la technologie, projetée par ses images et ses promesses, ses pratiques et ses instruments, l'aura de compétence et de souci des autres qu'elle entretient, établit son autorité sur notre imagination et notre raison[6].

***

Une expression à la fois extrême et logique de l'agriculture industrielle occidentale s'est révélée dans ce que la Fondation internationale pour

---

6. Lee Hoinacki, texte non publié, 15 juillet 1995.

l'essor rural (RAFI) a immédiatement et brillamment appelé, au printemps de 1998, la technologie *Terminator*. Le but avoué de cette élégante prouesse du génie génétique est de produire des graines stériles. C'est la défaite programmée de la force vitale — de l'instinct de reproduction — recherchée dans l'unique but d'accroître le contrôle et les profits de grandes entreprises.

Chaque printemps ou début d'été, au moment de faire les foins, j'étais émerveillé par l'incroyable détermination des graminées et des légumineuses à se reproduire. Le secret pour s'assurer une deuxième coupe abondante, c'était d'effectuer la première coupe avant la maturation des graines. Une fois coupées, les plantes travaillaient fébrilement à former d'autres graines avant que le raccourcissement des jours ne vienne leur rappeler que l'été était terminé. Sachant de toute évidence qu'elle ne vivrait pas éternellement, chaque plante essayait de compléter son cycle vital et de s'assurer que sa lignée ne se terminerait pas dans le grenier à foin.

La technologie *Terminator* joue un vilain tour à la plante en neutralisant son instinct de survie, en la faisant mourir à la puberté, pour ainsi dire. Ainsi, le « propriétaire » de la semence s'assure le contrôle total de sa « propriété intellectuelle » en décidant de la durée de son existence et en refusant à quiconque, y compris à l'agriculteur qui a acheté et semé les graines, de profiter de la survie des plantes.

La compagnie qui a fait breveter cette technologie a tenté désespérément de lui donner des lettres de noblesse en l'affublant du nom de « système de protection issu de la technologie ». Cette appellation place la stérilisation délibérée des semences dans le même camp que les autres produits chimiques agricoles — herbicides, pesticides, fongicides ou, comme je préfère les appeler, agrotoxines. Il y a une dizaine d'années, ces produits ont été rebaptisés « agents de protection des cultures » par l'industrie canadienne qui, en 1986, a également changé le nom de son groupe de pression : l'ancienne Association canadienne des produits chimiques agricoles est devenue l'Institut canadien pour la protection des cultures. (Son homologue américain a fait de même une décennie plus tard.) Le but manifeste de ce changement terminologique est de transformer l'image publique : on passe de l'idée de destruction des mauvaises herbes à celle de protection des aliments. Cependant, les noms des produits en question et les images qu'ils véhiculent évoquent toujours l'agression et la destruction, comme en témoigne l'arsenal de Cyanamid : *Prowl, Pursuit, Avenge, Pentagon, Sceptre, Squadron, Steel, Raptor, Cadre* et *Lightning*.

Un porte-parole de la compagnie qui détient le brevet d'invention pour la technologie *Terminator,* et qui en est le coïnventeur avec le Département américain de l'Agriculture (USDA), s'est senti obligé d'en donner une autre interprétation :

> La mise au point d'un système de protection pour les cultures à pollinisation directe représente une découverte capitale qui procurera aux compagnies une juste récompense pour leurs investissements et leur permettra d'investir davantage dans la recherche en vue d'assurer de meilleurs revenus aux agriculteurs.
>
> La compagnie Delta & Pine Land (D&PL) et le USDA travaillent actuellement à mettre au point un hybride et/ou un système de protection des cultures protégés par leur brevet [...] Les nouveaux cultivars issus de cette technologie permettront aux agriculteurs d'obtenir une récolte normale la première année. Cependant, les semences provenant de cette récolte ne pourront donner une autre génération : il ne sera donc pas possible de profiter plusieurs fois du même achat de semences.

Avec une arrogance ahurissante, le porte-parole enchaîne :

> La possibilité d'empêcher les agriculteurs d'utiliser les semences issues d'une récolte précédente profitera à la communauté agricole internationale en donnant aux agriculteurs de toutes les régions du monde l'accès aux avantages des semences améliorées [...] La pratique séculaire qui consiste à conserver ses semences d'une saison à l'autre nuit considérablement aux producteurs du tiers monde qui se trouvent confinés par inadvertance à des variétés désuètes parce qu'ils empruntent le « chemin facile » et ne sèment pas les nouveaux cultivars plus productifs [7].

Melvin J. Oliver, biologiste des molécules au USDA et principal inventeur de la technologie *Terminator,* exprime d'une manière plus directe l'objectif poursuivi : « Notre mission est de protéger l'agriculture américaine et d'accroître notre compétitivité face aux agriculteurs des autres pays. Sans cela, nous n'avons aucun moyen de protéger notre technologie [8]. »

C'était quoi, au juste, le problème ? Des profits insatisfaisants dus à un contrôle déficient de la vie et de la mort ?

---

7. *New Technology and Modernizing World Agriculture,* rapport de Harry Collins, vice-président de D&PL, remis aux délégués de l'Organisation des Nations unies pour l'alimentation et l'agriculture (FAO) à Rome, en juin 1998.

8. Communication électronique du RAFI, 11 mars 1998.

Chapitre II

Du chantage moral

Quoi qu'ils fassent, les Occidentaux apportent l'histoire dans les coques de leurs caravelles et de leurs canonnières, dans les cylindres de leurs téléscopes et les pistons de leurs seringues à vacciner. Ce fardeau de l'homme blanc, ils le portent tantôt comme une tâche exaltante, tantôt comme une tragédie, mais toujours comme un destin [1].

La biotechnologie est notre plus grand espoir [...] Elle augmente les récoltes de façon spectaculaire, réduit les besoins en eau et en pesticides, donne des aliments plus nutritifs. La pression exercée sur les sols et les forêts vulnérables s'en trouve ainsi diminuée [...] La biotechnologie alimentaire fait déjà sentir sa présence. Elle répond à la demande du consommateur qui veut des aliments de qualité et savoureux, produits de façon écologique [2].

DEPUIS QUELQUES ANNÉES, les conseillers en relations publiques à la solde de l'industrie de la biotechnologie travaillent avec une intensité croissante à nous faire la morale. Ils nous gratifient d'une obligation morale accompagnée d'une promesse, laquelle ressemble plutôt à une menace : en effet, affirment-ils péremptoirement, seule l'industrie de la biotechnologie nous permettra de remplir ce devoir d'une façon écologiquement acceptable.

---

1. Bruno Latour, *Nous n'avons jamais été modernes,* essai d'anthropologie symétrique, La Découverte, Paris, p. 132.

2. Propos de Richard Rominger, sous-secrétaire au Département américain de l'Agriculture, tiré d'un communiqué de presse du USDA, 18 nov. 1997.

L'obligation est générale — nourrir le monde tout en sauvant l'environnement — mais l'appel lancé est individuel, dans l'esprit de la culture individualiste de l'Occident. On sous-entend de façon subtile et pernicieuse qu'il *nous* incombe de nourrir la planète. Aucune mention de l'immoralité d'un tel impératif moral et du fait que tous les habitants de la Terre pourraient se nourrir eux-mêmes si nous les laissions tranquilles et cessions de leur demander de produire des denrées de luxe pour nous.

Par exemple, en mai 1998, Monsanto, multinationale de produits chimiques convertie en méga-entreprise consacrée aux sciences de la vie, a demandé à des dirigeants africains de signer une déclaration enjoignant les Européens de cesser de retarder égoïstement l'acceptation des cultures génétiquement modifiées. La lettre en question, envoyée à des dirigeants africains triés sur le volet par *Global Business Access Ltd,* une firme de relations publiques de Washington, invitait ceux-ci, en tant que « chefs de pays en voie de développement », à endosser le document de Monsanto annexé, intitulé « *Let the Harvest Begin* », qui devait être diffusé en Europe par la multinationale au cours de l'été 1998. Le document concluait ainsi : « Un message de la part de personnalités parmi les plus respectées du monde, dont la publication a été rendue possible grâce à des entreprises parmi les plus respectées du monde, dont Monsanto [...] »

> Nous partageons tous la même planète — et avons tous les mêmes besoins. En agriculture, plusieurs de nos besoins trouvent des alliées dans la biotechnologie et les innovations qu'elle nous promet pour l'avenir. Des aliments plus sains, en plus grande quantité. Des cultures moins dispendieuses. Une moins grande dépendance envers les pesticides et les combustibles fossiles. Un environnement plus sain. Grâce à ces progrès, nous prospérons ; sans eux, nous ne pouvons nous épanouir.
>
> À l'approche d'un nouveau millénaire, nous rêvons d'un lendemain où la faim aura disparu. Pour réaliser ce rêve, nous devons accueillir la science qui nous promet l'espoir. Bien sûr, nous devons mettre les inventions technologiques à l'épreuve et nous assurer de leur sécurité, mais nous ne devons pas les retarder indûment. La biotechnologie est l'un des outils de demain mis à notre disposition dès aujourd'hui. Retarder son acceptation est un luxe que le monde en proie à la faim ne peut pas se permettre.

Indignés par cette offensive de Monsanto, des gens des quatre coins du monde n'ont pas tardé à entreprendre leur propre campagne pour condamner la manipulation des opinions et des faits à laquelle s'étaient livrés les auteurs du document, signé par des délégués des pays africains participant à la commission de la FAO sur les ressources génétiques réunie à Rome à ce moment.

À la fin de l'été de 1998, le document de Monsanto n'était toujours pas publié. Vers la mi-octobre, une version subtilement révisée a finalement été diffusée dans des journaux européens et sur le site Web de Monsanto, avec la signature d'une cinquantaine de personnalités en provenance d'Afrique, d'Amérique du Sud, d'Asie et d'Europe de l'Est. Les modifications apportées au texte avaient atténué le ton de chantage du premier document et l'allusion au rôle messianique de la biotechnologie. Certains actionnaires de Monsanto avaient dû se demander si c'était là le genre de campagne publicitaire dans laquelle ils voulaient investir.

> Miles Russell, conseiller en relations publiques pour la firme de triste renom Burson-Marsteller, a affirmé, lors d'une conférence sur les biotechnologies tenue à Saskatoon, que l'accueil glacial que les consommateurs européens ont réservé à la biotechnologie devait être attribué à la mauvaise publicité faite par l'industrie. Russell, un expert en gestion des perceptions [...], a mis ses interlocuteurs en garde contre l'argument voulant qu'il faille recourir à la biotechnologie pour résoudre le problème de la famine dans les pays en voie de développement. Cet argument serait perçu comme du chantage par les consommateurs[3].

***

Je me rappelle que mes parents me disaient quand j'étais enfant : « Mange tout ce qu'il y a dans ton assiette. Pense aux petits Africains (ou Chinois, ou...) qui meurent de faim. » Je me suis toujours demandé quel lien il y avait au juste entre le foie — ou le brocoli — que j'avais du mal à manger et les enfants africains (ou chinois, ou...) dont on me disait qu'ils ne mangeaient pas à leur faim. Et je ne me souviens pas si la tactique de la culpabilité avait du succès chez moi.

De la même manière, l'industrie de la biotechnologie ne se gêne pas pour confondre responsabilité sociale et responsabilité personnelle, ou pour faire passer des problèmes politiques pour des obligations morales personnelles auxquelles nous ne pouvons satisfaire en tant qu'individus. Les grandes entreprises se présentent alors comme des entités d'une grande probité qui s'acquitteront pour nous de nos devoirs moraux, à condition que nous les autorisions à le faire. Elles nous disent sur un ton réprobateur

---

3. Laura Rance, *Manitoba Co-operator*, 9 juillet 1998.

qu'il serait irresponsable de faire obstacle au progrès et à l'élimination de la famine au moyen des biotechnologies. Comme si là était la question. Elles nous présentent un problème d'origine sociale comme une responsabilité personnelle.

En 1989, le vice-président de ICI (l'ancien Imperial Chemical Industries de la Grande-Bretagne devenu Zeneca) écrivait une lettre ouverte à ses collègues industriels, apparemment pour solliciter leur appui à une campagne qu'il intitulait « Festin ou famine: une ligne ténue ». Le ton moralisateur de la lettre sautait tout de suite aux yeux : « Il n'y a pas assez de nourriture pour nourrir la population mondiale : chaque soir, un milliard d'individus se mettent au lit affamés, 750 millions souffrent de malnutrition, 15 millions d'enfants sont sous-alimentés et meurent de faim chaque année. Il est difficile pour nous, qui mangeons à notre faim (et sommes même suralimentés), de percevoir ces faits tragiques, mais bien réels. » (On passe commodément sous silence le fait qu'il y a chez nous des gens qui souffrent de malnutrition et de faim, ou peut-être ne les voit-on même pas.)

Puis vient la leçon de morale en règle : « En fait, les populations suralimentées ont un grand talent pour : 1. Introduire des lois pour réduire les surfaces cultivées et la production d'aliments que nous pourrions exporter pour nourrir les populations affamées ; 2. Réduire la dépendance envers les technologies agricoles de pointe et encourager des pratiques abandonnées depuis 50 ans (agriculture biologique) qui donnaient de piètres rendements et des aliments de mauvaise qualité ; 3. Écouter les médias alarmistes qui utilisent des tactiques émotives (non scientifiques) qui risquent de paralyser l'agriculture ». (Les parenthèses apparaissent dans le texte original.)

Ce discours se poursuit pendant 11 pages, sans aucune référence ni preuve pour appuyer des affirmations éhontées telles que : « Les produits chimiques agricoles sont si essentiels que leur élimination entraînerait une baisse de 40 pour cent dans la production alimentaire mondiale » ou « Sans système de protection des cultures, les prix des denrées alimentaires augmenteraient de 40 à 75 pour cent [...] S'il est immoral d'utiliser l'ingénierie génétique dans certains cas, il est aussi immoral de refuser intentionnellement d'y recourir dans d'autres cas [...] Il serait immoral pour des scientifiques de ne pas tirer profit du génie génétique pour préserver la vie et la qualité de la vie sur la planète. »

Comme le démontrent ces propos récents d'un professeur d'université, la ligne de parti n'a pas changé :

Les bénéfices sociaux du génie génétique sont considérables : traitement de maladies chez les humains et les animaux ; augmentation de la production alimentaire tant végétale qu'animale ; augmentation de la valeur nutritive des aliments ; augmentation de la durée de conservation des produits alimentaires ; réduction de l'utilisation de substances chimiques potentiellement dangereuses telles que les pesticides ; amélioration des techniques de fabrication des aliments et des médicaments ; mise au point d'outils de diagnostic ; fabrication de combustibles plus écologiques, comme l'éthanol, pour remplacer ceux qui proviennent de ressources non renouvelables, comme le pétrole ; meilleure compréhension de la croissance des cellules (qui peut avoir diverses applications, dont le traitement de maladies) ; enfin, promotion d'un environnement plus sain. Étant donné tous ces avantages, on peut affirmer que les scientifiques ont le devoir moral de continuer à utiliser de façon constructive le génie génétique [4]. »

Parmi les autres formes de chantage moral, il y a la tactique qui consiste à se soustraire au débat en personnalisant le miracle de la biotechnologie : « Ma fille doit la vie à l'insuline (synthétique), un produit de la biotechnologie. Voudriez-vous l'en priver ? » Vous n'irez pas loin en répondant que nous devrions essayer de comprendre pourquoi le diabète est si répandu en Occident.

Ce genre de comportement, appliqué au domaine des technologies de reproduction, a été décrit succinctement par la scientifique allemande Maria Mies :

Les technologies de reproduction n'ont pas été développées parce que les *femmes* en ont besoin, mais parce que le *capital* et la science ont besoin des femmes pour poursuivre leur modèle de croissance et de progrès [...] Le principe méthodologique consiste à mettre au premier plan la situation difficile d'un individu et à faire appel à la solidarité de tous pour venir au secours de cet individu. Dans cette approche, toutes les formes de chantage psychologique sont utilisées [5].

Comme le souligne Ivan Illich : « En prétendant [ou en supposant] que nous sommes responsables du monde, nous laissons également entendre que nous avons quelque pouvoir sur lui et, dans cette conviction

---

4. Propos de George G. Khachatourians, du département de microbiologie appliquée de l'université de la Saskatchewan, tirés d'un article paru dans *AgBiotech Bulletin* (février 1998). En mai 1998, Khachatourians a été affecté au groupe de travail sur la normalisation et la certification de BioteCanada, le groupe de pression de l'industrie de la biotechnologie.

5. Maria Mies et Vandana Shiva, *Écoféminisme,* Paris, L'Harmattan, 1998, p. 198.

consistant à croire que nous devons poursuivre notre effort censément scientifique en vue de le reconstruire, nous augmentons notre besoin de croire que nous en sommes responsables[6].» Illich ne parlait pas du génie génétique à la fin des années 1980, mais nous pouvons constater à quel point l'expression « reconstruire le monde» s'applique aujourd'hui dans son sens littéral.

Sommes-nous responsables du monde? Nous revient-il de nourrir la planète? Est-il moral de nous menacer de voir des centaines de millions d'individus souffrir de la faim si *nous* ne les nourrissons pas en recourant à l'ingénierie génétique?

Sommes-nous responsables de la vie et de la mort perçues comme des processus à gérer? Si oui, par qui et pour qui seront-ils gérés?

Est-ce une bonne idée de refaire le monde? Si oui, à l'image de qui?

***

« Le monde souffrira-t-il de la faim?», demandait le *Time* il y a quelques années. «Depuis plusieurs décennies», pouvait-on lire dans le magazine américain, «les malthusiens modernes annoncent un avenir sombre. Tôt ou tard, s'obstinent-ils à prédire, la population mondiale galopante dépassera les approvisionnements en nourriture. Comme le soulignait Paul Ehrlich dans son livre *The Population Bomb,* paru en 1968, cela entraînera inévitablement une catastrophe aux proportions alarmantes, "où des centaines de millions d'individus mourront de faim".» Mais le *Time* se faisait rassurant: même si la population mondiale atteint les 10 milliards, «les agriculteurs pourront relever le défi grâce à la biotechnologie moderne et à un brin de sagesse ancienne[7].»

Il est intéressant, bien qu'inquiétant, d'observer la façon dont s'effectuent les conversions. L'agronome américain Norman Borlaug est universellement reconnu comme le père de la révolution verte des années 1960 et 1970. Cette révolution a profité d'une aide financière substantielle de la part de la Fondation Rockefeller, qui a beaucoup investi dans le développement et la diffusion de la science et de la technologie modernes, lesquelles exigent un capital important. L'expression « révolution verte» réfère à la mise au point, par Borlaug et d'autres chercheurs, de céréales à

---

6. David Cayley, *Entretiens avec Ivan Illich,* Saint-Laurent (Québec), Bellarmin, 1996.

7. «Our Precious Planet», *Time,* novembre 1997.

paille courte qui donnent des rendements élevés, tant qu'on leur fournit suffisamment d'eau et des intrants coûteux, tels que des engrais chimiques et des pesticides.

Alors que certains présentaient la biotechnologie agricole comme une deuxième révolution verte, on rapporte les propos suivants de Borlaug, cités dans le numéro de janvier 1997 du *Atlantic Monthly* : « À moins qu'il y ait un gène responsable du rendement, ce dont je doute fort, il sera difficile de compter sur l'ingénierie pour améliorer les récoltes. Il se peut que nous y parvenions un jour, mais pour les prochaines décennies, nous devons présumer que ce n'est pas le génie génétique qui résoudra le problème de la faim dans le monde[8]. »

Cependant, il semble qu'il n'ait pas été trop difficile pour l'ardent partisan de la révolution verte de devenir un fervent défenseur de la biotechnologie. Quelques mois après la parution de l'article du *Atlantic Monthly*, Borlaug prononçait un discours où il affirmait : « Je suis maintenant convaincu que le volet technologique instauré il y a 15 ans a mis au point des méthodes scientifiques et des produits inestimables [...]. » Borlaug poursuivait :

> La science et la technologie sont de plus en plus attaquées dans les pays riches, où des environnementalistes mal informés soutiennent que les consommateurs risquent de se faire empoisonner par les systèmes actuels de production agricole à hauts rendements [...] J'affirme maintenant que le monde possède la technologie — disponible dès aujourd'hui ou sur le point de l'être grâce à la recherche — pour alimenter une population mondiale de 10 milliards d'habitants [...]
>
> Des environnementalistes extrémistes de pays riches semblent faire tout ce qu'ils peuvent pour freiner le progrès scientifique. Des groupes opposés à la science et à la technologie, peu nombreux mais tapageurs, très efficaces et dotés de capitaux, se plaisent à retarder l'application des nouvelles technologies, que celles-ci soient issues de la biotechnologie ou des méthodes plus traditionnelles de l'agronomie. Je suis surtout alarmé par ceux qui cherchent à priver les petits agriculteurs du tiers monde — en particulier des régions subsahariennes de l'Afrique — de l'accès aux semences améliorées, aux engrais et aux systèmes de protection des cultures qui ont permis aux pays riches de produire des denrées alimentaires abondantes et peu coûteuses[9].

---

8. Gregg Easterbrook, « Forgotten Benefactor of Humanity », *Atlantic Monthly*, janvier 1997.

9. Norman Borlaug, « Feeding a World of 10 Billion People : The Miracle Ahead », conférence donnée le 6 mai 1997 à l'université de Montfort à Leicester, en Angleterre.

Il y a une ressemblance troublante entre les propos de Borlaug, le discours des dirigeants africains recrutés par Monsanto et celui des cadres de Monsanto.

**

Il y a une dizaine d'années, c'était le contrôle de la population qui était présenté comme le principal problème éthique auquel nous faisions face. Au cours des dernières années, on a redéfini cette question parce qu'elle pouvait facilement être perçue comme un programme eugénique destiné à protéger les richesses et les privilèges des populations blanches du Nord contre les habitants irresponsables « de couleur » des pays du Sud. Mieux valait s'attaquer plutôt à la noble tâche de nourrir les affamés.

En 1995, Lester Brown, du *Worldwatch Institute*, ouvrait la voie à ce changement de cap dans son pamphlet intitulé *Who Will Feed China*, dans lequel il parlait de catastrophe imminente. « Cette ère d'abondance alimentaire relative sera suivie d'une ère de pénurie, écrivait-il. Quand le cinquième de la population mondiale qui vit en Chine voudra joindre le cinquième de la population actuelle qui vit dans l'opulence, en haut de la chaîne alimentaire, le passage à cette nouvelle ère s'accélérera. »

Aucune notion de justice ou d'équité dans l'argumentation de Brown. Ni même de charité. Son argument ultime pour nous convaincre de nourrir les Chinois consiste à dire que si nous ne le faisons pas, il y aura des soulèvements : ce ne sera pas l'agression militaire qui menacera notre sécurité, mais la pénurie de nourriture.

Une des caractéristiques les plus remarquables de l'alarmisme de Brown, c'est que tout en assumant le « fardeau de l'homme blanc », il laisse entendre que la seule voie de l'humanité, c'est de devenir comme nous : blancs, de la classe moyenne, industrialisés, capitalistes et dépendants de quelques cultures de base. Nulle part dans cet ouvrage ne reconnaît-il le fait que pour la plupart des habitants de la planète, ce sont l'autosuffisance et la subsistance qui sont la règle de la sécurité alimentaire, non pas le marché mondial. La majorité de la population mondiale croît, mange et survit grâce à des cultures qui ne sont même pas mentionnées par Brown, qui mise seulement sur les quelques cultures plus visibles qui sont commercialisées sur le marché mondial, dont le riz ne fait même pas partie !

Au cours des dernières années, l'attention s'est déplacée de la Chine — qui semble s'en tirer plutôt bien, du moins pour le moment — à la population mondiale [10]. L'argument demeure le même : nous devons relever le défi moral consistant à nourrir cette population galopante. Mais dorénavant, on propose la solution dans le même souffle : la seule façon d'y parvenir, c'est d'utiliser sans restriction la biotechnologie.

Nous ne sommes pas censés remarquer que c'est là un domaine beaucoup plus lucratif que la régulation des naissances. La réduction de la population est néfaste pour l'économie, particulièrement pour l'agro-industrie, même si ce sont les mêmes compagnies qui peuvent tirer profit du contrôle des naissances, puisqu'elles se spécialisent également dans les produits pharmaceutiques et les technologies reliées à ce domaine.

Un individu stérilisé ou vasectomisé représente un frein à la croissance économique. Quand il aura trépassé, seuls les fleuristes et les entrepreneurs de pompes funèbres en profiteront, et cela, seulement une fois. Par ailleurs, il n'y a rien de mieux pour le produit national brut (PNB) qu'une augmentation du nombre de gens malades ou agonisants à soigner, qui requièrent toutes sortes de biens et de services commercialisables, des médicaments et des fauteuils roulants aux physiothérapeutes et aux infirmières. L'omniprésente industrie pharmaceutique est là pour nous rappeler les énormes profits à tirer d'une population malade. La mort représente une menace fondamentale et de grande valeur. Cela vaut également pour les végétaux et les animaux. Plus on peut les rendre dépendants et plus longtemps on peut les garder dans cet état, plus ils deviennent profitables et plus ils contribuent à la croissance économique.

Cependant, nourrir la planète est une entreprise qui n'est pas à la portée de l'individu moyen. Si on la réduit à la tâche moins exigeante qui consiste à soutenir le développement de la biotechnologie, l'angoisse s'en trouve allégée et les multinationales peuvent poursuivre leur œuvre cynique. La biotechnologie nous procurera des aliments meilleurs, plus frais, plus sains et plus nutritifs. Elle nous assurera également des bébés en meilleure santé et des êtres humains qui dureront plus longtemps grâce à la sélection d'embryons, à la thérapie génique et à des médicaments adaptés à notre ADN.

***

---

10. Selon les prévisions, la Chine devait produire 18 pour cent de la récolte mondiale de céréales en 1998, ce qui la plaçait au deuxième rang des pays producteurs, après les États-Unis.

Dans le rapport du comité de la Banque mondiale sur les cultures transgéniques publié en 1997 et intitulé *Bioengineering of Crops,* nous trouvons un bel exemple du rôle joué par les institutions culturelles et économiques occidentales dans la promotion de l'idéologie de la biotechnologie.

Ce rapport laisse entendre que les personnes qui possèdent la « compétence technique » ne remettent pas en question le potentiel des cultures issues de la biotechnologie, alors que les profanes y perçoivent des risques parce qu'ils n'ont pas la compétence technique nécessaire pour comprendre que ces risques sont inexistants. Ce genre d'argument démontre bien que le rapport de la Banque mondiale constitue un programme social et non un document scientifique. Pas plus que les prêtres de n'importe quelle religion autoritaire, ses adeptes n'admettent ni ne comprennent la critique : « Une compréhension réfléchie et fondée sur une compétence technique, à la fois du potentiel des cultures issues de la biotechnologie et des risques qui y sont associés, est essentielle à leur développement et à leur utilisation », souligne le rapport.

Il semble que Alan Irwin s'adresse directement aux auteurs du rapport de la Banque mondiale quand il affirme, dans *Citizen Science* : « On laisse entendre que la critique externe de la science et des institutions scientifiques découle d'un manque de compréhension de la part du public, plutôt que d'un besoin de réflexion et d'auto-évaluation de la part des scientifiques. » Irwin poursuit :

> Pour [...] la plupart des défenseurs actuels de la science, ce n'est pas la *science* elle-même qui pose problème ; le problème, c'est d'amener le public à comprendre et à *accepter* la science [...] Dans cette conception du monde, toute difficulté de relation entre la science et les citoyens provient nécessairement soit de l'ignorance, soit de l'irrationalité de la population [11].

Dans le même rapport de la Banque mondiale, on affirme qu'« il y a plus d'un milliard d'individus qui ne mangent pas à leur faim » ; dans le paragraphe suivant, on peut lire que « si les denrées alimentaires avaient été distribuées équitablement en 1994, elles auraient permis à 6,4 milliards d'individus, ce qui dépasse la population actuelle, d'avoir un régime alimentaire suffisant d'environ 2350 calories par jour ».

Après avoir attribué le problème de la faim à une mauvaise répartition de la nourriture, les auteurs du rapport de la Banque mondiale enchaînent

---

11.   Alan Irwin, *Citizen Science,* Londres/New York, Routledge, 1994, p. 4 et 14.

en situant plutôt le problème au niveau de la production. Ce qui pose problème, selon eux, c'est que « la production agricole actuelle n'est pas durable [...] Pour arriver à nourrir une population croissante, la production agricole devra augmenter plus vite que la croissance démographique. »

Comment résoudre ce dilemme ? « À leur meilleur, les biotechnologies sont éminemment compatibles avec les objectifs de l'agriculture durable parce qu'elles s'attaquent aux problèmes spécifiques avec précision et sans perturber les autres éléments fonctionnels. » Il est intéressant de noter la façon dont l'industrie elle-même décrit cette précision :

> La docteure Sherri Brown, qui travaille chez Monsanto à la mise au point d'un blé transgénique, décrivait ainsi l'un des processus de transformation aux membres de l'*American Baking Association*: «Nous [...] assurons la précision. Nous pouvons modifier les gènes un par un.» Elle expliquait que les chercheurs utilisent des fusils pour propulser des particules sur des embryons de grain. La cartouche est arrêtée par une plaque, mais l'ADN poursuit sa course avec les particules métalliques et pénètre à toute vitesse dans la culture de tissus. L'ADN s'introduit et si la cellule n'a pas été détruite, il y en aura une sur un million qui aura le nouveau trait intégré à son propre ADN [12].

Malgré l'accent que met l'industrie sur la précision du génie génétique dans ses campagnes publicitaires, cette technique du fusil est largement reconnue par les gens du milieu, comme en fait foi cet article du *Ottawa Citizen* :

> La mise au point du maïs *Roundup Ready* a commencé il y a environ huit ans [...] La compagnie DeKalb Genetics (propriété de Monsanto) a utilisé deux sortes de « fusils à gènes ». Le premier était un vrai fusil dans lequel on mettait des balles de petit calibre enduites d'ADN que l'on tirait dans un amas de cellules de maïs cultivées en laboratoire. C'était une technique des plus empiriques, mais qui fonctionnait : quand on tirait, une partie du matériel génétique pénétrait dans les cellules. Plus tard, on a raffiné la technique. Comme projectile, on utilise maintenant des particules d'or microscopiques (d'un micron de diamètre seulement, soit un millionnième de mètre), que l'on propulse au moyen d'un jet d'air sur le tas de cellules. Comme les balles de calibre .22 qu'on utilisait autrefois, les particules d'or sont enduites d'ADN. Selon Ken Kasha, professeur d'agronomie à l'université de Guelph, « L'ADN pénètre dans les cellules [...] Une fois qu'il s'est introduit, nous ne savons pas exactement ce qui se passe. Il entre probablement dans le noyau de la cellule où se situent les chromosomes du maïs» [...] « Ce n'est pas une science très exacte», avoue Mike McGuire, qui travaille chez DeKalb Canada [13].

---

12. *Milling and Baking News,* 8 avril 1997.

13. *Ottawa Citizen,* 3 mars 1998.

Dans le *New Scientist,* on trouve un commentaire significatif du caractère aléatoire de l'ingénierie génétique :

> Pour le moment, la thérapie génique utilise des virus et autres «vecteurs» pour introduire de l'ADN porteur de gènes sains dans les chromosomes d'un patient. Mais on introduit les gènes au hasard. Par conséquent, le nouvel ADN risque de perturber le fonctionnement normal des gènes, et la synthèse des protéines par les nouveaux gènes peut être faussée puisqu'ils ne peuvent plus compter sur les séquences qui ont généralement pour rôle de déclencher et d'interrompre ce processus [14].

De toute évidence, affirmer que le génie génétique procède de manière ordonnée et méthodique est une assertion idéologique, non scientifique. Et nous ne parlons même pas ici des bouleversements sociaux que peut entraîner la transformation de l'agriculture par des agents extérieurs. Les perturbations imprévisibles de toutes sortes de composantes, de l'ADN aux écosystèmes, font partie des principaux problèmes reliés au génie génétique. Comme l'affirme la biologiste Mae-Wan Ho : «Pour comprendre les dangers inhérents aux biotechnologies issues du génie génétique, nous devons connaître la capacité prodigieuse des microbes de proliférer, la promiscuité changeante des gènes qu'ils portent, leur capacité de sauter, de se répandre, de subir des mutations et de créer de nouvelles combinaisons [15]. »

***

Si l'obligation morale de nourrir le monde repose sur un fondement douteux, peut-être en est-il de même des statistiques démographiques sur lesquelles elle s'appuie. Nulle référence ni documentation autre que des extrapolations soigneusement sélectionnées nous sont fournies pour étayer l'hypothèse menaçante d'une population mondiale atteignant les 10 ou 12 milliards. Nous pouvons nous attendre à cela d'un journal d'affaires de droite comme *Forbes* ; rien d'étonnant donc dans ces propos tenus dans un article chantant les louanges de Monsanto et de la biotechnologie : «À mesure que l'être humain apprend à maîtriser son environnement, la menace de la famine s'estompe, même si la population mondiale

---

14. *New Scientist,* 11 avril 1998.

15. Mae-Wan Ho, *Genetic Engineering : Dreams or Nightmares ?*, Research Foundation for Science, Technology and Ecology/Third World Network, New Delhi, 1998, p. 115.

augmente de 800 millions par décennie et doublera vraisemblablement pour atteindre les 11 milliards d'ici 2100 [16]. »

À côté d'aussi sombres prédictions, des statistiques plus sérieuses peuvent surprendre.

Selon des données des Nations unies, plus de cinquante pays, dont la Chine, ont aujourd'hui un taux de fécondité inférieur au niveau de remplacement, qui a été fixé à 2,1 bébés par femme (le dixième tenant compte de la mortalité infantile et du fait qu'il y a un peu plus de garçons que de filles qui voient le jour). Les prévisions démographiques des Nations unies pour l'an 2000 ont affiché une baisse, passant de 6,26 milliards d'habitants prévus en 1992 à 6,09 milliards en 1996 [17]. Dans son compte rendu du rapport des Nations unies, le *New Scientist* affirme : « Dix-huit mois avant l'an 2000, nous nous situons probablement bien au-dessous des 5,9 milliards d'habitants [18]. » D'après la Division de la population des Nations unies, la population mondiale connaîtra un sommet vers 2040, où elle atteindra 7,7 milliards, pour ensuite entreprendre un long déclin qui la fera baisser, d'ici 2150, à 3,6 milliards d'habitants, soit à moins des deux tiers de la population mondiale actuelle.

La population totale de la planète était d'environ 150 millions d'habitants il y a 2000 ans et de 350 millions il y a 1000 ans. La peste noire qui a sévi au XIVᵉ siècle a réduit la population du tiers ; au XIXᵉ siècle, durant la révolution industrielle, la croissance démographique était bel et bien enclenchée. Le taux de fécondité moyen à l'échelle de la planète a atteint un sommet en 1950, se situant alors à 5, mais il n'a cessé de décroître depuis, pour se situer maintenant à 2,9. En Europe, il se situe aujourd'hui à 1,4, selon Fred Pearce, qui a collaboré à un cahier spécial du *New Scientist* intitulé « Inside Science » [19].

Quelles que soient les véritables statistiques démographiques, l'industrie de la biotechnologie n'a pas du tout l'intention de nourrir quiconque ne peut payer. Les affamés et les démunis peuvent cependant servir à entretenir le sentiment de culpabilité des bien nantis et aider

---

16. « Monsanto v. Malthus », *Forbes,* 10 mars 1997.

17. *World Population Projections to 2150,* Division de la population des Nations unies, New York, 1998.

18. *New Scientist,* 20 juin 1998.

19. *New Scientist,* 11 juillet 1998.

ainsi les méga-entreprises à obtenir ce qu'elles veulent de la part des politiciens et des organismes de réglementation, à mettre leurs nouveaux produits sur le marché, à s'assurer que les agriculteurs du Nord prennent bien le virage technologique et à satisfaire leurs actionnaires.

CHAPITRE III

Un exemple de mauvaise attitude

Alors, êtes-vous contre toute *la biotechnologie ?*

ON ME POSE SOUVENT cette question quand je donne une conférence sur la biotechnologie. Souvent, la personne qui me la pose est perplexe, se demandant si elle m'a bien compris. Parfois, elle n'arrive pas à croire que quelqu'un puisse s'opposer carrément au «progrès». Ou encore elle livre un combat personnel contre l'impuissance et le désespoir, devant la culture dominante déterministe et individualiste qui sous-tend la pratique de la biotechnologie.

En fait, je réponds à cette question par l'affirmative : oui, je suis contre la biotechnologie en bloc. Non pas par principe mais parce que selon moi, la «biotechnologie moderne», en tant qu'expression et produit d'une société ou d'une culture particulière, dénote une mauvaise attitude à l'égard de la vie, de la Création, des autres cultures et des autres façons d'appréhender et d'expérimenter le monde.

La biotechnologie moderne — le génie génétique — est un attentat contre la vie ; elle n'est pas une manifestation de curiosité inspirée par l'altruisme mais une entreprise mue par une volonté de contrôler.

Le génie génétique exprime l'ingratitude et le manque de respect, voire le mépris. Il dénote une attitude de domination et de possession qui laisse croire qu'il est possible, raisonnable et moralement acceptable de revendiquer la propriété du vivant. Prétendre qu'il est possible de s'approprier la vie, du moins jusqu'à faire breveter un processus ou une forme de vie, est un comportement si monstrueux socialement et moralement qu'il mérite à peine de faire l'objet d'un débat.

Dans cette conception du monde, la vie est considérée comme un objet, une chose, une commodité, un produit, et devient donc définissable et brevetable. Pour décrire cette attitude, Ivan Illich parle de la tendance à fétichiser la vie. Il y voit une notion occidentale, «un nouveau type d'entité [...] un nouveau type de construction sociale [...] qu'on décrit comme quelque chose de précieux, de menacé, de rare [...] que des institutions peuvent gérer [...] La vie est quelque chose qu'on peut gérer, qu'on peut améliorer[1].»

C'est là une conception de la vie biologique qui n'est ni historique, ni universelle. Comme le souligne le philosophe Michel Foucault: «Des historiens veulent écrire l'histoire de la biologie au XVIIIe siècle; ils ne se rendent pas compte que la biologie n'existait pas à cette époque [...] et que si la biologie était alors inconnue, c'était pour une raison fort simple: la vie elle-même n'existait pas. Tout ce qui existait, c'était les êtres vivants[2].»

De fait, comme science expérimentale distincte, la biologie n'a vu le jour qu'il y a une centaine d'années. L'expression «biologie moléculaire» et la pratique de cette discipline, quant à elles, n'ont fait leur apparition qu'au milieu des années 1930.

***

Au printemps de 1998, Novartis, issue de la fusion des compagnies pharmaceutiques suisses Ciba Geigy et Sandoz, lançait une série de publicités qui la présentaient comme «la plus importante compagnie consacrée aux sciences de la vie». Les quatre publicités avaient une phrase en commun: «Un savoir-faire original dans le domaine des sciences de la vie». Une publicité portait sur les nouveaux médicaments, une autre sur «les nouvelles façons de protéger les cultures», une troisième sur «les nouvelles

---

1. Ivan Illich, «The Institutional Construction of a New Fetish: Human Life», texte présenté lors d'une rencontre de planification de l'Église luthérienne d'Amérique tenue à Chicago le 29 mars 1989 et reproduit dans *Drawing the Line: The Ethics of Biotechnology*, un document de Brewster Kneen et Ivan Illich écrit en collaboration avec le Groupe de travail de l'EECCS sur la bioéthique, communication #5 (Association œcuménique pour l'Église et la société, Bruxelles, 1997).

2. Propos cités par Richard Doyle dans *On Beyond Living: Rhetorical Transformations of the Life Sciences*, Stanford, Stanford University Press, 1997, p. 10.

thérapies destinées à augmenter les chances de succès des greffes d'organes ». La dernière se présentait un peu différemment et posait une
question : « Comment une multinationale améliore-t-elle la vie ? » Vous
imaginez ma réponse !

La compagnie pharmaceutique française Rhône Poulenc emboîtait le
pas à ses concurrentes en publiant, en juin 1998, une pleine page de publicité dans un journal de Toronto, où l'on pouvait lire : « Rhône Poulenc
— l'union des sciences de la vie : pour améliorer la vie, nous en explorons
toutes les formes. »

Comme le soulignait Illich il y a une dizaine d'années : « Le pouvoir
inquiétant des institutions modernes réside dans leur capacité de créer
et de nommer la réalité sociale dont ont besoin les experts de ces mêmes
institutions, comme matière à gérer[3]. »

C'est Monsanto qui affiche les plus grandes prétentions dans ce domaine. Au printemps de 1998, cette multinationale se présentait sous
son nouveau jour : une compagnie spécialisée dans les sciences de la vie
qui entendait « s'occuper de la santé d'un monde en pleine expansion »
et qui se consacrait à « aider le monde entier à vivre plus longtemps et en
meilleure santé ». La prétention de Monsanto au rôle de sauveur universel
et les comportements qui y correspondent illustrent « le pouvoir inquiétant des institutions modernes » et le besoin qu'éprouvent ces institutions
de « nommer la réalité sociale ».

Selon Steven Rose, biologiste des molécules, la construction sociale
de la biotechnologie dont Monsanto s'est emparé pour ériger son empire
s'appuie sur l'hypothèse selon laquelle à chaque aspect de notre vie correspondent des gènes ; certains gènes expliqueraient même « les inégalités
sociales qui divisent notre vie selon notre classe, notre sexe, notre race,
notre ethnie ». Cela constitue le fondement idéologique sur lequel s'appuient le génie génétique et le génie pharmaceutique pour « offrir des
espoirs de salut que le génie social et la politique ont abandonnés[4] ».

Il serait difficile de trouver une expression plus extrême — ou plus
blasphématoire — du besoin de définir et de contrôler le programme
social que le nouveau logo adopté par Monsanto après que la multinationale eut confié ses activités chimiques traditionnelles à une nouvelle
compagnie, Solutia. Grâce à ce nouveau logo — « Nutrition - Santé -

---

3. *Ibid.*

4. Steven Rose, *Lifelines,* Oxford, Oxford University Press, 1997, p. IX.

Avenir » —, Monsanto cherche manifestement à surpasser tous les autres candidats au pouvoir en se présentant comme la sainte Trinité, comme le sauveur du monde[5].

Cette bienveillante entité compte nourrir les affamés, soigner les malades et apporter l'espoir aux malheureux. Ce n'est pas là un rôle que des détracteurs cyniques ont assigné à Monsanto, mais une mission que la compagnie s'est elle-même donnée — peut-être à l'instigation d'un de ses conseillers et interprètes, la firme internationale de relations publiques Burson-Marsteller[6].

L'*hubris,* cet orgueil empreint d'arrogance, amène à penser que la nature, perçue comme déficiente et hostile, est une étrangère qu'il faut soumettre et exploiter pour ensuite en disposer dans un centre d'enfouissement des déchets. Nous nous mettons alors à intervenir, à réorganiser, à nous débarrasser des pièces « inutiles » et « sans valeur », y compris de l'« ADN inutile », comme si la vie même — les organismes vivants de toute forme, dimension et durée — ne valait rien sans notre intervention qui lui procure la « valeur ajoutée ». Ces interventions ne sont pas considérées comme violentes parce que les objets en cause ne sont pas perçus comme vivants. Un enfant qui s'amuse à construire des objets avec des blocs Lego ne se livre pas à une activité violente. Mais qu'en est-il si c'est un insecte ou le chien de la maison qu'on démonte, ou la petite sœur? Dans une société fondée sur la domination et le contrôle, comment l'enfant connaîtra-t-il les limites d'une intervention et d'une reconstruction acceptables?

« Des produits miracles s'en viennent — des produits qui amélioreront la qualité de la vie, des produits qui pourront contrôler et peut-être même

---

5. Barry Wilson, journaliste au *Western Producer,* présente le président de Monsanto Canada comme « un apôtre de la biotechnologie » qui tient un discours où « la science est présentée à la fois comme le sauveur de la planète et comme une belle occasion d'affaires ». (Article paru le 8 octobre 1998.)

6. En 1997, EuropaBio, un consortium de biotechnologie paneuropéen, a confié à Burson-Marsteller le mandat d'élaborer une stratégie pour réagir à l'hostilité grandissante du public à l'égard des biotechnologies. La firme a recommandé quelques « stratégies de base », dont celle qui consiste à utiliser des symboles plutôt que la logique: « Les symboles jouent un rôle crucial en politique parce qu'ils ne s'adressent pas à la raison mais aux émotions. Les détracteurs de la biotechnologie sont très habiles à utiliser des symboles qui suscitent immédiatement des émotions telles que la peur, la colère et le ressentiment. L'industrie biotechnologique doit répondre [...] par des symboles suscitant l'espoir, la satisfaction, la bienveillance et l'estime de soi. » (Document obtenu par l'entremise de Greenpeace Europe et diffusé par courriel.)

éliminer les principaux obstacles à la santé et au bien-être», déclarait Richard Mahoney, alors p.-d.g. de Monsanto, à l'*Executive Club* de Chicago, en 1993, au moment où la multinationale s'engageait dans sa mission divine. Mais il ajoutait une mise en garde : «Le public place parfois la biotechnologie dans une catégorie «à risques» spéciale — dont tireront parti un nombre croissant d'organisations anti-sciences influentes qui peuvent alarmer le public [...] Nous n'avons pas fait du très bon travail en matière de relations publiques, mais nous apprenons, et nous apprenons vite.»

Cinq ans plus tard, le directeur de l'information de Monsanto Europe, Jonathan Ramsey, écrivait : «Monsanto croit que les questions en cause sont tellement importantes que nous ne pouvons pas laisser le public à la merci d'une telle désinformation et de "théories vaudou". Alors que nous répondions par le passé à des critiques spécifiques, nous avons maintenant adopté une approche beaucoup plus large qui consiste à informer davantage le public et à engager un dialogue constructif permanent. Notre objectif n'est plus simplement de riposter aux critiques obscurantistes de nos adversaires, mais de fournir aux consommateurs une information factuelle et détaillée sur les questions qui les préoccupent, dans une langue qu'ils peuvent comprendre.»

Au cours de l'été de 1998, il y eut une vague de protestations publiques contre les cultures génétiquement modifiées et l'industrie de la biotechnologie partout en Europe et au Royaume-Uni. Devant l'indifférence des gouvernements et de l'industrie qui ne tenaient aucun compte de l'opinion publique, des résidants et des troupes itinérantes de protestataires ont fauché des champs de cultures transgéniques, y ont dansé, ont arraché les plants et occupé les lieux.

Faisant allusion à la prolifération de ces actions de «décontamination» entreprises au Royaume-Uni, Ramsey, dans le style de Monsanto le plus pur, a tenté de faire bonne figure en injuriant ses adversaires plutôt qu'en s'attaquant au contenu de leurs revendications : «Il y a eu [...] des actes de vandalisme sporadiques visant des cultures biotechnologiques expérimentales [...] C'est là une campagne fort différente en effet, menée par un petit groupe d'individus qui se sont eux-mêmes affublés du nom d'"écoguerriers", titre prétentieux pour des gens qui se sont fixé comme principal objectif de détruire sans motif la propriété privée[7].»

---

7. Propos de Jonathan Ramsey, directeur de l'information chez Monsanto Europe, cités dans *Chemistry and Industry,* n° 14, 20 juillet 1998, p. 549–584.

Le fait que Ramsey considère la destruction de la propriété privée comme le plus grave des péchés montre bien la cosmologie de Monsanto : la propriété privée est sacro-sainte et sa protection (comme dans « protection des cultures ») revêt une suprême importance, plus que la vie ou la Création. Les subtilités du comportement éthique et les manifestations réfléchies de désobéissance civile — les « vandales » de Ramsey parlent plutôt d'« obéissance civile » — ne font certes pas partie de la conscience collective de Monsanto.

« Le défi de Monsanto est d'améliorer le monde tout en augmentant ses profits », rapportait le magazine *Business Ethics* à la suite d'une entrevue accordée par le nouveau directeur général Robert Shapiro en 1996[8].

Heureusement, comme le souligne le professeur camerounais Godfrey B. Tangwa, tous ne sont pas d'accord avec l'idée que la science occidentale en général, et la biotechnologie en particulier, sont les seules à détenir « la vérité », ou la façon juste de concevoir et de connaître le monde :

> Contrairement à la conception occidentale qui est anthropocentrique et individualiste, la conception précoloniale traditionnelle de l'Afrique est écologique/biologique et communautaire. Dans la conception africaine du monde, la distinction entre les végétaux, les animaux et le monde inanimé, entre le sacré et le profane, la matière et l'esprit, le communautaire et l'individuel, est ténue et souple. De même, les conceptions métaphysiques, l'éthique, les coutumes, les lois et les tabous forment un continuum.

> Le monde occidental a tendance à présenter sa vision, ses idées, ses convictions et ses pratiques comme des impératifs rationnels ou moraux universels auxquels tous doivent se conformer[9].

***

Alors, suis-je opposé à *toute* la biotechnologie ?

Peut-être y a-t-il des bribes de la biotechnologie que je pourrais trouver acceptables, socialement et moralement, mais je ne peux pas prendre les morceaux qui me plaisent et laisser les autres de côté, comme lorsqu'on ne mange que les raisins dans un biscuit à l'avoine. Je ne peux pas agir en intégriste, utiliser les passages des textes sacrés qui concordent avec mes vues et rejeter les autres qui sont difficiles ou qui menacent mon confort (comme les propos de Jésus jugés « durs » dans le Nouveau Testament

---

8. *Business Ethics*, janv.–fév. 1996.

9. Propos de Godfrey B. Tangwa, professeur à l'université de Yaoundé, au Cameroun, cités dans *Monitor* #32, Amsterdam, septembre 1997.

tels que « Laissez les morts ensevelir leurs morts »). Non, il me faut prendre l'œuvre complète et en observer l'expression extrême pour voir son véritable caractère, son « bilan », pour adopter le jargon comptable actuel.

Les postulats implicites de la biotechnologie et du génie génétique sont formulés avec lucidité dans un bref paragraphe d'une revue écologique suédoise qui parle de « mot », de « code », d'« information » et de *« software »* pour désigner la vie, et voit l'élimination et le contrôle comme les objectifs de la gestion de ce *software* :

> En tant qu'information codée, les gènes fournissent un lien avec la philosophie de la gestion de l'information. Les gourous de l'industrie voient un changement dans la manière dont fonctionnera le projet actuel de l'humanité visant à contrôler la nature : au lieu d'une suppression physique brutale des processus naturels, on envisage une forme plus douce de contrôle, par la réécriture du « software » de la nature [10].

Selon moi, ce qui inspire le projet de la biotechnologie moderne prise dans son ensemble, ce qui sous-tend ses composantes et ses méthodes, ce n'est pas l'amour de la vie mais une obsession de la mort et de l'agonie qui laisse la mort définir la vie, ou encore une tendance à réduire la vie non pas à un mot complet, dit ou soufflé, mais aux lettres d'un alphabet — qui livrent peut-être une information, mais une information inerte, comme en fait foi ce compte rendu d'un projet de recherche :

> Les spermatozoïdes lyophilisés d'une souris sont immobiles et morts, dans le sens classique du terme. Mais quand on les injecte dans des ovocytes, leurs noyaux peuvent soutenir un développement embryonnaire normal, même quand ils ont été conservés dans cet état pendant trois mois [11].

> On pouvait conserver le sperme à 4 °C ou à la température ambiante, puis le reconstituer en y ajoutant tout simplement de l'eau [12].

Comme le démontre le sperme de souris lyophilisé et inerte, on considère que l'ADN n'est pas vivant, même s'il est à la base de toute vie.

L'argument implicite de l'industrie de la biotechnologie, c'est que la nature est incompétente — comme la femme qu'on considère inapte à nourrir son enfant. Les nourrissons — et par le fait même leurs mères —

---

10. Magazine suédois *TOMORROW — Global Environment Business,* mars-avril 1997.

11. Rapport de Teruhiko Waskayama et de Ryuzo Yanagimachi cité dans *Nature Biotechnology,* juillet 1998, p. 639.

12. Rapport de Lovell-Badge cité dans *Nature Biotechnology,* juillet 1998, p. 618.

s'en tireront mieux s'ils deviennent dépendants du lait maternisé concocté par une multinationale que s'ils sont nourris au sein maternel.

***

Je voudrais bien croire au discours édifiant de ceux qui promettent de sauver des vies, de guérir des maladies et de nourrir les affamés. Mais quand j'examine ce discours et le replace dans son contexte, l'attitude de conquête et de contrôle qu'il trahit, les menaces que profèrent ces gens et les morts qu'ils infligent me sautent aux yeux. Comme je l'ai expliqué dans le chapitre précédent, on élimine des micro-organismes, des insectes considérés comme nuisibles aux végétaux ou aux animaux, des maladies qui s'en prennent aux humains, des communautés, des cultures tout entières.

« À l'assaut des intrus ! » et « Éliminons les organismes délinquants ! », proclame Owen Roberts, directeur des communications relatives à la recherche de l'université de Guelph, en parlant de la lutte aux maladies par les vaccins [13].

La mort ne prend pas la forme d'un massacre, mais celle plus subtile et plus pernicieuse de la suppression génétique, de la conquête d'une culture et de l'asservissement. On tue en supprimant la culture, le savoir et l'autosuffisance. On domine en créant la dépendance. Ces pratiques ne sont pas sans rappeler la capture, le transport et l'asservissement des Africains destinés à fournir une main-d'œuvre sacrifiable aux États-Unis en voie d'industrialisation. L'esclavage déclaré n'est plus acceptable ; on recourt donc à des méthodes plus insidieuses pour asservir tous les habitants de la planète. C'est par le brevetage de leurs inventions et l'ingénierie génétique que des multinationales géantes exercent leur contrôle.

***

Quand j'étais enfant, j'adorais jouer dans les ruisseaux et les bois derrière chez nous, ou sur les rives du lac Érié — qui n'était pas trop pollué à cette époque, quoiqu'il m'arrivait parfois d'y trouver des poissons morts ; j'aimais regarder l'eau, examiner les insectes, observer. Je bâtissais des petites digues ou des ponts avec des branches et des pierres ; je creusais des rigoles, surtout au printemps, pendant le dégel. J'attrapais des papil-

---

13. *Farm & Country,* Toronto, 7 septembre 1998.

lons à la colonie de vacances et les épinglais, m'efforçant de ne pas les abîmer, pour pouvoir les admirer. Cela ne me dérangeait pas, à l'époque, de les attraper avec un filet et de les enfermer dans un pot avec un morceau de coton imbibé de tétrachlorure de carbone (sans doute cancérigène) pour les asphyxier, mais cela ne m'intéressait pas du tout de les disséquer, pas plus qu'aucune autre créature (y compris la mouffette morte que j'avais un jour rapportée à la maison et suspendue à la fenêtre de ma chambre).

Selon l'auteur et professeur de sciences Jon Turney, la ligne de démarcation que je traçais correspondrait aux réactions du public au milieu du XIXᵉ siècle, au moment où la vivisection (dissection d'animaux vivants) est devenue « partie intégrante d'une approche empirique et interventionniste des problèmes biologiques », adoptée par « une nouvelle race de physiologistes [qui] affirmaient qu'il est possible de donner une explication purement physicochimique de la vie [14] ».

Je n'ai pas tellement changé depuis. Je n'aime pas cueillir les fleurs sauvages : elles sont éphémères, n'ayant pas été croisées ou modifiées pour durer plus longtemps, et je les trouve beaucoup plus belles dans leur habitat que dans le mien.

Quand nous nous sommes mis à cultiver la terre, sans formation ni expérience, l'observation est devenue notre principal outil d'apprentissage. Nos interventions et nos projets qui ne s'appuyaient pas sur une longue observation étaient habituellement peu fructueux, sinon carrément voués à l'échec. Au début, par exemple, j'avais l'impression que je ne pouvais pas être un véritable agriculteur sans labourer. Je ne sais pas d'où me venait cette impression, et j'ignore pourquoi, à l'époque, toutes les autres tâches et activités agréables qui remplissaient mes jours ne correspondaient pas totalement à ma vision de l'agriculture. Mais c'était là une impression profondément ancrée chez moi.

À mon insu, j'avais jusqu'alors été modelé par la culture nord-américaine qui enseigne que pour être un agriculteur digne de ce nom, il faut déchirer le sol, violer la Terre Mère, pour dire les choses d'une façon plus brutale. (On parlait de « terre vierge » pour désigner la terre qui n'avait pas été labourée, comme les prairies de l'Ouest avant l'arrivée des Européens. Souvent, il fallait « casser » une terre pour en devenir propriétaire [15].)

14. Jon Turney, *Frankensteins's Footsteps : Science, Genetics and Popular Culture,* New Haven, Yale University Press, 1998, p. 48.

15. Cette question est abordée dans un livre de W. Cronon intitulé *Changes in the Land,* New York, Hill & Wang, 1983.

Avec le temps, nous avons appris à observer, à apprendre de nos chiens de berger et de notre terrier, des moutons, de l'eau qui se faisait abondante à certaines époques de l'année, de l'herbe, des arbres et des saisons. Nous avons appris à nous montrer très prudents dans nos interventions. C'est sans doute dans les agnelages que notre apprentissage a été le plus ardu à ce chapitre. Nos interventions héroïques pour sauver un agneau chétif s'avéraient habituellement une erreur coûteuse. Mieux valait suivre les indications d'une brebis qui décidait de ne pas s'occuper d'un nouveau-né. Nous avons découvert que la plupart du temps, la mère savait d'instinct ce que nous mettions des semaines et même des mois à comprendre, après avoir gaspillé un temps fou et de l'argent à tenter de réchapper un agneau malingre que nous n'arriverions jamais à vendre.

C'est ainsi que j'en suis venu à préférer la science de l'observation à la science de l'intervention, qui semble tellement plus intéressée à contrôler qu'à comprendre.

Evelyn Fox Keller nous raconte la merveilleuse histoire de la vie et de l'œuvre de Barbara McClintock, une biologiste pionnière qui préférait l'observation à l'intervention. À propos des travaux que McClintock a effectués dans les années 1960 (qu'elle avait entrepris bien avant de recevoir son Ph. D. de l'Université Cornell, en 1927), Keller écrit : « Comme elle l'avait constaté depuis longtemps, un organisme nous révélera ses secrets si nous l'observons assez longuement et attentivement. Il nous informera non pas sur un, mais sur plusieurs mécanismes qu'il a développés pour régler l'expression de ses gènes — mécanismes qui permettent à ses cellules de produire exactement ce dont il a besoin, quand il en a besoin. C'est un mécanisme d'horlogerie d'un équilibre parfait, capable de s'ajuster à toutes les circonstances. Certains mécanismes requièrent une réorganisation importante du génome ; d'autres ne font que moduler l'expression des gènes sans modifier la composition de l'ADN. Même si elle ne pouvait pas expliquer tous ces phénomènes, Mc Clintock pouvait en observer les effets. Une chose était sûre : ils se produisaient [16]. »

Les défenseurs du génie génétique aiment insister sur la vitesse et la « précision » de leurs technologies. Or, Keller raconte comment, au début des années 1930, McClintock commença à tirer avantage des effets mutagènes des rayons X sur le matériel génétique, appréciant la vitesse à laquelle les résultats pouvaient être obtenus et observés ; la différence était compa-

---

16. Evelyn Fox Keller, *A Feeling for the Organism : The Life and Work of Barbara McClintock,* New York, Freeman, 1983, p. 180.

rable à celle qui existe entre l'utilisation des drosophiles et celle du maïs pour les expériences : « Si la drosophile avait l'avantage sur le maïs de se reproduire tous les 14 jours, plutôt qu'une fois l'an, la bactérie était encore infiniment plus avantageuse : une bactérie se multiplie par deux toutes les 20 minutes[17]. »

Plus tard, cependant, McClintock constata que même avec deux récoltes de maïs par année, elle n'arrivait pas à observer et à analyser de façon satisfaisante tout le matériel ainsi recueilli. Outre cela, elle découvrit qu'en vieillissant, « il devenait de plus en plus difficile de déléguer à d'autres des parties de sa recherche ; elle avait acquis des habiletés qu'elle avait du mal à identifier et encore plus à transmettre[18] ». En fait, comme le souligne Keller, « McClintock effectuait toujours elle-même les tâches les plus pénibles de ses recherches, ne les confiant jamais à d'autres, quelque ardues ou routinières fussent-elles [...] Ce n'était pas seulement une question de fierté chez elle. Son talent reposait sur son aptitude à observer, à traiter et à interpréter ce qu'elle avait observé[19]. »

Aujourd'hui, on confie de plus en plus ce travail d'observation à des robots et à des ordinateurs. Dans le cas du séquençage des gènes, par exemple, cela soulève des questions intéressantes sur les observations effectuées de cette façon. Peut-être est-ce la myopie qui en résulte qui permet aux experts du génie génétique de nous offrir des garanties non fondées en ce qui a trait aux résultats obtenus et à la sécurité.

Récemment, j'ai été fasciné par un débat sur les transposons[20], ou éléments génétiques transposables, dans un article sur la manipulation génétique des insectes[21]. L'auteur de cet article soulignait que les génomes des animaux sont littéralement bourrés de séquences de transposons, et que « plus de 10 pour cent du génome humain est constitué d'éléments d'ADN transposables, pour la plupart des vestiges fossilisés de transposons actifs ». « Sommes-nous vraiment des sortes de musées ambulants ? », me suis-je demandé. Mais quand j'ai lu que grâce au génie génétique, des

---

17. *Ibid.*, p. 158.

18. *Ibid.*, p. 103.

19. *Ibid.*

20. Le transposon est « une séquence d'ADN qui peut être intégrée à n'importe quelle molécule d'ADN dans la cellule. Le transposon peut se transcrire et se traduire. Il peut neutraliser ou modifier les gènes avec lesquels il s'associe ». (*Facts On File Dictionary of Biology*)

21. *Nature Biotechnology*, juin 1998.

moustiques considérés autrefois comme des porteurs de maladies deve-
naient des gestionnaires d'insectes nuisibles et qu'on tentait d'améliorer
la qualité de la soie fabriquée par les vers à soie, c'est moins la prouesse
scientifique qui m'a frappé que l'attitude qui sous-tendait le tout : la certitude morale que de telles interventions sont parfaitement raisonnables
et qu'il est légitime de modifier la Création au complet pour qu'elle ré-
ponde à nos exigences, à nos désirs et à nos prescriptions. Cette question
s'impose particulièrement dans le cas de l'hormone de croissance recombinante ou somatotropine (que nous étudierons au chapitre VI) : est-il
raisonnable, éthique ou même justifiable d'injecter à des vaches une
substance qui les force à produire plus de lait, mettant ainsi leur santé en
danger et les dépouillant de leur autonomie et de leur intégrité ?

Encore une fois, c'est là une attitude qui dénote un manque de respect
et de gratitude. C'est une attitude qui dérange. N'y a-t-il pas de limites ?
Serons-nous un jour satisfaits ?

Comme produit de la société occidentale, le génie génétique appliqué
à la biotechnologie tente de démontrer qu'il n'y a pas de limites, pas de
frontières. La vie tout entière devient une proie idéale pour quiconque
cherche à exercer son contrôle et à exploiter — voire à éliminer.

La folie de l'élimination, cependant, c'est que ce ne sont pas toujours
les bons qui l'emportent.

***

> Affirmer, quand une paysanne nous dit qu'elle converse avec le sol ou avec le
> vent, qu'elle nous parle métaphoriquement, c'est affirmer que les paysans des
> Andes sont les héritiers intellectuels de la Réforme et de la révolution
> scientifique, selon lesquelles la nature ne nous parle pas directement mais
> peut être interrogée en laboratoire dans le cadre d'expériences [...] Comme
> nous, les humains, les autres habitants de la planète parlent. Pour les entendre,
> nous n'avons pas besoin de formation spéciale ; nous n'avons qu'à prêter
> attention et à nous exercer [22].

---

22. Frédérique Apffel-Marglin, « Counter-Development in the Andes », texte paru dans
The Ecologist, nov./déc. 1997. (Abrégé d'un texte publié dans *InterCulture* # 126,
hiver 1995.)

Chapitre IV

D'où vient la biotechnologie?

La Cour fédérale du Canada a récemment convenu de l'ambiguïté du terme «biotechnologie». (Astra AB v. Aastra Corp.) [1]

Jusqu'à ce jour, la définition la plus utile de la biotechnologie que j'ai trouvée est celle que propose Klaus M. Leisinger, de la Fondation Ciba-Geigy, dans une note en bas de page d'un document paru en 1995 [2]. La biotechnologie est «l'application intégrée de la biochimie, de la microbiologie et des technologies de transformation, en vue d'utiliser à des fins techniques le potentiel des micro-organismes et des cultures de cellules ou de tissus, ou encore de leurs composantes [3]».

Selon Leisinger, la biotechnologie mise donc sur «l'intégration de processus biologiques à des opérations techniques et à la production industrielle. La technologie génétique est un outil en soi; elle permet de modifier les traits caractéristiques des micro-organismes de façon à ce que l'effet désiré soit obtenu au moyen de processus biologiques.»

---

1. *AgBiotech Bulletin,* décembre 1996.

2. «Sociopolitical Effects of New Biotechnologies in Developing Countries», document du *International Food Policy Research Institute,* Washington, 1995.

3. K. Dohmen, *Gentechnologie — Die andere Schspfung?,* Stuttgart, Metzler, 1988.

Le ministère de l'Agriculture et de l'Agro-alimentaire du Canada (AAC) s'est pour sa part contenté d'une définition beaucoup plus simpliste de la biotechnologie : « L'utilisation d'organismes vivants, en entier ou en partie, en vue de produire de nouveaux produits. » Dans la Loi canadienne sur la protection de l'environnement, on en retrouve une définition à peine plus détaillée : « L'application de la science et du génie à l'utilisation directe ou indirecte d'organismes vivants, de leurs parties ou de leurs produits, dans leur forme naturelle ou modifiée. »

À l'occasion, AAC se laisse emporter par sa vision des choses (ou par celle de l'industrie de la biotechnologie), comme le démontre cette définition d'un organisme vivant modifié (OVM) : « Plante, animal ou microbe dont on a modifié le matériel génétique afin d'en accroître l'utilité pour les êtres humains. — L'agriculture en harmonie avec la nature [4]. »

Lors d'une rencontre tenue à Montréal en août 1998, un groupe de travail du Protocole international sur la biosécurité a proposé des définitions plus prudentes et plus complètes de la biotechnologie et des OVM : « L'expression OVM désigne tout organisme vivant, obtenu grâce aux techniques de la biotechnologie moderne, dont l'organisation du matériel génétique a été modifiée. On appelle organisme vivant toute entité biologique capable de reproduire ou de transférer du matériel génétique, ce qui inclut les organismes stériles, les virus et les viroïdes. La biotechnologie moderne consiste en un ensemble de techniques *in vitro* [faisant intervenir l'acide nucléique] qui dépassent les frontières physiologiques naturelles de la reproduction et de la recombinaison, autres que les modes traditionnels de reproduction et de sélection. »

Dans son rapport annuel de 1996 destiné à ses actionnaires, Monsanto présente sa propre définition : « Courte liste de termes pour une compagnie du secteur des sciences de la vie. Biotechnologie : la biotechnologie exploite le potentiel métabolique des systèmes vivants. La biotechnologie végétale, qui se veut un prolongement des techniques de reproduction végétale traditionnelles, mise sur l'ajout de traits génétiques choisis en vue de créer de nouvelles variétés. » « Let the Harvest Begin », un document de propagande publié par Monsanto en 1998, propose une autre définition, des plus simplistes : « La biotechnologie est la science qui per-

---

4. AAC, « Stratégie de développement durable pour le vérificateur général », Ottawa, 1997.

met de modifier le contenu génétique des semences des végétaux qui nous alimentent afin d'en tirer un meilleur parti[5]. »

Martha Crouch, biologiste des molécules et adepte du jardinage écologique, définit quant à elle le génie génétique comme « la manipulation de l'organisation des protéines dans un organisme par la modification de son contenu génétique, soit par l'ajout de nouveaux gènes, soit par la manipulation de gènes existants de façon à ce que les protéines soient produites à un autre moment ou en quantité différente[6] ».

Évidemment, comme nous l'avons constaté plus tôt, aucune de ces définitions ne décrit les méthodes traditionnelles de sélection et de reproduction animales et végétales.

La définition de la biotechnologie varie manifestement selon la personne qui la propose et les objectifs qu'elle poursuit. Autrement dit, tout dépend du contexte et du point de vue que l'on adopte.

Revenons aux observations de Klaus Leisinger, qui distingue trois générations dans l'évolution de la biotechnologie : « Dans la première génération, on utilisait des bactéries ou de la levure, par exemple, pour obtenir du fromage ou de la bière. Au cours de la deuxième, on se servait de micro-organismes pour produire des antibiotiques et on poussait plus loin l'exploration de la biologie moléculaire. Lors de la troisième, enfin, il devint possible de modifier directement le matériel génétique d'une cellule individuelle. »

Ces trois générations correspondent-elles à une évolution logique et inoffensive de techniques traditionnelles comme le brassage de la bière et la fabrication du fromage ? Ou, au contraire, retrouve-t-on entre elles des ruptures fondamentales ? D'abord, il nous faut reconnaître le contexte dans lequel ces trois générations s'inscrivent. Leisinger lui-même, en effet, évolue dans un contexte particulier comme homme, Européen, employé d'une multinationale et scientifique ayant sa propre conception de la science. Rien dans ses propos, cependant, n'indique qu'il reconnaît ce contexte particulier dans lequel s'insère son discours et l'épistémologie qui caractérise ce contexte. (*Voir le chapitre X.*)

Ajoutons à cela la croyance dans le progrès et dans la neutralité de la technologie, deux caractéristiques de la culture de Leisinger, et sa

---

5. *Let the Harvest Begin,* trouvé sur le site : http://www.monsanto.com, 14 octobre 1998.

6. *How the Terminator Terminates,* publication du *Edmonds Institute,* à Edmonds (Washington), 1998.

description devient presque incontournable. Cette culture, toutefois, est loin d'être universelle, même si on s'acharne à prétendre le contraire. En effet, il reste toujours possible de prendre du recul pour s'ouvrir à un autre point de vue sur cette question. Ce faisant, nous constatons que la biotechnologie telle que nous la connaissons aujourd'hui aurait fort bien pu évoluer différemment. Comme le signale Sandra Harding, critique féministe des sciences, c'est le pouvoir et l'argent, plutôt que la démocratie et la science, qui ont fait pencher la balance.

> Au cours du siècle dernier, le rôle social de la science s'est transformé. Alors qu'elle n'offrait autrefois qu'une aide occasionnelle, la science engendre maintenant directement la domination et des inégalités d'ordre économique, politique et social. Force est de constater que l'espoir de « dominer la nature » en vue d'améliorer les espèces a cédé la place à la volonté d'obtenir un accès privilégié aux ressources naturelles, de façon à renforcer les structures de domination sociale[7].

Robert Bud, du Musée des sciences à Londres, présente un point de vue semblable dans *The Uses of Life,* qui trace un historique complet de la biotechnologie. Remontant au début du XIXe siècle, il décrit en détail la façon dont « les processus physiologiques, qu'il s'agisse de fertilisation ou de digestion, ont été réduits à une simple transformation de substances chimiques ». À son avis, la synthèse de l'urée, mise au point par Friedrich Wöhler en 1828, constitue « un point de référence utile dans l'érosion de la distinction entre les produits naturels et les produits chimiques ».

Près d'un siècle plus tard, on découvrit une bactérie capable de produire du butanol et de l'acétone à partir d'amidon lors de la fermentation. Or, la production du caoutchouc synthétique dépendait alors d'une source de butanol bon marché. Les scientifiques qui participaient à ce projet en Grande-Bretagne, explique Bud, « profitèrent de la mise au point de cette nouvelle technologie et de la crédulité de la population pour créer un étonnant précédent pour l'avenir de la biotechnologie », en mettant sur pied une entreprise afin de raffiner ce procédé pour la Grande-Bretagne.

Dans un article intitulé « The Production of Rubber : With or Against Nature ? », publié en 1912, Henry Armstrong met en doute le bien-fondé de ce projet : « À l'heure actuelle, nous entrons en compétition avec la nature sur plusieurs plans, et il est extrêmement important de nous

---

7. Sandra Harding, *The Science Question in Feminism,* Ithaca, Cornell University Press, 1986, p. 16.

demander s'il est souhaitable ou même possible de continuer à travailler contre elle [...] Du point de vue de l'éthique, nous risquons fort de faire fausse route en ne tirant pas parti de l'activité intégrale de la plante. Outre cela, nous découvrirons peut-être que si nous prenons tout en considération, la plante peut produire du caoutchouc à partir d'amidon de façon beaucoup plus efficace que l'homme[8].» À ce moment, laisse entendre Bud, les technologies de fermentation (zymotechnie; *zymo*: levain) et l'agronomie commençaient à être considérées comme deux approches s'excluant l'une l'autre : la plante était considérée soit comme une usine, soit comme un organisme complet.

Plus loin, Bud écrit que le terme « biotechnologie » a revêtu sa significa-tion moderne en 1961, au moment où le *Journal of Microbiological and Biochemical Engineering and Technology* est devenu le *Biotechnology and Bioengineering*. Le fondateur et rédacteur en chef du magazine, Elmer Gaden, entrevoyait alors deux principaux champs d'activités pour la mi-crobiologie : « les technologies traditionnelles, employées depuis long-temps, d'extraction, de séparation, de purification et de transformation de matériel biologique », et « l'utilisation de biosystèmes entiers (comme les cellules et les tissus), ou de leurs composantes (les enzymes, par exemple) dans le but d'introduire des changements chimiques ou physiques *directs et contrôlés*[9] ». (On retrouve l'italique dans le texte original.)

En 1970, poursuit Bud, « la culture de centaines de milliers de tonnes de protéines d'origine unicellulaire en vue de nourrir les affamés semblait être la façon la plus pertinente d'utiliser la fermentation en continu [...] La nouvelle génération d'idéalistes d'après la Seconde Guerre mondiale entrevit de nouvelles possibilités dans le domaine des techniques de fer-mentation, de la technologie enzymatique et de la transformation de micro-organismes, que l'on regroupait de plus en plus sous le terme "biotechnologie". Les pays en voie de développement, avantagés cette fois par l'abondance de leurs ressources naturelles, semblaient particulière-ment bien placés pour utiliser ces technologies innovatrices de façon à répondre à leurs importants besoins de produits tels que les aliments fermentés, l'alcool combustible et le biogaz comme sources d'énergie, ainsi que les bactéries capables de fixer l'azote. Les nouveaux procédés

---

8. Robert Bud, *The Uses of Life : A History of Biotechnology*, Cambridge, Cambridge Uni-versity Press, 1993, p. 41–42.

9. *Ibid.*, p. 103.

seraient employés par les petites entreprises locales pour satisfaire les besoins de la population, au lieu d'enrichir des multinationales éloignées[10]. »

En raison des pressions exercées sur la base d'intérêts commerciaux et nationalistes, cependant, l'industrie de la biotechnologie ne tarda pas à se désintéresser des besoins fondamentaux des populations du tiers monde pour se pencher plutôt sur la question de l'alimentation des animaux de la prospère société européenne. « Les visions humanitaires qui subsistaient se heurtèrent à un nouveau courant de pensée cynique dont la ligne de conduite pourrait se résumer, écrit Bud, à l'utilisation des ressources génétiques des pays défavorisés en vue de résoudre les problèmes des pays prospères. [...] Dès le début des années 1980, on se mit de plus en plus à considérer la biotechnologie comme une nouvelle menace technologique pour le tiers monde[11]. »

Le sort réservé à la protéine d'origine unicellulaire offre un bel exemple de ce changement de cap de la biotechnologie, qui allait dorénavant servir à mettre au point des produits destinés aux populations riches, au détriment des populations défavorisées du tiers monde. En 1962, British Petroleum était sur le point d'entreprendre dans le sud de la France la construction d'une usine consacrée à la production de protéines d'origine unicellulaire destinées à la consommation humaine, dont la compagnie avait même commencé à faire la promotion. Ce produit, toutefois, fut plutôt lancé comme nourriture pour les animaux des pays industrialisés.

Jusqu'à la fin des années 1970, souligne Bud, la biotechnologie en tant que discipline de la manipulation génétique se préoccupait encore davantage d'améliorations génétiques que d'ingénierie génétique. La distanciation à l'égard du développement potentiel de la zymotechnie s'est confirmée à la suite de la découverte de la double hélice de l'ADN et de la mise au point de nouvelles techniques de recombinaison génétique. On en vint à considérer le génie génétique comme la base de la biotechnologie. On passait alors du « concept de la biologie moléculaire en tant que science au concept technologique du génie biologique » ou « biologie utilisée à des fins technologiques ». Dorénavant, on ne travaillerait plus avec des organismes entiers : c'est l'ère de la reconstruction génétique qui s'amorçait, misant sur la manipulation des codes génétiques inscrits dans l'ADN, porteurs de l'information à la base de toute parcelle de vie.

---

10. *Ibid.*, p. 121–124.

11. *Ibid.*, p. 126.

En 1985, un cadre d'une compagnie de biotechnologie nous offrait un point de vue fort différent sur ce virage : « Les biotechnologistes parlaient auparavant d'un éventail de bénéfices hypothétiques [...] tandis que leurs critiques étaient préoccupés par des risques bien réels. En 1984, ces mêmes spécialistes parlaient de bénéfices bien réels, alors que les risques appréhendés étaient devenus tout à fait hypothétiques [12]. »

« Il était peu probable qu'on passe d'une technologie simple à une industrie capable d'engendrer un renouveau économique ; néanmoins, des connaissances utiles furent reléguées aux oubliettes [13] », ajoute Bud avec une pointe de tristesse.

Aujourd'hui, la biotechnologie est présentée par les gouvernements comme le moteur d'une reprise économique, comme l'illustre la présentation par le gouvernement du Canada de sa nouvelle stratégie en matière de biotechnologie.

Selon Evelyn Fox Keller, qui enseigne l'histoire et la philosophie des sciences au *Massachussets Institute of Technology* (MIT), la physique théorique et la biologie moléculaire s'insèrent également dans l'histoire politique de la biotechnologie. Les pionniers de la biologie moléculaire, écrit-elle, n'étaient pas des biologistes ni des généticiens mais des biochimistes et des physiciens. Elle cite en exemple l'un des fondateurs de la biologie moléculaire, le physicien théorique Max Delbrück, qui « s'inscrivait dans une tradition qui prône une compréhension des phénomènes axée sur la simplicité plutôt que sur la complexité, et selon laquelle il vaut mieux, pour faire l'étude de phénomènes, les isoler et les réduire à leur forme la plus simple. La diversité et la plénitude de la nature sont alors perçues comme des distractions, des entraves inutiles à la recherche de lois générales. Comme physicien, Delbrück s'intéressait à l'étude d'organismes les plus simples possible. Or, en biologie, les organismes les plus simples sont souvent les plus petits. Par conséquent, le fait de contourner les phénomènes complexes que les généticiens tentaient d'expliquer devenait légitime, voire louable [14]. »

Le terme « biologie moléculaire » fut créé au milieu des années 1930 par Warren Weaver, de la Fondation Rockefeller, et « faisait partie intégrante d'une politique établie par l'un des principaux bailleurs de fonds

---

12. Propos de Ronald Cape de Cetus Corp., cités par John Elkington dans *The Gene Factory*, New York, Carroll & Graf, 1985.

13. Bud, *op. cit.,* p. 164.

14. Keller, *op. cit.,* p. 160.

dans ce domaine [...] Comme l'expliquait sans ambages l'un des premiers directeurs de la Fondation, en 1934, les politiques de l'organisation gravitaient autour de la problématique du comportement humain, dans le but d'exercer un meilleur contrôle fondé sur le savoir [15]. »

Jon Turney rapporte que la Fondation Rockefeller « s'engagea à fournir un important appui financier à un vaste programme de biologie fondamentale [...] axé sur des recherches quantitatives et physicochimiques rigoureuses, qui n'étaient reliées qu'indirectement à la médecine [...] On commençait à explorer des modes de manipulation du vivant qui allaient beaucoup plus loin que tout ce qui s'était fait auparavant [16]. »

« La puissance et l'ampleur de la vision de la Fondation Rockefeller », poursuit Rose, « soutenues par les ressources considérables des Rockefeller », écrasèrent petit à petit toutes les autres conceptions de la biologie. En offrant de financer un programme de recherche biochimique basé sur une approche ouvertement réductionniste, par exemple, la Fondation marginalisa les activités du Club de biologie théorique de Cambridge, en Angleterre, qui avait adopté dans les années 1930 les idées non réductionnistes de Joseph Needham en matière de métabolisme, de développement et d'évolution. Certes, la vision de la Fondation Rockefeller fut extrêmement productive sur le plan des connaissances scientifiques et des technologies [...]. Toutefois, si l'on en fait la seule façon de comprendre le vivant et si l'on passe sous silence tant les visées explicites de domination sociale de cette vision que ses visées eugéniques implicites, on risque de ne pas saisir la direction qu'elle entend nous faire prendre [17]. »

Philip Regal, biologiste des molécules, a lui aussi attiré l'attention sur la construction délibérée des assises de la biotechnologie moderne pour servir des intérêts particuliers. La Fondation Rockefeller, affirme-t-il, a répandu la croyance selon laquelle « la société doit compter sur les inventions scientifiques pour résoudre ses problèmes, sans qu'il soit nécessaire de faire intervenir les systèmes économique et politique ». Cela a pour effet, signale-t-il, d'encourager une attitude de résignation face au fatalisme génétique et d'entretenir « des attentes rassurantes : les sciences et la technologie nous apporteraient la grâce [18]. »

---

15. Rose, *op. cit.*, p. 273.

16. Turney, *op. cit.*, p.119–120.

17. Rose, *op. cit.*, p. 273–274.

18. Philip Regal, « Metaphysics in Genetic Engineering : Cryptic Philosophy and Ideology in the "Science" of Risk Assessment », dans *Coping with Deliberate Release : The Limits*

Évidemment, c'est également la Fondation Rockefeller qui articula et finança la révolution verte, dont le programme officiel d'augmentation de la production alimentaire masquait une volonté, sur les plans social et scientifique, de renforcer les structures de domination et de contrôle instaurées par les pays capitalistes et leurs entreprises.

Nelson Rockefeller et la Fondation Rockefeller furent en outre les principaux architectes de la stratégie mondiale visant à résoudre le problème général du «sous-développement» (ou devrions-nous dire «conditions de vie inadéquates»?) en augmentant la production alimentaire de manière à ce que les pays ciblés puissent exporter leurs produits, ce qui permettrait de créer «de nouveaux partenariats commerciaux et de nouvelles possibilités d'investissement pour le monde libre[19].» L'objectif de cette stratégie était d'intégrer ces régions à l'économie dominante des États-Unis, sans nécessairement donner à leurs habitants les moyens de mieux nourrir leur famille.

Dans le cadre de la révolution verte, à ces objectifs implicites s'ajoutait l'idée voulant que «si le savoir actuel ne permet pas de résoudre un problème [une pénurie alimentaire, par exemple], la Fondation pourrait financer l'acquisition de ce savoir par des scientifiques et son application dans la conception de nouvelles technologies [semences][20].»

Une fois qu'on eut attribué le problème de la famine à un rendement insuffisant par hectare, et non à une répartition inéquitable de la production, il devenait logique de le résoudre par l'«amélioration» des semences. Cela rendrait sans doute possible l'autosuffisance et même une production excédentaire destinée à l'exportation. Cependant, cette approche représentait un piège à la fois pour les agriculteurs et pour l'État, car elle risquait d'accroître leur dépendance. La philosophie du développement de la Fondation Rockefeller était peut-être axée sur l'autosuffisance, mais sur une autosuffisance fondée sur l'utilisation d'intrants coûteux, tels que l'irrigation, les semences, les engrais, les produits chimiques et la mécanisation. Ces intrants, presque toujours importés, devaient être achetés précisément à des entreprises établies dans les pays qui accordaient

---

of Risk Assessment, collectif sous la direction d'Ad van Dommelen, International Centre for Human and Public Affairs, Tilburg (Pays-Bas), 1996, p. 18–19.

19. Robert S. Anderson, Edwin Levy et Barrie Morrison, *Rice Science and Development Politics: IRRI's Strategies and Asian Diversity 1950–1980,* Oxford, Clarendon Press, 1991, p. 22.

20. *Ibid.,* p. 30.

les prêts et les subventions visant à stimuler le développement et la modernisation.

À la lumière de ces données, force est de constater que derrière le nouvel altruisme des compagnies pharmaceutiques et biotechnologiques, qui prétendent offrir « un savoir-faire original dans le domaine des sciences de la vie » (comme l'affirme la publicité de Novartis), on retrouve la même volonté de créer une dépendance aux « intrants ». Aujourd'hui, par contre, on ne parle plus seulement d'engrais, d'agrotoxines et de semences améliorées, mais également d'éléments manipulés génétiquement et de modifications génétiques « ciblées ».

∗∗∗

Au début des années 1970, le rythme effarant des changements dans le nouveau domaine de la biologie moléculaire, l'accessibilité des ressources qui alimentaient ces « progrès » et les promesses grandioses de certains de leurs défenseurs, alliés à une conscience accrue de la puissance de cette nouvelle « technologie », troublèrent manifestement certains scientifiques et chercheurs plus consciencieux, qui adoptèrent une attitude de prudence. Un comité présidé par Paul Berg, de l'université de Stanford, demanda un moratoire sur certaines avenues de recherche. Les membres du comité étaient d'avis que l'on n'en savait pas assez sur les conséquences possibles de certaines expériences de manipulation génétique, particulièrement « celles qui visaient l'introduction dans des bactéries d'une résistance aux antibiotiques, de la capacité de produire des toxines, ou encore de gènes provenant de virus d'origine animale ». Ces craintes émises au sein de la communauté scientifique, qui allaient malheureusement être confirmées, montraient que le débat, malgré sa pertinence, « portait surtout sur l'aspect technique des risques pour la santé et l'environnement des recherches en question », ignorant les répercussions d'ordre social ou éthique de ces travaux[21].

Lors de la conférence d'Asilomar, en 1975, le moratoire proposé fut approuvé. À ce moment, toutefois, les chercheurs commençaient à se rendre compte que cette initiative risquait de restreindre leur liberté, ce qui les fit par la suite revenir sur leur décision : leur peur d'une réglementation mise en place par les gouvernements l'emporta sur leurs craintes de perdre le contrôle des micro-organismes modifiés. Selon eux, « la

---

21. Turney, *op. cit.*, p. 189–190.

responsabilité sociale ne devait pas entraver l'autonomie scientifique »,
et « avec le recul, il est évident qu'ils firent en sorte de rester maîtres du
débat [22] ». D'ailleurs, on ne tarda pas à laisser tomber le moratoire.

Comme l'explique Fred Buttel, cette peur d'un contrôle externe donna
lieu à « une énorme campagne de relations publiques » qui vantait le soi-
disant potentiel immense de la biotechnologie en termes de productivité [23]. Aujourd'hui, ce battage publicitaire n'a en rien perdu de son intensité, grâce aux fonds considérables engagés par les grandes compagnies.

Pour un grand nombre de biologistes des molécules, une réglementation sévère aurait deux conséquences principales : « D'abord, la restriction
des recherches relatives à l'ADN risque de retarder, ou même d'empêcher,
la mise au point de médicaments miracles, de vaccins et de cultivars "ré-
volutionnaires". Ensuite, les États-Unis pourraient être devancés par d'autres pays en matière de recherche et de développement [24]. » Le Département américain de l'Agriculture se servit d'un raisonnement semblable
pour justifier sa participation au développement de la technologie *Terminator* à l'été 1998.

Résultat : « l'élite de la biologie moléculaire » a assez bien réussi à contrer
toute forme de réglementation obligatoire, et elle a encore mieux réussi,
grâce à ses prétentions exagérées, à attirer l'attention des spécialistes du
capital-risque et des sociétés de placement de Wall Street. « Du jour au
lendemain naissait une nouvelle industrie », « en grand besoin de promotion, voire d'un véritable battage publicitaire, en vue d'intéresser de
nouvelles sources de capital-risque [25] ».

***

Aujourd'hui, l'industrie de la biotechnologie continue de proclamer
haut et fort que la « biotechnologie moderne » s'appuie sur une démarche
scientifique solide, qui correspond à l'évolution naturelle de traditions
agricoles universelles, et ce, malgré toutes les preuves du contraire. La
dimension historique de la question, cependant, mérite d'être examinée

---

22. *Ibid.*, p. 191.

23. Fred Buttel, « Ideology and Agricultural Technology in the Late Twentieth Century »,
dans *Agriculture and Human Values,* printemps 1993, p. 9.

24. *Ibid.*

25. *Ibid.*, p. 10.

de plus près. Les pratiques actuelles en matière de biotechnologie ne sont-elles qu'une nouvelle expression d'une tradition séculaire? Ou, au contraire, existe-t-il une rupture fondamentale entre les méthodes traditionnelles et l'application moderne de la biotechnologie?

CHAPITRE V

Un faux progrès

Pour aider à nourrir le monde, Monsanto et les autres géants de la biotechnologie sont en train de démanteler un système agricole séculaire et de le transplanter dans un monde moderne où une poignée de multinationales ont remplacé les agriculteurs comme maîtres du jeu [1].

L'INDUSTRIE de la biotechnologie se plaît à affirmer qu'elle ne fait que moderniser d'anciennes pratiques traditionnelles comme la sélection et la reproduction des semences, des plantes et des animaux.

Un bref survol de l'évolution naturelle des pratiques agricoles, cependant, met en lumière la nature carrément révisionniste de cette thèse et les différences entre les pratiques de la biotechnologie, notamment du génie génétique, et les pratiques traditionnelles. (*Voir le tableau de la page 76.*)

Il y a une différence entre décrire une progression entre deux contextes et deux ensembles de pratiques et qualifier cette transition de progrès. Il s'agit là d'une distinction fondamentale quand vient le temps d'évaluer la nouveauté historique du génie génétique.

La sélection naturelle

La diversité fluide, ou l'équilibre dynamique, sont peut-être les expressions qui qualifient le mieux l'ordre naturel de la Création. Dans la nature,

---

1. *Christian Science Monitor,* 30 juillet 1998.

les organismes ne sont pas précis, et ils sont loin d'être immobiles, stables, immuables et éternels. Il serait difficile de les définir à l'aide d'une liste informatisée de leurs composantes, car on s'apercevrait vite que même si un élément se retrouve dans plusieurs organismes différents, il peut avoir dans chacun d'eux une fonction différente, selon le type d'organisme mais également selon l'environnement dans lequel celui-ci évolue. Des échanges génétiques, des flux de gènes et des transformations provoquées par des facteurs externes ou internes se produisent continuellement, et les organismes ne cessent d'évoluer et de se transformer de façon à s'adapter aux demandes de leur environnement changeant. « La stabilité d'un organisme et d'une espèce dépend de toute une gamme d'interrelations et d'interactions, à partir de l'environnement socio-écologique jusqu'au matériel génétique », écrit la biologiste Mae-Wan Ho de l'université ouverte du Royaume-Uni. « Les gènes et les génomes doivent eux aussi réagir et s'adapter, ou même se transformer, de façon à préserver la stabilité de l'ensemble[2]. »

Dans ce contexte, on peut parler d'un processus de sélection naturelle : les organismes tentent de s'adapter de diverses façons, plus ou moins efficaces. Comme dans la parabole de Jésus, certaines graines tombent en terrain fertile et se multiplient, tandis que d'autres tombent sur un sol rocailleux et meurent.

Pour bien s'adapter, les organismes doivent pouvoir se croiser ou se féconder entre eux. Dans le monde végétal, on parle de pollinisation libre : les oiseaux, les abeilles et d'autres insectes fertilisent les plantes en transportant le pollen de l'une à l'autre, ce qui favorise la diversité, ou bien c'est le vent qui porte le pollen des fleurs mâles aux fleurs femelles, d'une plante à l'autre ou sur la même plante.

Toutefois, puisqu'il est aussi imprécis qu'incertain, ce processus pourrait être défini comme une stratégie de survie « à faible risque », que l'industrie de la biotechnologie qualifierait sans doute d'inefficace. La voie de la nature est parsemée d'erreurs et d'échecs, certes, mais aussi d'un grand nombre de réussites. Par ailleurs, un croisement qui sera une réussite lors d'un été frais et humide survivra peut-être difficilement à des conditions chaudes et sèches. D'où l'importance de la diversité, et la justesse de l'expression « ne pas mettre tous ses œufs dans le même panier ».

Depuis combien de temps ce processus d'adaptation se déploie-t-il ? La réponse dépend de votre conception de l'origine du monde, mais il

---

2. Ho, *op. cit.,* p. 179.

s'agit là d'un autre débat. Ce qui nous intéresse ici, c'est le constat de la fluidité de notre environnement, qui ne frappe l'œil non exercé qu'à l'occasion — comme le jour où j'ai découvert une fleur de ciboulette qui avait surgi à la base d'une feuille tordue plutôt qu'à l'extrémité d'une tige comme à l'habitude. Si j'avais été un vrai scientifique, j'aurais isolé cette étrange mutation de manière à pouvoir observer sa croissance et son évolution.

La sélection humaine

Puis vint le moment dans le cours de l'histoire où les humains entrèrent en scène et commencèrent à privilégier certaines espèces animales et végétales parmi celles qui les entouraient. Tant qu'ils s'adonnèrent à la chasse et à la cueillette, leur impact fut limité. Il y a environ 10 000 ans, toutefois, bon nombre de nos ancêtres devinrent sédentaires et commencèrent à pratiquer l'agriculture, c'est-à-dire à s'implanter à un endroit et à cultiver le sol et la forêt en vue de se nourrir. Ils se mirent alors tout naturellement à faire des choix. Bien sûr, il y eut des cas d'empoisonnement alimentaire et des périodes où ils furent forcés de dépendre d'une seule espèce, comme le manioc, à la suite de l'échec de toutes leurs autres tentatives de culture. Mais petit à petit, nos ancêtres apprirent à distinguer les espèces comestibles des variétés mortelles en procédant par tâtonnements, qui tenaient lieu de méthode scientifique à l'époque. Les décès n'étaient pas perçus comme des pertes tragiques : ils étaient inévitables et inhérents au fait d'être vivant. (La pseudo-science de « l'évaluation des risques » n'avait pas encore vu le jour.)

D'autres espèces furent privilégiées en fonction de leur goût et de leurs propriétés de conservation. Quant les humains renoncèrent à leur vie de nomades, ils durent apprendre à assurer leur subsistance dans des conditions climatiques changeantes. Ils ne pouvaient risquer de cultiver exclusivement des espèces adaptées aux années de sécheresse, ou au contraire aux années pluvieuses. Il leur fallait donc préserver la diversité des espèces, tout en laissant place à l'adaptation et à l'évolution naturelle[3].

La survie des populations dépendait directement de cette stratégie qui misait sur une diversité maximale tout en favorisant une constante évolution. Cette stratégie peu risquée était la seule viable : nos ancêtres

---

3. J'aborderai plus loin la question de la conservation *ex situ* et *in situ* des semences, ainsi que les concepts qui sous-tendent ces pratiques.

ne pouvaient compenser l'échec d'une culture par l'achat de riz cultivé au Viêt Nam ou de kiwis importés de l'Australie.

La multiplication végétative

À une époque moins lointaine, des femmes commencèrent à s'intéresser aux différents modes de reproduction des plantes à tubercules, à bulbes ou à stolons. Elles connaissaient déjà la reproduction par pollinisation et savaient que certaines fleurs s'autofécondaient, alors que d'autres laissaient intervenir les oiseaux et les insectes. Elles s'aperçurent qu'on pouvait séparer les bulbes de certaines espèces, telles la jonquille et l'ail, ou encore diviser le fruit mûr et en replanter les morceaux pour obtenir un nouveau plant sans fécondation, comme pour la pomme de terre. Les fraisiers, eux, se multipliaient au moyen de stolons, qui s'enracinaient pour former d'autres plants. Le chardon et le chiendent, qui couvraient souvent de grands espaces, se reproduisaient grâce à leurs rhizomes, ou racines, desquels pouvaient surgir de nombreuses pousses si les conditions étaient le moindrement favorables.

Ces formes de reproduction, regroupées sous l'appellation «multiplication végétative», produisent des clones, qui diffèrent cependant de la brebis Dolly (ou de la souris Mickey de Disney). Même si elles possèdent le même bagage génétique que la plante mère, en effet, les plantes à fleurs, à tubercules ou à stolons s'adaptent à leur environnement immédiat et le modifient (on parle alors de mutations); par conséquent, chacune développe des caractéristiques uniques. Chaque nouveau plant évolue dans un environnement qui lui est propre, comme les enfants d'une même famille (même s'il s'agit de jumeaux), contrairement aux organismes obtenus à l'intérieur d'une boîte de Petri isolée dans un laboratoire stérile.

L'hybridation

L'hybridation, qui s'inscrit dans le même processus d'évolution basé sur la sélection et l'adaptation naturelles alliées à la sélection humaine, peut se produire spontanément ou être provoquée par une intervention de l'humain. Jusqu'aux années 1930, où le maïs F1 fut «découvert», on appelait hybridation le croisement de souches parentales présentant des différences marquées en vue d'obtenir des descendants dotés d'une «vigueur hybride» ou hétérosis[4]. La mule, issue d'un croisement naturel

4. Voir le livre de Jack Kloppenberg intitulé *First the Seed: The Political Economy of Plant Biotechnology,* Cambridge, Cambridge University Press, 1988.

entre le cheval et l'âne, constitue peut- être le meilleur exemple d'un hybride naturel. Malgré une robustesse, une résistance aux maladies et une espérance de vie qui dépassent celles de ses parents, la mule est stérile. De la même façon, nous pouvions obtenir des agneaux dotés de vigueur hybride en accouplant nos brebis hybrides Leicester-Cheviot à un bélier Suffolk. Les agneaux résultant de ce triple croisement, bien qu'ils ne fussent pas stériles, n'auraient pas fourni une bonne lignée pour la reproduction. Mais cela importait peu puisque notre objectif était d'obtenir de bonnes carcasses et non de bons géniteurs.

Les hybrides ne sont pas toujours stériles, mais la vigueur propre à l'hybride n'apparaît souvent que chez la première génération. Les croisements favorisent réellement la diversité, et les agriculteurs y recourent depuis longtemps pour modifier les caractéristiques de leurs cultures et de leurs animaux. Chez les animaux, on parle de «domestication» pour faire référence à ce processus d'adaptation ou même d'hybridation. En fait, un grand nombre de plantes et d'animaux ont été domestiqués à un point tel qu'ils survivraient difficilement à l'état sauvage. La domestication crée une dépendance, à divers degrés.

Déjà, les fermiers, les jardiniers, les éleveurs et les paysans sélectionnaient, adaptaient et modifiaient considérablement leur environnement naturel. La diversité qui en résultait, cependant, n'avait rien à voir avec l'«amélioration» au sens où on l'entend aujourd'hui. Il ne s'agissait pas d'une évolution linéaire ni de «progrès». L'idée de commercialiser des semences spécialisées sur le marché international n'effleurait pas l'esprit des agriculteurs. Ce qu'ils recherchaient, c'était de bonnes semences fiables pour assurer la subsistance de leur famille et des familles des environs. Par conséquent, les semences faisaient librement l'objet d'échanges et d'expériences. Toute la communauté avait avantage à profiter des semences les mieux adaptées à son environnement changeant. En fait, ces pratiques perpétuaient la même stratégie à faible risque axée sur l'autosuffisance.

Tableau 5.1 : Plan de la progression décrite dans ce chapitre		
Sélection naturelle		
	pollinisation libre	
	diversité	
	faible risque	
Sélection humaine		
Multiplication végétative (tubercule, bulbes, stolons)		
forme de multiplication asexuée		
Hybridation		
descendants de lignées génitrices très différentes, hétérosis (vigueur hybride)		
Culture fondée sur le progrès, l'amélioration		
Hybridation, F1		
croisement de lignées génitrices voisines, multiplication irrégulière		
	uniformité	
	haut risque	
	droits des sélectionneurs	
	(protection des obtentions	
	végétales)	
Multiplication végétative artificielle	brevets	
greffage, bourgeonnement, culture de tissus (méristèmes)		
Culture fondée sur l'utilitarisme, la « technologie », le déterminisme		
Génie génétique		
	« expression extrême »	contrôle
	technologie *Terminator*	possession

Première transition radicale : la culture fondée sur le progrès

Le XIXe siècle a ouvert la voie à un changement de cap radical : sous l'influence grandissante des grandes puissances européennes, alliée à l'impérialisme idéologique propre au Siècle des lumières et à sa conception réductionniste de la science, les pratiques ancestrales subirent de profondes transformations. Les systèmes d'éducation et les modes de pensée des puissances impérialistes, particulièrement de la Grande-Bretagne, furent reproduits au sein des colonies. Les étudiants avancés revenaient puiser aux sources de la nation mère, ce qui renforçait leur assimilation culturelle, avant de retourner dans leur pays à titre d'enseignants ou d'administrateurs. Encore aujourd'hui, la composition des classes des institutions d'enseignement supérieur, notamment en agriculture, reflète ce modèle. Au cours des années 1960, j'avais fait la même constatation avec mes compagnons de classe à la *London School of Economics*. Le savoir-faire et la science autochtones devaient céder leur place au nouvel ordre des choses.

L'industrialisation (particulièrement en agriculture, où elle toucha d'abord les plantations coloniales), ainsi que le capitalisme qui s'affirmait, contribuèrent à ce processus historique par les structures et le système qu'ils avaient mis en place. Les colonies fournissaient à vil prix des aliments de base, comme les céréales, ainsi que des denrées exotiques, comme le poivre et la vanille. Les cultures vivrières locales furent donc délaissées, comme il arrive encore aux quatre coins de la planète quand les paysans sont expulsés de leurs terres les plus fertiles, qui sont monopolisées pour des cultures destinées à l'exportation, des haricots verts aux œillets.

Cette profonde restructuration économique s'accompagna d'une nouvelle idéologie du progrès et de l'amélioration, qui eut à son tour d'importantes répercussions sur les pratiques agricoles. L'établissement de cette culture, fondée sur une conception individualiste et réductionniste de la vie, sur une obsession du contrôle et un asservissement à l'accumulation de capital comme mesure du succès et du progrès, contribua à préparer le terrain pour l'émergence de la biotechnologie.

L'industrie de la biotechnologie tente de nous convaincre que sa vision du monde, aussi étroite et linéaire soit-elle, ne relève pas d'une culture et d'une perspective historique particulières mais de lois universelles et immuables.

Le changement radical qui s'est produit au sein de cette culture a été perçu comme une simple modification de processus naturels, au même titre que ma propre expérience de l'insémination artificielle et que la mise au point du canola, dont j'ai fait mention dans l'introduction. Mais c'est précisément la façon dont de tels changements en apparence « mineurs » se produisent qui les rend si insidieux. La portée d'une série de petits pas ne saute aux yeux que lorsque nous sommes rendus assez loin pour considérer notre parcours avec un certain recul — ou trop loin pour revenir en arrière.

Les hybrides F1

Jusqu'à tout récemment, la découverte de l'hybride F1, au milieu des années 1930, représentait le changement le plus important dans le domaine de la reproduction végétale traditionnelle. Obligeant les agriculteurs à se procurer de nouvelles semences chaque année et à délaisser la pratique ancestrale qui consistait à conserver les meilleures semences de cultures qui avaient fait leurs preuves dans les conditions locales, cette nouvelle technique possédait un grand potentiel commercial.

La création délibérée d'une dépendance est d'ailleurs l'une des principales caractéristiques de la culture axée sur le progrès et l'amélioration, même si on ne le reconnaît généralement pas aussi effrontément que Daniel Huber, président de Cargill Asie Pacifique, qui déclarait, lors d'un forum de la Banque mondiale consacré à la Chine: «Nous nous considérons partenaires de la Chine et de la Banque mondiale [...] Nous ne devrions pas nous demander s'il est possible de nourrir la population chinoise, mais plutôt comment nous pouvons aider la Chine à répondre à ses besoins alimentaires dans l'avenir [...] La Chine devra faire un choix: entretenir ses idées désuètes d'autosuffisance alimentaire, ou accélérer son intégration au système alimentaire mondial. La seconde option suppose une augmentation de ses importations d'aliments de base comme les céréales, les protéines et les huiles comestibles, et un accroissement de ses exportations de produits de haute valeur dont la production demande une main-d'œuvre abondante, tels les protéines animales, les fruits, les légumes et les poissons. [...] La Chine ferait un choix judicieux en s'ouvrant résolument au système alimentaire global lié aux marchés mondiaux et fondé sur son propre avantage agricole comparatif[5].»

La multiplication végétative artificielle

Après la mise au point des hybrides F1, on commença à s'intéresser aux techniques de multiplication végétative artificielle. Même aujourd'hui, cette transition est perçue par certains comme une simple «amélioration» de la multiplication végétative traditionnelle. La multiplication végétative artificielle comprend le greffage, le bourgeonnement et la culture de tissus (ou méristèmes).

À ce stade, la ligne de démarcation entre les modes de sélection traditionnels et les interventions forcées pratiquées aujourd'hui devient floue,

---

5. Affiché à http://www.cargill.com

et on entre dans une zone d'incertitude. Mais à y regarder de plus près, il apparaît évident qu'en prélevant un bourgeon sur un arbre et en le greffant à un autre arbre, on franchit certaines frontières naturelles : il ne s'agit plus d'un changement quantitatif mais d'un saut qualitatif qui nous amène au-delà des pratiques horticoles traditionnelles. Bien que cela ne saute pas aux yeux, en effet, cette intervention se produit au niveau moléculaire et peut donc être considérée comme une des premières pratiques de la biotechnologie. L'utilisation des bactéries *E. coli* pour produire la présure artificielle, ou chymosine, dont on se sert dans la fabrication du fromage, entre dans la même catégorie : les bactéries *E. coli* produisent, grâce à la biofermentation, une copie synthétique d'un gène déjà présent dans la nature. Peut-on parler alors d'ingénierie génétique ? Le débat reste ouvert, car l'industrie de la biotechnologie s'acharne à polariser tous les aspects du débat, en faisant abstraction des zones floues où certaines questions importantes devraient être tranchées.

La culture en laboratoire d'une parcelle de tissu végétal dans un milieu nutritif, ou culture de méristèmes, soulève les mêmes interrogations. Cette technique produit un résultat semblable à celui obtenu lors d'une bouture, soit un clone de la plante mère, doté du même matériel génétique. Le caractère artificiel de l'isolement physique propre à cette technique (la culture du tissu s'effectue dans un environnement contrôlé, et non dans son environnement naturel en constante évolution), de même que la nouvelle capacité de produire de façon industrielle un nombre pratiquement illimité de plants génétiquement identiques, donnent en effet matière à réflexion.

De fait, la culture de méristèmes ouvre la voie à la monoculture et à l'expansion de la biotechnologie : la production de clones à partir de parcelles de tissus de plus en plus minuscules (aujourd'hui au niveau embryonnaire et cellulaire) rend possible la manipulation et l'expérimentation génétiques qui constituent les fondements de la biotechnologie.

Ces pratiques entraînent évidemment une certaine uniformité des plantes et des animaux découlant d'une uniformité génétique qu'on ne retrouve pas dans la nature. Si nous observons la nature, en effet, il saute aux yeux qu'elle abhorre l'uniformité. L'agriculture industrielle, au contraire, exige une uniformité qui est essentielle à la mécanisation et aux « économies d'échelle » qu'elle rend possibles. L'utilisation de grosses machines coûteuses — telles que les planteuses, les pulvérisateurs et les moissonneuses, qui valent souvent plus d'un quart de million de dollars — exige que le temps de maturation, la hauteur et le mûrissement des plants soient uniformes, et ce, de la germination à la récolte. Tout doit se faire en l'espace d'une journée. Il est hors de question qu'un opérateur de machinerie agricole fasse une récolte sélective d'un champ de maïs ou de tomates. C'est la règle du « tout ou rien » qui prévaut.

Cela explique les risques élevés associés à l'agriculture industrielle et l'importance de la « protection des cultures ». Des plants génétiquement uniformes qui arrivent tous à maturité au même moment représentent un festin extraordinaire pour les insectes et les organismes pathogènes, et donc une catastrophe en perspective pour l'agriculteur. Les fabricants d'agrotoxines et les compagnies de semences s'unissent donc tout naturellement pour offrir des produits indissociables. Et plus les semences et les plants sont dépendants et vulnérables, plus les agriculteurs le sont aussi.

À tout cela s'ajoute la question des « droits de propriété intellectuelle » (DPI), qui comprennent les brevets, la protection des obtentions végétales, les droits des sélectionneurs et les secrets commerciaux. Ces droits, quelle que soit la forme sous laquelle ils se présentent, s'appuient tous sur l'uniformité des semences, des boutures ou de tout autre tissu végétal utilisé à des fins de reproduction. Ils sont considérés comme essentiels par les compagnies qui réclament que les sommes investies dans la recherche leur rapportent un profit intéressant.

Après avoir mis au point les hybrides de maïs F1, Pioneer Hi-Bred protégea sa propriété de deux façons. D'abord, le maïs produit à partir d'une semence F1 était comestible, mais s'il était ressemé, on ne pouvait pas compter sur l'uniformité de ses caractéristiques pour la seconde génération. Les lignées génitrices avaient été sélectionnées et croisées de façon à ce que les hybrides obtenus soient uniformes seulement lors de la première génération.

La seconde façon de protéger le nouveau procédé était de le garder secret. L'identité des lignées génitrices devenait un secret commercial, reconnu par la loi en tant que forme de protection de la propriété intellectuelle. Cette méthode a été utilisée par un grand nombre de sélectionneurs, notamment par les compagnies dont les recherches portaient sur des espèces qui ne se prêtent pas aux formes d'hybridation modernes (bien que des chercheurs déterminés travaillant pour des compagnies soient en train de franchir ces frontières naturelles au moyen de technologies violentes), telles que le blé, le tournesol et le canola. Parce qu'elles ne sont pas des hybrides F1 provenant d'un croisement de lignées génitrices, les semences issues de ces cultures ne portent pas en elles la « protection » que représente l'incapacité de se reproduire telles quelles si elles sont ressemées.

La situation de l'Inde illustre bien les résultats douteux de ces pratiques. Le pays, en effet, a adopté une loi selon laquelle tous les importateurs de matériel génétique doivent remettre un échantillon de toute semence importée à la banque de semences nationale, le *National Bureau of Plant Genetic Resources*. En cas de maladies, d'épidémies ou de tout autre problème, cela permet de retracer l'identité et l'origine de la semence. Mais quand la compagnie Cargill entreprit sa campagne visant à vendre des semences de tournesol importées « de niveau international », elle refusa d'en fournir un échantillon, prétextant que les semences pourraient être dérobées par des Indiens qui les reproduiraient pour faire concurrence à Cargill. Malheureusement, le gouvernement indien ferma les yeux devant cette dérogation.

On ne tarda pas à appliquer aux animaux ces techniques d'hybridation modernes. La plus ancienne compagnie spécialisée dans la reproduction de poules pondeuses, Hy-Line International, fut fondée en 1936 comme division de la Pioneer Seed Corn Company (aujourd'hui connue sous le nom de Pioneer Hi-Bred). Hy-Line est le plus gros vendeur de poules pondeuses aux États-Unis et fait également des affaires importantes en Amérique du Sud et en Asie. Comme pour la commercialisation des plantes hybrides F1, plutôt que de mettre sur le marché les souches parentales, la compagnie vend des descendants hybrides qui en sont issus. Aujourd'hui, on produit des porcs hybrides selon le même modèle de développement, et l'augmentation de la taille du bétail et les produits de l'ingénierie génétique suivent de près.

Ian Wilmut, directeur du *Roslin Institute* où fut créée Dolly, la brebis issue d'un segment de tissu prélevé sur le pis d'une autre brebis (sa mère ?), a dépeint la façon dont les grandes compagnies de biotechnologie appliquée à la reproduction des animaux « mettront au point et conserveront le meilleur matériel génétique ; il est probable que seul l'achat d'animaux hybrides en permettra l'accès aux éleveurs. Ces hybrides, cependant, seront issus d'un mélange génétique, de sorte que cette précieuse information génétique ne sera pas transmise. De la même façon, les grandes compagnies ne mettent pas sur le marché le sperme de leurs animaux "originaux" mais produisent plutôt des hybrides qu'ils vendent aux éleveurs [6]. »

6. *Western Producer*, Saskatoon, 18 juin 1998.

En vue de protéger le travail des phytogénéticiens, ou sélectionneurs, différentes formes de protection des obtentions végétales et de droits des sélectionneurs ont été établis. Ces règlements ressemblent beaucoup aux droits d'auteur appliqués aux documents écrits, qui protègent les secrets que recèlent le langage et la pensée de l'auteur. Les grandes compagnies affirment qu'une telle protection est essentielle parce qu'elle leur permet de garantir un profit à leurs actionnaires, ce qui s'avère difficile sans la possibilité de faire breveter leurs technologies. C'est à la suite de chantage de ce genre (« Accordez-nous le droit au brevetage, sinon nous ne travaillerons pas chez vous et vous passerez à côté du progrès ») que des gouvernements ont été forcés d'adopter des régimes répressifs de protection de la propriété intellectuelle. Et cette interprétation est probablement trop bienveillante à l'égard des gouvernements des riches pays industrialisés, car il se peut fort bien que ces derniers aient été des partenaires économiques tout à fait disposés à collaborer.

Deuxième transition radicale — le génie génétique : des segments de plus en plus petits, un contrôle de plus en plus grand

Tout cela prépare le terrain pour l'apparition, à la fin du XXe siècle, de la biotechnologie et du brevetage de nouvelles formes de vie, expression extrême d'une culture fondée sur la domination et le contrôle de la nature, ainsi que sur l'idéologie de la génétique et du déterminisme technologique. Peut-on vraiment parler de progrès ?

Le 3 mars 1998, le Bureau des brevets américain a accordé le numéro de brevet 5723765 à Delta & Pine Land et au Département américain de l'Agriculture pour la technologie *Terminator,* décrite dans le premier chapitre. Ce brevet couvre une technique, issue de l'ingénierie génétique, qui annihile la capacité de la semence de germer lorsqu'elle est ressemée. Si cette technologie est adoptée, elle sonnera le glas de l'agriculture telle qu'on la pratique depuis 10 000 ans.

Neth Daño, de Searice, une compagnie établie aux Philippines, décrit la menace que cette technologie représente pour les paysans :

> Nous travaillons avec des fermiers qui peuvent se procurer des semences de variétés commerciales qui ne seront plus reconnues par leur « créateur » cinq ans plus tard. Chaque année, les femmes choisissent les meilleures semences : au fil des ans, le riz s'adapte à l'écosystème des paysans. Les femmes croisent aussi les variétés commerciales avec d'autres variétés de manière à obtenir des semences adaptées à leur environnement. La technologie *Terminator* pourrait

mettre fin à tout cela, tout en accentuant l'uniformité et la vulnérabilité des cultures. Elle menace cette culture paysanne axée sur le partage et l'échange des semences, où les femmes jouent un rôle de premier plan[7].

Si la technologie *Terminator* est mise au point et commercialisée, la question du brevet perd de son importance. Le contrôle des semences, et par conséquent le contrôle des assises du système alimentaire mondial, se retrouvera entre les mains d'une ou deux multinationales. Pour la plupart des habitants de la planète, l'autosuffisance alimentaire deviendra une pratique désuète : tous dépendront des grandes compagnies de semences.

Plus inquiétant encore, si nous perdons le contrôle des gènes qui annihilent la germination, et que ceux-ci sont disséminés dans l'environnement, l'utilisation de la technologie *Terminator* pourrait réduire à néant toute la production alimentaire destinée à nourrir l'humanité.

Ce serait là une véritable catastrophe.

---

7. Communiqués du RAFI, 11 et 13 mars 1998.

CHAPITRE VI

Du lait aux hormones

Nous devons convaincre le consommateur que cela est bon pour lui. [1]

COMMENT LES GENS en viennent-ils à croire qu'il est possible d'obtenir quelque chose sans en payer le prix ? Ou à se laisser séduire par les promesses des inventeurs d'une nouvelle technologie, en l'occurrence un médicament miracle qui force les vaches à donner de 25 à 40 pour cent plus de lait (c'est du moins ce qu'on nous promettait à l'origine) sans en subir le moindre inconvénient, à condition qu'on augmente légèrement leur ration alimentaire ?

Les premiers aliments manipulés génétiquement à attirer l'attention de la population, il y a plus d'une décennie, furent le lait produit au moyen de l'hormone de croissance recombinante bovine (HCrb, ou somatotropine bovine, ou encore simplement STb, comme les fabricants ont tenté de nous convaincre de la désigner), et la tomate *FlavrSavr*. Ces deux produits ne furent pas glorifiés outre mesure, même si les qualités attribuées à la HCrb tenaient quelque peu de l'absurde, et bien que la tomate « révolutionnaire » ait fait l'objet d'une publicité plutôt prématurée. Mais on ne les présentait pas comme des solutions miracles au problème de la famine dans le monde ou à la dégradation de l'environnement. On prétendait seulement, sans plus d'explications, que la HCrb ferait baisser le prix du lait.

---

1. Hendrick Verfaillie, président de Monsanto, 1998.

La HCrb et la tomate *FlavrSavr* n'avaient été réclamées ni par les producteurs laitiers, ni par les producteurs de tomates ni par la population, qui ignoraient tout de ces produits avant leur mise au point. Elles n'offraient aucun avantage ni pour la santé des humains ni pour celle des vaches, dans le cas de la HCrb, et elles n'avaient aucune visée sociale. Elles n'étaient que le fruit de recherches effectuées par des compagnies intéressées par leur potentiel commercial.

C'était là le contexte de la fin des années 1980. Depuis, la situation des propriétaires de ces « technologies » génétiques, comme ils se plaisent à les nommer, s'est profondément transformée. À l'origine, chaque technologie était mise au point par une entreprise distincte ; aujourd'hui, elles se retrouvent toutes entre les mains d'une seule compagnie. La HCrb et la tomate *FlavrSavr* n'étaient à l'époque que de nouveaux produits destinés à une population prospère, bien que le principal promoteur de la HCrb eût émis l'intention de vendre son produit aux agriculteurs des quatre coins de la planète. À l'heure actuelle, la tomate *FlavrSavr* a sombré dans l'oubli, victime de l'arrogance de son promoteur qui croyait pouvoir lancer instantanément son produit à l'échelle industrielle. (Mère Nature le voyait d'un autre œil.) Aujourd'hui, trois des compagnies qui ont participé à la mise au point de la HCrb se sont retirées du projet, et la quatrième fait la promotion aux États-Unis de son produit très controversé, lancé sous la charmante appellation de *Posilac*. (Si le produit est approuvé et commercialisé au Canada, il s'appellera *Nutrilac*.)

La HCrb offre-t-elle des avantages réels aux agriculteurs ? Cela reste discutable. Chose sûre, cependant, on ne connaît rien des effets à long terme de cette substance sur la santé humaine. Et puisque les instances légales et scientifiques semblent consacrées à lancer précipitamment sur le marché de nouveaux produits (notamment des médicaments et des produits et procédés issus de la biotechnologie), la seule vérification réelle du produit prend la forme d'une expérience non contrôlée, pour laquelle la population sert de cobaye, buvant sans le savoir le lait des vaches traitées. Pourquoi cette ignorance ? Parce que les fabricants de la HCrb se sont acharnés, au moyen de pressions, de contestations et d'intimidations, à rendre pratiquement illégal l'étiquetage du lait produit par des vaches traitées aux hormones.

Des débuts modestes de ces deux produits, il y a dix ans, aux millions d'hectares de canola, de pomme de terre, de soya, de maïs et de coton transgéniques qui sont maintenant cultivés au Canada, aux États-Unis, en Argentine et en Chine, il y a une longue route qui a été parcourue à toute vitesse. Mais pour pouvoir faire leurs paiements trimestriels à leurs actionnaires, les conducteurs des véhicules du Progrès n'ont pas hésité à éliminer ceux qui entravaient leur route. La science, la vérité, la compréhension, l'intégrité, la gratitude, l'écologie et le respect comptent parmi leurs victimes, gisant çà et là en bordure de la route[2].

« Nous n'avons pas besoin d'une vache magique au succès instantané. »

Du lait pur et sain. Une hormone de synthèse, presque identique à l'hormone naturelle produite par la vache en période de lactation. Pourquoi contaminer le premier avec la seconde ? Les quatre compagnies à l'origine de cette initiative, dont Monsanto, auraient probablement dû se poser la question avant de juger que la création d'une substance destinée à augmenter la production de lait représentait un investissement judicieux et rentable.

Mais au lieu de pousser plus loin cette réflexion, Monsanto entreprit de mettre au point l'hormone de croissance recombinante bovine, une version génétiquement modifiée d'une hormone de croissance bovine naturelle. Cette hormone de synthèse, presque identique à l'hormone produite naturellement par les vaches, fut obtenue grâce au travail des bactéries *E. coli* pendant le processus de biofermentation. La compagnie procéda ensuite à des essais en laboratoire en vue d'obtenir le permis nécessaire à la commercialisation du produit. La population devint alors le sujet d'une expérience de grande envergure, à laquelle manquait malheureusement le contrôle qui lui aurait donné une valeur scientifique. Parmi les facteurs manquants, le plus évident était l'identification adéquate (au

---

2. Production des principales cultures transgéniques (en acres) :

	1996	1997	1998
Soya (États-Unis)	1 million	9 millions	20 millions
			(40 % de la production totale)
Maïs Bt (États-Unis)		5 millions	15–18 millions
			(25 % de la production totale)
Coton Bt et/ou résistant à un herbicide			7 millions
			(50 % de la production totale)
Canola résistant à un herbicide (Canada)	4 millions		6,5 millions
			(50 % de la production totale)

moyen d'étiquettes claires) des produits testés, soit le lait et les produits laitiers provenant de vaches traitées à la HCrb. À l'heure actuelle, si des problèmes de santé survenaient chez les consommateurs, il serait impossible d'en identifier la cause exacte.

Monsanto avait prévu d'offrir la HCrb aux producteurs laitiers américains dès 1988. Toutefois, ce n'est qu'en février 1994 que le produit fut lancé aux États-Unis. Au Canada et en Europe, la HCrb n'a pas encore été approuvée ni commercialisée. Mais la population américaine continue de faire office de cobaye.

***

En 1986 et 1987, je me suis lancé à fond dans une étude, financée par le Conseil de recherches en sciences humaines du Canada, qui portait sur la façon dont les producteurs laitiers, leurs associations et les autres intervenants de l'industrie laitière percevaient les technologies récentes, notamment l'hormone de croissance recombinante bovine, ou somatotropine bovine, ou encore simplement STb, selon le point de vue. La HCrb est une reproduction synthétique d'une hormone naturelle produite par la glande pituitaire des animaux et des humains. Il est possible de produire cette hormone de synthèse en grande quantité grâce à un procédé de fermentation et d'extraction où interviennent nos vieilles amies, les bactéries *E. coli*.

J'élevais des animaux depuis 15 ans, et j'étais intrigué par le fatalisme dont faisaient preuve les agriculteurs à l'égard de tout ce qu'englobait le terme «technologie». L'apparition de la HCrb m'offrait l'occasion de mener une étude de cas des plus intéressantes[3]. En 1985 et en 1986, des scientifiques qui travaillaient pour Monsanto à l'Université Cornell, où les premières recherches avaient été entreprises en 1982, en avaient fait l'annonce officielle. Cyanamid avait choisi l'université de Guelph, au Canada, pour y procéder à des essais cliniques. On fit également d'autres études, officielles ou non, dont une expérience secrète menée par Eli Lilly Canada sur un troupeau de vaches ontariennes. Dans tous les cas, le lait produit par les vaches traitées fut mis sur le marché sans être identifié.

En tant qu'agriculteur, j'avais remarqué que dans ce domaine, presque tout le monde adhérait à la vision réductionniste de la biologie molécu-

---

3. Grâce à une bourse du Conseil de recherches en sciences humaines, j'ai pu effectuer ces recherches à titre de chercheur indépendant, et non comme employé d'une université.

laire, qui prétend que nous pouvons être réduits à l'information inscrite dans nos gènes, et que nous n'avons pas plus de contrôle sur la technologie que sur cette information génétique. Cette approche corrobore l'idéologie darwinienne selon laquelle nous sommes déterminés par notre environnement et notre passé collectif: la meilleure attitude consisterait donc à nous adapter en douceur, sans opposer de résistance, au monde tel qu'il se présente. Au cours de ce processus, il y aura inévitablement des gagnants et des perdants. Mais selon la doctrine darwinienne, la compétition et la survie du plus fort sont la règle d'or de la vie. Ceux qui adoptent la technologie (ou qui s'y adaptent) le plus rapidement seront les gagnants, du moins pendant un bref instant, alors qu'ils se laissent porter par «les ailes du progrès».

Évidemment, cette philosophie engendre un sentiment de passivité et d'impuissance qui laisse le champ libre à ceux qui cherchent à imposer un contexte particulier et des choix en conséquence. Impressionnés par leur déterminisme, nous provoquons notre propre impuissance.

Il m'apparaît paradoxal que les producteurs laitiers aient été choisis comme premiers cobayes pour cette vaste expérience de biotechnologie et de gestion sociale, car à l'époque du moins, ils géraient leurs activités de façon très organisée. Ils avaient mis sur pied le lobby agricole le plus influent au pays et établi les structures nécessaires à un contrôle efficace de tous les aspects de l'industrie laitière, notamment en ce qui a trait à l'approbation ou à l'interdiction de nouvelles technologies. Mais malgré tout cela, les producteurs laitiers parlaient et agissaient comme s'ils n'avaient eu aucun pouvoir de décision. Collectivement, ils n'étaient pas portés à mettre en doute le bien-fondé ou les répercussions sociales des nouvelles technologies, ni à s'interroger sur l'origine de ces technologies et sur les intérêts qu'elles servaient.

En 1986, la HCrb était généralement présentée comme le premier produit de la biotechnologie et du génie génétique auquel les agriculteurs auraient accès. Il existait déjà sur le sujet des données suffisantes pour permettre un jugement préliminaire sur les effets de cette hormone de synthèse sur les vaches, de même que sur les répercussions de l'adoption et de la commercialisation de la HCrb sur les producteurs laitiers et la population.

L'industrie laitière aurait donc pu informer toutes les personnes concernées et emprunter la voie démocratique pour faire des choix responsables quant à l'adoption de cette nouvelle technologie. Mais les choses se passèrent autrement. L'industrie semblait paralysée. Même si un grand nombre de personnes, à différents échelons de l'industrie laitière, s'entendaient pour affirmer qu'elles préféreraient que la HCrb ne soit pas lancée sur le marché, presque toutes déclarèrent qu'elles ne pouvaient se permettre de rejeter le médicament. « Si nous n'adoptons pas la HCrb, nos voisins le feront, et nous ne pourrons plus leur faire concurrence », avançait-on.

Les organismes politiques mêlés de près ou de loin à ce débat définirent clairement le contexte social général :

– « Le Conseil des sciences croit que les Canadiens doivent saisir l'occasion offerte par les biotechnologies afin d'améliorer la position concurrentielle du Canada sur les marchés mondiaux[4]. »

– À l'université de Guelph, on affirma : « Pour favoriser un progrès scientifique et technologique rapide [...] nous devons promouvoir la recherche-développement en vue de garantir notre efficacité et notre compétitivité, et par conséquent une prospérité économique durable. »

– « Nous pouvons maximiser notre efficacité en favorisant l'adoption rapide de ces technologies[5] », déclara Agriculture Canada.

– L'Office de commercialisation du lait de l'Ontario renchérissait : « Des changements considérables se produisent dans le domaine de la technologie. Nous ne pouvons nous permettre de nous laisser devancer dans cette lutte pour la survie. Nous devons rester à l'affût des dernières inventions et des possibilités qu'elles offrent[6]. »

Ayant œuvré au sein d'associations agricoles en Nouvelle-Écosse, je connaissais personnellement de nombreux agriculteurs, et les structures de l'industrie m'étaient familières. Mon projet de recherche me fournit un excellent prétexte pour rendre visite à un grand nombre de producteurs laitiers. À l'époque, il y avait environ 600 fermes laitières dans la province, avec un troupeau moyen d'approximativement 40 vaches laitières. Mais en raison de la fusion de nombreuses entreprises agricoles et de l'augmentation de la production de lait par vache, de dix à vingt fermes disparaissaient chaque année.

J'ai eu entre autres l'occasion de discuter avec mon vieux voisin, Donny Gunn, agriculteur depuis 1969 et producteur laitier depuis 1977. Au

---

4. Conseil des sciences du Canada, *Germes d'avenir,* rapport 38, Ottawa, 1985, p. 11.

5. Agriculture Canada, *Cadre de planification stratégique,* Ottawa, septembre 1986.

6. Exposé de J. Grant Smith, président de l'Office de commercialisation du lait de l'Ontario, lors de l'assemblée générale annuelle de l'organisme. C'est sur le troupeau de Smith que furent effectués les essais secrets menés par Eli Lilly.

moment de notre discussion en 1987, il trayait 36 vaches et avait adopté un système combiné de stabulation libre et de salle de traite. Comme Donny était membre de plusieurs organisations, je lui ai demandé si la technologie faisait souvent l'objet de discussions lors des réunions auxquelles il assistait. «À l'association des producteurs d'œufs et de poulettes, nous n'avons jamais abordé la question au cours des 15 dernières années, et à l'association des producteurs laitiers non plus, pour autant que je sache, bien que j'aie joué un rôle plus actif au sein du comité d'administration de la laiterie [coopérative de Scotsburn]. Nous n'y parlons presque jamais de technologie.»

Donny y est ensuite allé de son avis personnel: «Je suis plutôt du type à laisser les autres expérimenter d'abord les nouvelles technologies. Un vendeur de la compagnie De Laval [une compagnie d'équipement de traite] a essayé de me convaincre de remplacer mon équipement par une technologie plus récente. On m'a assuré que la traite prendrait dix minutes de moins et que ce nouvel équipement m'aiderait à résoudre mes problèmes de mammites. Mais je n'ai pas de problèmes de mammites [...] Mon ancien système fonctionne, et il m'en coûterait 3500 $ pour le changer. À quoi bon?»

D'autres voisins, Elmer Buchanan et son épouse, expédiaient le lait produit par leur petit troupeau à Scotsburn. Elmer était un des directeurs de l'Association des producteurs de lait de la Nouvelle-Écosse. Sa ferme avait été transmise de père en fils, et il n'était pas de ceux qui se précipitent sur les nouvelles technologies. Il était assez informé sur la HCrb, et elle lui apparaissait plus menaçante encore que le libre-échange. «Dans une étude effectuée en Ontario, on affirmait que d'ici l'an 2000, le nombre de producteurs serait réduit de 43 pour cent et le nombre de vaches de 51 pour cent. Si on transpose ces chiffres en Nouvelle-Écosse, il n'y aurait plus que 200 producteurs dans la province. [...] Notre ferme, où nous trayons de 22 à 24 vaches pur-sang, n'existerait plus. J'imagine que tous les producteurs qui ont moins de 75 vaches seraient les premiers à disparaître. La valeur des quotas risque de monter en flèche, parce que les gros producteurs peuvent se le permettre. Ce seront eux les premiers à adopter cette technologie. Elle s'ajoutera à toutes les autres technologies qu'ils utilisent déjà.»

L'un des plus importants producteurs laitiers de la province, établi avec un troupeau de 185 vaches dans une autre région à vocation laitière, s'opposait également à la HCrb: «Plus ils la tiendront loin, mieux nous serons, parce que nous produisons déjà trop de lait. Si nous réduisons nos troupeaux, cela nuira à toute l'industrie. Nous aurons besoin de moins de nourriture, de moins de machinerie, de moins d'employés. Plutôt que de créer des emplois, cela fera perdre des emplois. Elle [la HCrb] profiterait peut-être aux fermes sur le plan individuel, mais elle nuirait à l'économie. »

« Avons-nous vraiment besoin d'utiliser moins de vaches pour produire la même quantité de lait ? », demandait Alex Forbes, propriétaire de 55 vaches laitières. « Je préférerais qu'on utilise plutôt la technologie pour la conservation du patrimoine génétique, les espèces végétales rares ou l'environnement. »

Alfred Scothorn s'était initié au métier en 1949 avec une dizaine de vaches. En collaboration avec ses fils, il trayait jusqu'à 230 vaches en 1987. Ses fils et lui jouaient un rôle actif au sein d'associations agricoles. Le verdict d'Alfred était simple : « Il n'y a pas de débats, pas de planification, chez les producteurs laitiers. Il n'y a des débats qu'en période de crise. »

Floyd Cock et son épouse Cheri exploitent une ferme dans les environs de Scotsburn, près de la ferme laitière où Floyd a grandi. Située sur une longue route de campagne, la ferme des Cock rappelle celles qu'on voit dans les livres d'images. Ils gardent leurs vaches dans une étable ancienne mais de fière allure, modestement rénovée. Deux personnes s'occupent de la traite. À l'exception de l'ordinateur qui sert pour la comptabilité, la seule technologie qu'ils utilisent est mécanique et consacrée à la manipulation du fumier et de l'ensilage. Tout le reste se fait à la main. La ferme des Cock compte 45 vaches laitières, ce qui correspond précisément à la moyenne provinciale. Mais la ressemblance s'arrête là. Floyd Cock tient un langage qui s'écarte de la norme : il n'utilise presque jamais les mots « efficacité » ou « productivité ». Il parle plutôt de « stress » et de « confort ».

> Eh bien, j'ai dépassé tous les objectifs de productivité que je me suis fixés au cours des années [...] Sauf il y a trois ans, où je m'étais fixé un objectif de 20 000 livres de lait par vache [pour 300 jours de lactation], mais je ne peux y parvenir sans faire du tort à mes vaches, sans les mettre en situation de stress. Je suis limité par la grandeur de la grange et par la grandeur des stalles, et il me faudrait de plus gros animaux pour atteindre une telle production. [...] Mais si vous voulez connaître le fond de ma pensée, j'imagine cette ferme dans vingt ans avec 300 animaux, qui pourraient appartenir au plus à six agriculteurs travaillant en collaboration. Chacun serait propriétaire d'un troupeau de 30 à 100 vaches dont il s'occuperait lui-même, mais tous pourraient partager les installations de traite, ce qui permettrait une continuité

entre les générations ou entre les associés. L'entreprise resterait ouverte à ceux qui aiment ce métier. Les coûts d'une salle de traite moderne, qui varient entre 200 000 $ et 250 000 $, devraient être partagés entre plusieurs agriculteurs.

Ma première réaction à la HCrb est la suivante: pourquoi en aurions-nous besoin? Je n'ai pas encore trouvé de réponse satisfaisante à cette question. La première fois que j'ai entendu parler de la HCrb, j'ai pensé qu'il pourrait être bien de traire 30 vaches plutôt que 45. Mais ces 30 vaches seraient en situation de stress — car je crois que c'est inévitable — parce que sur le plan génétique, certaines vaches sont aujourd'hui plus performantes que celles qui sont stimulées par la somatotropine. Il est possible de faire des croisements en vue d'augmenter la production sans mettre trop de pression sur les vaches, et ce domaine évolue rapidement. Nous n'avons pas besoin d'une vache magique au succès instantané. Ce n'est pas nécessaire, car notre marché n'est pas assez grand et cela augmenterait le chômage.

J'ai demandé à Floyd si d'autres agriculteurs partageaient son opinion. «Je l'espère, mais je crains que non, à cause d'une différence très importante: j'aime traire mes vaches. Bien sûr, il y a des fois où j'aimerais mieux ne pas avoir à les traire. Mais j'apprécie vraiment travailler avec des animaux, et j'aime prendre soin de mon troupeau. Je crains que beaucoup de producteurs laitiers, de propriétaires d'entreprises à vocation laitière, ne partagent pas mon amour pour les vaches. Ils préféreraient avoir moins d'animaux dans l'étable, moins de foin à couper, moins d'employés, moins de naissances à superviser. Je possède déjà une ferme assez productive, qui emploie de deux à trois personnes, dont moi-même, et je ne vois pas les avantages [de la HCrb]. Je n'ai pas envie de traire moins de vaches.»

Afin d'en savoir plus sur ce qu'on enseignait aux futurs producteurs laitiers, j'ai consulté Alan Fredeen, qui donnait à l'époque des cours sur l'alimentation des ruminants au Collège d'agriculture de la Nouvelle-Écosse. Il était préoccupé par le fait que les recherches étaient en partie financées par l'industrie, ce que le gouvernement encourageait de plus en plus. «Nous ne mettons pas [cette technologie] en doute. Nous vantons ses mérites, ce que j'avoue avoir fait moi aussi par le passé. Je crois que nous devons prendre conscience que nous — les contribuables et l'industrie privée — avons dépensé beaucoup d'argent pour la mise au point de soi-disant biotechnologies, et que la HCrb servira d'essai.»

J'ai demandé à Freden de me parler de la façon dont on présentait la technologie aux étudiants. «Par le passé, j'avoue avoir fait l'éloge de technologies de plus en plus poussées, mais au cours de la dernière année, j'ai pris conscience que dans une grande mesure, nous sommes les jouets de l'industrie. Au cours de ma propre formation, cependant, la technologie n'était jamais remise en question. Nous acceptions le fait que c'est ce qui s'annonçait et que nous aurions avantage à l'utiliser le plus vite possible. »

En Nouvelle-Écosse, le principal transformateur de lait est la Coopérative de Scotsburg. Son président, James McConnell, était membre de la Commission du lait de la Nouvelle-Écosse, l'organisme responsable de la réglementation et de la gestion de l'industrie laitière dans la province, chargé de veiller aux intérêts des transformateurs de lait. C'est lui qui avait pris l'initiative de formuler la position de la Commission du lait sur la HCrb. Je lui ai demandé si la Coopérative avait cru bon d'informer les producteurs laitiers sur la question. « Je dois admettre que nous évitons la question le plus possible ; nous essayons même de ne pas y penser. Je ne dis pas que c'est là une bonne attitude, mais c'est celle que nous adoptons néanmoins […] Nous ne voulons surtout pas d'un débat public, que les associations de consommateurs s'en mêlent, par exemple. Cela explique pourquoi nous n'avons publié aucun bulletin d'information, et pourquoi nous n'abordons pas la question lors de nos rencontres régionales […] À l'heure actuelle, cela ne fait pas partie de nos préoccupations. »

Roger Mason, secrétaire de la Commission du lait de la Nouvelle-Écosse, m'a affirmé que la responsabilité de « fournir un mécanisme de réglementation en faveur ou à l'encontre des innovations dans le domaine » revenait normalement à cet organisme.

Quant à l'association des Producteurs laitiers du Canada (PLC), l'organisation qui est censée être le porte-parole national des producteurs laitiers, elle a fait en 1987 un énoncé de principe qui comprenait le paragraphe suivant :

> L'industrie laitière canadienne doit demeurer à l'affût des progrès des nouvelles technologies afin d'assurer sa position concurrentielle sur le marché. L'utilisation de la somatotropine, par exemple, pourrait avoir comme effet potentiel d'augmenter considérablement la production de lait par vache. La diminution des coûts de production susceptible de résulter de cette nouvelle technologie pourrait s'avérer profitable tant aux producteurs qu'aux consommateurs. Avant qu'une telle technologie soit adoptée par les agriculteurs, cependant, on doit procéder à une analyse complète de sa sécurité, de ses effets à long terme, de son incidence sur les structures de l'industrie et sur les programmes d'évaluation génétique, de même que des réactions des consommateurs à l'égard de l'introduction de cette substance dans la chaîne alimentaire.

On n'y parle pas d'agriculteurs, de personnes ou d'animaux. Tous sont désignés par leur fonction : producteurs, consommateurs, et « production par vache ».

Quelques mois plus tard, la PLC publiait un document d'information dans lequel on ne soulevait pas la moindre interrogation quant à la valeur de la HCrb pour l'industrie laitière ou quant aux effets qu'elle pourrait avoir sur les vaches, les producteurs laitiers et les consommateurs de produits laitiers. Le document était empreint du plus pur fatalisme à l'égard des « technologies » : « L'introduction de la somatotropine, alliée à d'autres technologies destinées à augmenter la production de lait par vache, accélérera sans doute la diminution du nombre de fermes et du nombre de vaches dans le secteur, qui représente déjà une tendance irréversible[7]. »

La conclusion du document accentue le déterminisme de cette approche et explique l'impuissance des producteurs laitiers devant l'évolution de la situation :

> Comme pour toute technologie nouvelle, il faudra attendre quelques années avant que les effets de la somatotropine soient complètement évalués. Certains aspects restent à éclaircir avant que les producteurs laitiers puissent se prononcer de façon définitive sur l'introduction de cette nouvelle technologie. Quels seront, par exemple, le degré d'efficacité de ce produit dans les fermes industrielles, ses effets à long terme sur la santé et la reproduction des vaches, son procédé d'administration [...] et surtout, la réaction des consommateurs [...] Avant que l'usage de la somatotropine se répande, on devra faire enquête sur l'attitude des consommateurs à l'endroit de ce produit ; une campagne de sensiblisation devra probablement être lancée [...]
>
> L'adoption répandue de la somatotropine risque d'accélérer la tendance actuelle à la rationalisation au sein de l'industrie [...] Pouvons-nous interrompre ce processus ? On arrête rarement le progrès [...] Si la somatotropine est commercialisée, les producteurs l'utiliseront, comme ils l'ont fait pour d'autres technologies.

Une seule organisation s'est résolument prononcée contre l'adoption de la HCrb, affirmant que cela nuirait inévitablement à la commercialisation des produits laitiers : le Conseil national de l'industrie laitière du Canada, qui représente les intérêts des transformateurs de lait !

---

7. Les Producteurs laitiers du Canada, *Somatotropin (Bovine Growth Hormone) and the Dairy Industry,* Ottawa, mai 1987.

«Aucun effet catastrophique sur la santé...»

La HCrb n'est évidemment pas la première « technologie » à avoir des répercussions sur l'industrie laitière. Cependant, elle nous fournit l'occasion d'examiner de plus près la culture dont elle est issue et qu'elle nourrit à son tour.

Depuis les années 1950, l'industrie laitière nord-américaine a été transformée par l'adoption de plusieurs technologies importantes. Les premières technologies mécaniques à être introduites dans les fermes laitières ont été les trayeuses et les réservoirs. Ont suivi le lactoduc et la salle de traite. Plus récemment, l'ordinateur a fait son apparition à l'étable et à la laiterie. On s'en sert non seulement pour la tenue des registres, mais également pour enregistrer automatiquement la quantité de lait produite et pour la distribution des rations alimentaires, grâce à un transpondeur attaché autour du cou de la vache, qui permet d'identifier la vache dans la salle de traite ou au nourrisseur automatique.

Outre les innovations sur le plan des cultures et de l'alimentation des animaux, c'est l'évolution constante des techniques d'amélioration génétique, d'abord grâce à des croisements sélectifs puis à l'insémination artificielle, qui a eu la plus grande influence sur la production de lait. La « technologie » la plus récente dans ce domaine est la transplantation d'embryons, alliée à la manipulation génétique. Toutes ces techniques visent à augmenter la « productivité » de la vache laitière, habituellement au prix d'une diminution de l'espérance de vie et d'une augmentation des coûts de production.

Dans les documents publiés par l'industrie laitière, toutefois, il est rarement fait mention d'innovations technologiques spécifiques. En fait, il ne semble y avoir pratiquement aucun dossier sur le sujet, et on n'accorde pratiquement pas d'importance aux résultats potentiels ou prouvés des nouvelles technologies. Tout se passe comme si l'histoire de la technologie était simplement dénuée d'intérêt.

Cependant, dans le cadre du battage publicitaire organisé par les promoteurs de la HCrb, ceux-ci n'ont cessé de répéter que jamais aucune technologie n'avait fait l'objet d'autant d'études avant d'être lancée sur le marché.

L'hormone de croissance bovine est connue depuis plusieurs années. Néanmoins, ce n'est que lorsqu'on a commencé à utiliser les techniques de l'ingénierie génétique pour produire une version synthétisée de cette hormone, au cours des années 1980, qu'a été lancée l'idée d'une production à grande échelle de cette substance.

Comme nous l'avons déjà mentionné, la première expérience en laboratoire sur la HCrb a été effectuée pour Monsanto, à l'Université Cornell, par Dale Bauman, entre 1982 et 1985. Les résultats de cette unique expérience, qui portait sur une trentaine de vaches et s'échelonnait sur trois périodes de lactation, ont été publiés à la fin de 1985, accompagnés d'une analyse de leur incidence économique effectuée par Robert Kalter, économiste agricole à l'Université Cornell. Presque tous les débats publics qui ont suivi se sont articulés autour de ces données, pourtant extrêmement restreintes. Selon Bauman et Kalter, la HCrb entraînait une augmentation de la production de lait « jusqu'à 40 pour cent », sans effets négatifs observables sur les vaches attribuables aux injections de cette hormone de synthèse.

Kalter et Bauman sont devenus les principaux défenseurs — ou même sauveurs, à les entendre parler — de la HCrb. Encore aujourd'hui, Bauman continue à défendre vigoureusement et à faire connaître ce produit, tout en essayant de faire taire les critiques :

> Si la « nouvelle biotechnologie » remplit ses promesses, il en résultera évidemment une plus grande efficacité économique et une meilleure qualité de vie, dont toute la société pourra profiter. D'autre part, la vitesse à laquelle les nouveaux produits ou procédés issus de la biotechnologie seront mis en marché aura d'importantes répercussions sur les modes de gestion actuels de l'économie mondiale. Il se produira des bouleversements dans l'organisation du capital, et les structures sociales s'en verront transformées.
>
> [...] L'augmentation de la production suppose une réduction des prix à la consommation [et] une diminution du nombre de fermes laitières au pays [...] À long terme, les prix chuteront, ce qui accélérera la disparition des fermes [...] Il est évident qu'à court terme, l'adoption rapide de la HCb risque de frapper dur, jusqu'à ce que soit atteint un nouvel équilibre [...] Si l'utilisation de la HCb se répand et que les prix sont modifiés en conséquence, les producteurs qui ne l'adopteront pas auront peu de chances de survivre[8].

Même s'il admettait avoir reçu un appui financier de plusieurs compagnies de produits pharmaceutiques et chimiques, Bauman défendait l'intégrité de son travail en se basant sur « plus de 60 articles et résumés sur les effets de la somatotropine exogène » que lui-même et son groupe de

---

8. Robert Kalter *et al*, *Biotechnology and the Dairy Industry*, Agricultural Economics Research 85-20, Université Cornell, Ithaca, 1985.

recherche de Cornell avaient publiés. Il déplorait toutefois que dans la couverture médiatique qui avait entouré ses recherches, trois aspects de celles-ci faisaient fréquemment l'objet de déclarations erronées. « Pour rétablir la vérité », il fit donc les trois affirmations suivantes :

1. Nous n'avons jamais effectué d'études sans en publier les résultats. Dès qu'une étude a été analysée et résumée, nous la publions !

2. Nous n'avons jamais envoyé de vaches malades à des compagnies ou à des cliniques, où que ce soit. Nous n'avons tout simplement jamais été témoins de maladies causées par le traitement à la somatotropine !

3. Nous n'avons jamais dissimulé ni omis de publier des données concernant des vaches malades. Agir ainsi serait contraire à l'éthique et inacceptable[9] !

Bauman attribuait l'ambiguïté des résultats obtenus lors d'essais effectués dans d'autres universités au stress plutôt qu'au médicament lui-même. « Il est difficile de quantifier le stress ; néanmoins, des animaux en situation de stress dépensent plus d'énergie (chaleur) qu'en temps normal, produisent moins de lait et démontrent un moins bon rapport entre la nourriture absorbée et la quantité de lait produite. Aucun de ces effets associés au stress n'a été observé chez les vaches traitées à la somatotropine [...] Alors qu'il est évident que le traitement à la somatotropine n'a eu aucun effet catastrophique sur la santé, il n'existe pas suffisamment de données publiées pour nous permettre d'évaluer des effets plus subtils sur la santé. Notre étude, cependant, ne portait que sur trente vaches provenant d'un troupeau bien soigné[10]. »

L'utilisation du mot « catastrophique » par Bauman, ainsi que le fait qu'il mentionne le plus simplement du monde que sa base de données ne comprenait pas plus de trente vaches, sont pour le moins frappants. Il semble que parce qu'aucune vache n'est morte subitement, on puisse parler d'une absence d'effets catastrophiques. D'ailleurs, on relève également cette expression dans le discours des défenseurs de la biotechnologie, selon lesquels cette absence d'effets catastrophiques fournit une preuve de sa sécurité. (*Voir le chapitre IX, qui traite de la réglementation et de la charge de la preuve.*)

---

9. Rapport du *National Invitational Workshop on Bovine Somatotrophin* du USDA, St.Louis, Missouri, 1987, p. 46–47.

10. *Ibid.*, p. 48–49.

En outre, Bauman attribue tous les symptômes de stress, de l'inflammation des sabots aux mammites, à l'augmentation de la production de lait plutôt qu'à l'utilisation de la HCrb, bien que cette production accrue et le stress qu'elle entraîne soient directement causés par les injections de HCrb. Cette attitude illustre bien le type d'approche scientifique adopté en biotechnologie.

Jusqu'en 1988, tous les essais relatifs à la HCrb mettaient l'accent sur l'évaluation de son efficacité : « Le médicament fonctionne-t-il ? Dans quelle mesure ? » Dans son rapport publié en 1985, Bauman concluait que selon « l'information disponible », l'utilisation de la HCrb n'avait pas « d'effets néfastes ». Plus tard, on apprit que Bauman ne mentait pas quand il parlait de « l'information disponible » : il faisait simplement allusion à l'information à laquelle Monsanto lui donnait accès. Une étudiante en maîtrise de l'Université Cornell, Tess Hooks, allait en effet découvrir que toutes les données brutes des essais avaient été directement acheminées à Monsanto par un technicien, au moyen d'un modem installé sur les lieux de l'expérience. Monsanto avait alors fait parvenir à Bauman les données relatives à l'efficacité de la HCrb, sans lui communiquer les données portant sur les effets secondaires du médicament sur la santé des animaux. Pourquoi ? Peut-être parce que pour Monsanto, les essais devaient servir à confirmer l'efficacité de la HCrb et non ses effets sur la santé des vaches ou des humains.

Sous la direction de Fred Buttel, Tess Hooks avait choisi de consacrer son mémoire de maîtrise aux relations entre l'industrie et les universités, et plus précisément à l'analyse des relations de travail et des contrats établis entre Monsanto et l'Université Cornell. Afin de documenter ses recherches sur le contrôle et l'analyse de l'information par Monsanto, elle a étudié le contrat liant Cornell et Monsanto, qui comprenait notamment la clause suivante :

> 4. Les RÉSULTATS des RECHERCHES doivent être communiqués sans délai et régulièrement par le CHERCHEUR [Bauman] au BAILLEUR DE FONDS [Monsanto], afin d'en permettre la compilation et l'analyse. Les résumés compilés par le BAILLEUR DE FONDS seront retournés au CHERCHEUR.

Selon Hooks, « Les implications contenues dans ce paragraphe, en apparence inoffensif, ne risquent guère de favoriser un débat scientifique ouvert. Même les principaux chercheurs du projet, en effet, s'y voient entraver l'accès aux résultats des recherches. Autrement dit, non seulement le principal chercheur doit-il attendre que la compagnie soit disposée à partager l'information, mais il doit également accepter les résumés et analyses statistiques tels qu'effectués par Monsanto. En outre, étant donné que Monsanto est le seul vrai propriétaire de l'information, rien ne garantit qu'elle sera publiée, même quand les chercheurs ne seront plus tenus de respecter les restrictions relatives à sa publication [11]. »

En 1995, Tess Hooks, Fred Buttel et David Kronfeld [12] soumirent à la revue *Science* un article sur le classement erroné des cas de mammites associés à la somatotropine recombinante bovine. L'article fut rejeté, et une lecture attentive du document laisse facilement deviner les causes de ce refus. L'article commence ainsi :

> La présentation inexacte ou sélective de données est une forme de procédure scientifique qui peut prendre une forme subtile et passer inaperçue. Elle peut refléter les restrictions contractuelles en matière de communications et les conflits entre les intérêts d'une compagnie et ceux de la population. [...]

> En 1994, les données pertinentes relatives aux mammites [notamment les résultats d'essais entrepris en 1984] furent publiées, quoique de façon plutôt obscure, et il apparaît maintenant évident que le principal chercheur en cause effectua un classement erroné de ses résultats, non seulement dans le *Journal of Dairy Science* mais également à l'*Office of Technology Assessment* du Sénat américain et à la Maison-Blanche [...]

> Les cas de mammites associés à l'injection de STb ont été divisés en trois catégories par les chercheurs employés par Monsanto : les cas appréhendés mais non observés, les cas attribuables à une augmentation de la production de lait et, enfin, les cas mineurs, faciles à contrôler. Or, il est possible de prouver l'inexactitude de ces trois catégories [...]

> Dans le classement par catégories effectué par Monsanto, plusieurs principes essentiels d'épidémiologie et de médecine préventive sont ignorés. En effet, on ne justifie d'aucune façon le fait que parmi au moins 30 études publiées

---

11. Tess Hooks, *The Political Economy of Industry University Relationships and Economic Change: A Case Study.* (Mémoire de maîtrise, Département de sociologie, Université Cornell, 1988)

12. Tess Hooks travaille au Département de sociologie de l'*University of Western Ontario,* à London (Ontario) ; Frederick H. Buttel est employé par le Département de sociologie rurale de l'université du Wisconsin, à Madison (Wisconsin) ; David S. Kronfeld travaille au sein du *Department of Animal and Poultry Sciences* et du *Department of Large Animal Clinical Sciences* du *Virginia Polytechnic Institute and State University,* à Blacksburg (Virginie).

par Monsanto, seulement 15 ont été sélectionnées, les 15 autres ayant été exclues de ce soi-disant « ensemble exhaustif de données ». [...]

Le principal chercheur, professeur à Cornell et conseiller pour Monsanto, a rédigé la section consacrée à la biologie d'un document sur la HCrb d'une grande importance politique, préparé pour le Congrès américain en 1991. Il y affirmait qu'on avait appréhendé « des effets catastrophiques, tels des cas [...] de mammites [...] de malaises et de mort. Dans aucune des études scientifiques valides qui ont été publiées, cependant, on ne mentionne avoir observé ces effets, pas plus que d'autres effets plus subtils sur la santé liés à l'administration de STb à des vaches laitières. » Dans cet énoncé, [on] ne fait pas la distinction entre un fait observé et un fait rapporté [13].

« Si Monsanto croit sincèrement que la science est une force progressiste au sein de la société et que la méthode scientifique est un processus autocorrectif qui permet de découvrir la "vérité", la compagnie devrait rendre accessibles les données qu'elle détient relativement à la santé, de façon à faciliter une évaluation indépendante qui s'avère plus que nécessaire », concluent Hooks, Buttel et Kronfeld.

Dans un éditorial publié en 1988 par la revue *New Scientist*, reconnue pour ses analyses sérieuses, on affirmait que Monsanto avait entrepris « une campagne de propagande visant à convaincre la population que le lait produit grâce à la STb ne différait pas du lait ordinaire ». L'éditorialiste rapportait que Monsanto avait publié un communiqué de presse qui décrivait les essais effectués en Europe et en Amérique du Nord et en précisait les objectifs : « Notre but est de prouver que la STb est un moyen sûr et efficace d'améliorer la productivité et l'efficacité de la production de lait ». « Les essais censément scientifiques qui ne confirment pas la sûreté et l'efficacité de la STb ne sont pas considérés comme scientifiques », concluait l'éditorialiste. Cette observation est toujours aussi juste aujourd'hui [14].

✳✳✳

De 1995 à 1998, des expériences sur la HCrb ont également été effectuées pour la compagnie de produits chimiques et pharmaceutiques Cyanamid à l'université de Guelph, en Ontario. Voici ce que Dennis

---

13. Nous avons éliminés les références afin de faciliter la lecture du texte.

14. *New Scientist,* 11 février 1988.

Lawson, alors directeur du développement organisationnel pour Cyanamid Canada, m'a affirmé à propos des essais :

> Il n'y a absolument aucun indice d'effets néfastes pour qui que ce soit, comme on pouvait s'y attendre, étant donné qu'il s'agit essentiellement d'une substance chimique qui existe déjà à l'état naturel.

> L'impact de l'utilisation de ce produit pourrait se résumer à une augmentation de l'efficacité de la vache [...] À ma connaissance, rien n'indique qu'une pression est exercée sur la vache. En fait, elle doit fournir moins d'efforts, avec moins.

La semaine précédente, j'avais visité la station de recherche d'Elora, où étaient effectués les essais, et j'avais discuté avec un des gardiens du troupeau de l'état des vaches et des effets de la somatotropine. J'avais mentionné cette conversation à Lawson au début de notre rencontre. La version des faits du gardien ne ressemblait guère à celle de Lawson :

> Pour certaines vaches, c'est tout simplement plus qu'elles ne peuvent supporter. [...] C'est un autre facteur de stress. On crée une situation très stressante en les nourrissant davantage, et en les faisant produire plus qu'elles ne le feraient naturellement [...] Il y a eu des victimes, des vaches qui ont flanché. [...] La semaine passée, nous en avons envoyé une à qui il ne restait plus que la peau et les os. Elle mangeait tout ce qu'on lui donnait et produisait une bonne quantité de lait, mais cela lui demandait trop d'énergie, j'imagine. Sa condition physique s'est détériorée ; elle souffrait aussi de problèmes aux sabots et aux pattes [...] Pas de problème de pis [...] Quoique certaines génisses produisaient tellement de lait qu'à la deuxième lactation, leur pis n'a pas tenu le coup [...] beaucoup de jumeaux, de difficultés à les faire se reproduire [...] Nous observons les effets à long terme, mais à cause de mon contrat, je ne peux malheureusement pas vous en dire plus à ce sujet que ce qui est présenté dans ce document [le *Dairy Research Report*]. Je dois d'abord en rendre compte à la compagnie qui finance ce projet.

Cela ressemblait étrangement à ce qui se passait à Cornell.

La manipulation des gènes, de la langue et des législateurs

Le 20 septembre 1985, Judith Juskevich, de la *Food and Drug Administration* (FDA) des États-Unis, émettait un avis conférant à Monsanto un « délai d'attente zéro et une période de rejet zéro » pour les vaches qui recevaient des injections quotidiennes de HCrb. Résultat : le lait des vaches traitées expérimentalement était vendu aux transformateurs de lait et consommé par la population, à l'insu de cette dernière.

Les années qui suivirent 1985 furent marquées par la controverse. Vers la fin des années 1980, malgré les efforts déployés pour rehausser leur image et diffuser des données scientifiques, les compagnies pharmaceutiques ressentirent le besoin impératif de limiter les dégâts. Lors d'une rencontre réunissant des représentants de l'industrie laitière et des dirigeants de compagnies pharmaceutiques, on s'entendit sur la pertinence de publier un article dans une revue scientifique réputée, afin de rassurer la population au sujet de la valeur scientifique des travaux effectués sur la HCrb et de la procédure d'autorisation dont elle avait fait l'objet. Autrement dit, ils éprouvaient le besoin de blanchir leur réputation.

Voici ce que cela donna : « Les quatre compagnies qui participent à la mise au point de la STb, Cyanamid, Elanco, Monsanto et Upjohn, sont des membres de l'Institut de santé animale (AHI). À la fin de 1986, ces quatre compagnies ont mis sur pied un groupe de travail relevant de l'AHI et chargé d'informer la population sur la STb, en vue de relever un défi d'intérêt commun en matière de relations publiques », écrivit Steve Berchem, directeur de l'information de l'AHI en mars 1990, dans une lettre adressée à Richard Weiss, du *National Dairy Promotion and Research Board*[15].

Un an auparavant, les membres du groupe de travail de l'AHI sur la STb et des représentants de la Fédération nationale des producteurs de lait (NMPF) des États-Unis avaient pris la décision suivante lors d'une rencontre : « La NMPF réclamera que soit effectuée une étude indépendante sur les répercussions scientifiques et économiques de la STb, peut-être par l'entremise de l'Académie nationale des sciences. Si nécessaire, la NMPF demandera également à la FDA de retarder l'homologation de la STb jusqu'à ce que la vérification soit terminée[16]. »

Quelques mois plus tard, « M. Barr [président de la NMPF] rapportait un entretien qu'il avait eu avec Gerald Guest [directeur] de la FDA/CMV [Centre de médecine vétérinaire], à propos du document "blanc" que projetait de préparer le CMV sur l'innocuité alimentaire de la STb [...] la FDA pose un geste sans précédent en acceptant de rédiger un tel document[17]. »

---

15. L'auteur possède une copie de cette lettre et des autres documents cités dans cette section.

16. Notes, 17 mai 1989.

17. Notes prises lors d'une réunion du comité d'experts de la NMPF sur la STb, tenue le 7 juillet 1989.

Il en résulta un long article de fond publié dans la revue *Science* en
août 1990, dans lequel on analysait la procédure d'autorisation de la
HCrb par la FDA, sans préciser que l'auteure principale de l'article,
Judith Juskevich, avait elle-même joué un rôle important dans ce
processus [18].

Selon l'article en question, les scientifiques employés par la FDA
« avaient résumé plus de 120 études portant sur les effets de la STb recombinante sur la santé humaine », pour finalement conclure que l'utilisation
de la STb ne présentait aucun danger pour la santé des consommateurs.
On rapportait également les conclusions d'une réunion d'un comité
d'experts-conseils financé par la FDA, tenue en 1990, où on avait abordé
la question de l'étiquetage des aliments contenant du lait produit par
des vaches traitées à la STb. « S'appuyant sur les conclusions des membres
du comité, ainsi que sur son analyse des faits, la FDA a conclu que rien
ne justifiait un étiquetage spécial de ces produits. Les compagnies de
produits alimentaires, cependant, sont libres d'étiqueter leurs produits,
pourvu qu'elles fournissent une information véridique [...] » L'article citait les propos de David Kessler, commissaire à la FDA : « Nous avons
examiné attentivement toutes les questions soulevées, et nous croyons
que ce produit est sûr pour les consommateurs, pour les vaches et pour
l'environnement. »

En mars 1991, j'ai eu l'occasion d'avoir un entretien avec Judith
Juskevich. Elle m'a expliqué qu'elle était consultante pour la FDA depuis
1982, l'année où Dale Bauman avait entrepris ses recherches sur la HCrb
pour Monsanto, à Cornell, et qu'en tant que représentante de la FDA,
c'est elle qui avait accordé à Monsanto l'autorisation de mettre sur le
marché le lait produit par les vaches qui faisaient l'objet des essais. L'article
qu'elle avait signé dans *Science* avait été revu par Dale Bauman, entre
autres, mais Mme Juskevich m'a affirmé qu'elle n'était pas au courant de
ce fait [19]. J'ignore qui avait demandé à Mme Juskevich de rédiger cet article, mais la description prudente qu'elle m'a faite de la procédure d'autorisation du nouveau médicament par la FDA mérite d'être rapportée en
détail :

> Quand un nouveau médicament fait son apparition, [les fabricants] reçoivent
> une demande d'« évaluation d'un nouveau médicament vétérinaire ». Lorsque

---

18. Judith Juskevich et C. Greg Guyer, « Bovine Growth Hormone : Human Food Safety
Evaluation », *Science,* 24 août 1990.

19. Wade Roush, « Who decides about Biotech », *Biotechnology Review,* juillet 1991.

les analyses portent sur l'efficacité d'un produit, je dirais que pour la plupart des médicaments destinés à la plupart des animaux, il leur est presque impossible de mener à bien ces études, à moins de vendre le lait ou la viande des animaux, en raison du nombre élevé d'animaux qu'elles exigent. Et vous savez, demander à quelqu'un de brûler ou d'enterrer un millier de bovins ou de porcs apparaît ridicule si la viande ou le lait ne présentent en réalité aucun danger [...]

Les compagnies fournissent des données provisoires sur l'innocuité du produit pour les consommateurs, tout en effectuant le reste des études sur l'efficacité du produit, ainsi que sur ses effets sur les animaux et sur l'environnement. La FDA leur indique ce qu'elles ont à faire pour démontrer que leurs produits ne présentent aucun danger pour les consommateurs.

Elles doivent donc parfois respecter un délai d'attente avant de fournir toutes leurs données, et cette période correspond généralement à une évaluation très conservatrice de la période pendant laquelle le traitement doit être interrompu avant que l'animal ne soit mis sur le marché. Si elles mènent à terme toutes les études nécessaires pour garantir l'innocuité du produit pour les consommateurs ainsi que toutes les autres études toxicologiques et chimiques, et que ces dernières sont jugées valides, les compagnies peuvent alors obtenir le délai d'attente qu'on leur accordera quand elles lanceront le produit sur le marché. Elles ne doivent donc pas nécessairement attendre qu'un produit soit approuvé pour se faire attribuer un délai d'attente ou une période de rejet du lait [...]

Quand j'ai demandé à Mme Juskevich si on avait obtenu une telle exemption dans le cas des vaches traitées à la HCrb en 1985, elle m'a fourni la réponse suivante : « Effectivement, ils avaient soumis toutes les études que nous leur avions demandées [...] Les études que la FDA exigeait de toutes les compagnies — en fait, j'ignore si toutes les compagnies ont vraiment mené à terme toutes ces études —, enfin, elles ont effectué toutes les études nécessaires à l'obtention d'un délai d'attente zéro. La compagnie peut alors utiliser ce délai d'attente à des fins de recherche. »

J'ai ensuite expliqué à Mme Juskevich que selon ce que j'avais compris, il était nécessaire de procéder à une vérification sûre et acceptable des résidus pour pouvoir obtenir un permis.

La FDA n'exige aucune vérification de ce type pour les médicaments auxquels on a attribué un délai d'attente zéro [...] La question de la vérification des résidus de l'hormone de croissance n'a pas été jugée pertinente pour plusieurs raisons. La principale raison, c'est que l'hormone de croissance bovine *n'est pas* active chez les humains, même si on l'injecte. Par conséquent, peu importe qu'on la retrouve en plus ou moins grande quantité, car elle n'aura de toute façon aucun effet sur les humains.

Je n'en croyais pas mes oreilles. Selon ce que je venais d'entendre, toute la procédure d'autorisation de la HCrb reposait sur des suppositions et une logique circulaire!

Après avoir repris mon souffle, j'ai voulu en savoir plus sur le facteur de croissance analogue à l'insuline 1 (IGF-1). Je savais qu'il s'agissait là d'un élément que la FDA avait ignoré. Dans le journal du MIT, le *Technology Review,* Wade Roush exprimait les préoccupations de Samuel Epstein, l'un des critiques de la HCrb et de l'homologation du médicament par la FDA les plus cohérents et les plus respectés.

> La HCrb agit sur les cellules de lactation de la glande mammaire par l'intermédiaire d'une substance appelée facteur de croissance semblable à l'insuline 1 (IGF-1). Cette substance chimique joue le même rôle de messager pour l'hormone de croissance présente chez les enfants et les adultes. On a retrouvé dans le lait produit par les vaches traitées à la HCrb une quantité de IGF-1 supérieure à la normale. Selon Samuel Epstein, professeur de médecine de l'environnement et d'ergothérapie au Centre médical de l'université de l'Illinois, si cette substance n'est pas décomposée lors de la digestion et pénètre dans le sang en quantité anormale, elle pourrait causer une croissance prématurée chez les enfants en bas âge, un développement excessif des glandes mammaires chez les jeunes garçons et, enfin, de plus grands risques de cancer du sein chez les femmes[20].

Voici la réponse que m'a fournie Judith Juskevich :

> Nous avions beaucoup d'information sur le IGF, sur les taux normaux de cette substance chez les humains et la probabilité qu'elle soit absorbée et active si ingérée, mais nous n'avons pas accordé beaucoup d'importance à cette question à l'époque [...] nous avons donc accepté que la vente du lait se poursuive, mais nous avons finalement demandé aux compagnies de nous fournir malgré tout des études sur cet aspect, et pratiquement toutes les études ont confirmé ce que nous avions prévu ou à peu près.

Roush faisait également remarquer que dans le numéro de *Science* publié en août 1990, « Les chercheurs de la FDA, Judith Juskevich et Greg Guyer, avaient conclu que le lait produit par les vaches traitées à la HCrb contenait un taux de IGF-1 d'au moins 25 pour cent supérieur à la moyenne. Cependant, ils affirmaient que des études effectuées sur des

---

20. *Ibid.*

rats avaient démontré que cette substance était décomposée dans l'appareil digestif, et ne pouvait donc pas avoir d'importants effets physiologiques[21]. »

J'ai demandé à Mme Juskevich de me parler de l'article paru dans *Science*.

> Nous avons fini par rédiger cet article parce qu'on nous l'avait demandé, j'imagine. Ils avaient réclamé une analyse de l'Académie nationale des sciences. Mais je ne crois pas que quiconque, du moins parmi les personnes de ma connaissance qui participaient au projet, n'avait vraiment envie de défendre ce produit pour la compagnie. Il était même difficile d'en parler en voyant les choses comme vous le faites.

J'ai alors expliqué que je commençais à constater l'importance de vé-rifier l'objectivité de la démarche scientifique. J'ai laissé entendre que la position de la FDA, et celle de Santé et Bien-être Canada, méritaient d'être examinées de plus près, étant donné que Monsanto et beaucoup d'autres organismes avaient fait un grand battage publicitaire autour de la HCrb.

> Cette situation était vraiment très inhabituelle, du moins pour un médicament à usage vétérinaire [...] Je crois qu'on n'a habituellement pas le droit de parler des nouveaux produits. Il n'en est jamais question, parce que les nouveaux produits sont confidentiels, et on n'a même pas le droit de mentionner le fait que tel ou tel médicament produit par une compagnie fait présentement l'objet de notre analyse. Je ne crois pas que cela se soit produit auparavant. La FDA n'a tout simplement jamais parlé publiquement d'aucun médicament.

> En fait, je ne sais même pas comment les gens se sont aperçus qu'on s'intéressait à l'hormone de croissance bovine. Je ne me rappelle pas ce qui a tout déclenché. Mais une fois que le produit a commencé à faire l'objet de publicité, la com-pagnie a dit que nous pouvions publier l'information relative à l'innocuité de ce produit pour les consommateurs. Et nous avons donc pu parler ouvertement de l'étude sur l'innocuité alimentaire [de la HCrb].

J'ai ensuite demandé à Mme Juskevich si on avait considéré la question des effets du médicament sur les animaux.

> Pour la commercialisation ? Non. Il s'agit là de deux questions tout à fait in-dépendantes. Avant d'être autorisées à lancer le médicament sur le marché, elles [les compagnies] devront mener à terme toutes ces études. Mais pour que la viande et le lait des animaux traités soient mis sur le marché avant l'approbation du produit, seuls les risques pour la santé humaine sont consi-dérés. Cela ne relève pas des mêmes services. Le bureau de l'évaluation des

---

21. *Ibid.*

nouveaux médicaments vétérinaires comprend différents services ; [dans le cas qui nous concerne], deux d'entre eux s'occupaient des effets du produit sur la santé humaine et travaillaient en étroite collaboration. Mais d'autres services, responsables des analyses relatives à l'efficacité ou aux effets sur les animaux ciblés, travaillaient surtout séparément. Ils conservaient certains liens, mais selon la stratégie privilégiée par la compagnie au cours des différentes phases de ce processus, les personnes qui se penchaient sur l'innocuité de ce produit pour les humains ne se préoccupaient pas vraiment de son efficacité ni de ses effets sur les animaux ciblés. Pour que le médicament soit approuvé, cependant, toutes les études portant sur ses effets sur les consommateurs, sur les animaux et sur l'environnement, de même que les études déterminant son efficacité, doivent être menées à terme.

[...] On reprochait à la FDA de se montrer en quelque sorte en faveur de ce médicament, qui pourrait avoir des conséquences économiques désastreuses pour les producteurs laitiers. Mais en fait, tout ce qu'elle faisait, c'était de dire : « Voici les études, voici ce que nous avons demandé, voilà les résultats ; ces études ont été effectuées correctement et démontrent que ce produit ne présente aucun risque pour les humains, et pour ce qui est de l'efficacité, les études montrent que ce produit fonctionne [...] et quand toutes les études sont terminées, la FDA approuve le produit, et ce n'est pas de son ressort d'affirmer qu'il s'agit d'un mauvais produit qui ne devrait pas être lancé sur le marché. »

Peut-être Judith Jusketvich était-elle sincère et croyait-elle vraiment en ce qu'elle affirmait. Néanmoins, ses paroles nous permettent de brosser un tableau inquiétant de l'approche réductionniste de la science. Nous nous retrouvons en présence de plusieurs morceaux disparates, tant sur le plan structurel que philosophique, mais cherchons en vain le tout qu'ils forment.

**

En mai 1993, le *Department of Health and Human Services* des États-Unis annonçait l'autorisation, par la FDA, du « nouveau médicament vétérinaire *sometribove* », que l'on s'apprêtait à lancer sous le nom de *Posilac*. Lors de cette présentation, David A. Kessler, commissaire à la FDA, déclara : « Il s'agit de l'un des médicaments vétérinaires ayant fait l'objet des études les plus approfondies par notre organisation. Par conséquent, la population peut consommer en toute confiance le lait et la viande des animaux traités à la STb. »

Force est de constater, cependant, que la question du conflit d'intérêts est loin d'être résolue. Dans la section « Éthique » d'un rapport publié en 1994 par le *General Accounting Office* (GAO) des États-Unis, on rapporte les conclusions des enquêtes menées à la suite de plaintes pour conflit d'intérêts portées contre trois employés de la FDA associés d'une façon ou d'une autre à Monsanto.

Dans le premier cas, le GAO reconnaissait la D^re Margaret Miller coupable d'une dérogation mineure. Alors qu'elle travaillait pour Monsanto, Miller avait conclu qu'il n'existait aucun moyen de déceler la présence de HCrb dans le lait. Bien qu'employée par la FDA, elle continuait à publier des documents pour Monsanto.

Le deuxième cas concernait Michael Taylor, alors directeur du *Food Safety and Inspection Service* (FSIS) du USDA, qui avait été employé par un cabinet d'avocats chargé de représenter Monsanto. Il avait alors soutenu qu'il n'était pas nécessaire d'étiqueter le lait produit par les vaches traitées à la HCrb. Employé par la suite par la FDA, Taylor avait travaillé à l'élaboration de lignes directrices pour l'étiquetage qui avaient abouti aux mêmes conclusions. Selon le GAO, il ne s'agissait pas là d'une violation de l'éthique.

Dans le troisième cas, Susan Sechen, une étudiante de deuxième cycle à l'Université Cornell, avait participé aux recherches financées par Monsanto avant de devenir l'analyste principale des données sur la HCrb pour la FDA. Selon le GAO, puisque Sechen n'avait pas été rémunérée par Monsanto pour son travail d'assistante de recherche, il n'y avait pas eu là de violation du code de déontologie[22].

Si certaines personnes s'en tirèrent à bon compte, d'autres, en revanche, furent traitées beaucoup plus durement. Le vétérinaire Richard Burroughs, responsable de l'évaluation de la HCrb de 1985 à 1988, fut congédié en novembre 1989 par la FDA, qui prétexta l'incompétence du vétérinaire. « Burroughs affirme avoir été écarté parce qu'il avait signalé que les études effectuées par les compagnies sur l'innocuité de la HCrb comportaient des lacunes importantes, ignorées par ses supérieurs impatients d'approuver le produit. "Avant, il y avait une procédure de vérification à la *Food and Drug Administration*. Aujourd'hui, il n'y a plus qu'une procédure d'autorisation", affirmait Burroughs l'an dernier[23] ».

---

22. Tiré du « BGH News of the Week », bulletin de l'*Institute for Agriculture and Trade Policy* (IATP), 10 novembre 1994.

23. Roush, *ibid.*

Malheureusement, il ne semble pas que le dossier de la HCrb soit un cas isolé. Il y a de plus en plus de preuves que les auteurs des articles publiés dans des revues scientifiques et approuvés par des collègues tirent parti de leur prestige pour servir des intérêts particuliers. David McCarron, par exemple, a publié dans *Science*[24] un éditorial dans lequel il mettait en doute le lien entre l'hypertension et la consommation de sel. Ce que l'éditorial ne mentionnait pas, cependant, c'est que McCarron travaillait comme consultant pour le *Salt Institute,* qui veille aux intérêts de l'industrie du sel.

Le *New England Journal of Medicine,* pour sa part, a publié une critique de *Living Downstream : an Ecologist Looks at Cancer and the Environment,* de Barbara Steingraber. L'auteur de la critique, le Dr Jerry H. Berke, accusait Steingraber d'avoir publié une étude subjective parce qu'elle avait avancé que le cancer était une maladie causée davantage par des facteurs sociaux et environnementaux que par un mode de vie personnel. La validité des arguments et des preuves sur lesquels s'appuie Berke sont discutables, mais ce qui est le plus révoltant, c'est que la revue en question ne précise pas que l'auteur est également directeur du service de médecine et de toxicologie de W.R. Grace & Co., une importante compagnie de produits chimiques reconnue coupable d'un grand nombre de pratiques dommageables pour l'environnement et la santé humaine[25].

Dans le *Journal of the American Medical Association,* enfin, on retrouvait un compte rendu de 106 articles scientifiques contestant le rapport entre l'inhalation de fumée de cigarette secondaire et le cancer du poumon. Dans la conclusion, on soulignait que « le seul facteur associé au fait que l'on juge la fumée secondaire inoffensive, c'est le lien entre l'auteur et l'industrie du tabac[26] ».

Voilà qui représente bien la culture de la biotechnologie.

Laissez-moi mes œillères

À la lecture de tous les comptes rendus journalistiques, des rapports de recherche et des articles de périodiques qui ont été publiés depuis les

---

24. *Science,* août 1998, p. 933.

25. Paul Brodeur et Bill Ravanesi, « Living Downstream : The New England Journal of Medicine and Conflict of Interest », *The Networker,* juin 1998 (publication électronique). Cet article présente une analyse documentée de la conduite de W.R. Grace et du *New England Journal of Medicine.*

26. *New Scientist,* 25 juillet 1998.

années 1980 au sujet de la HCrb, il est difficile de croire que des scientifiques, des associations agricoles et des représentants de compagnies aient pu se montrer aussi empressés d'adopter et d'autoriser cette nouvelle « technologie », sans études ni réflexions approfondies. À l'exception d'un petit nombre de producteurs laitiers et de quelques employés d'université chargés de s'occuper des troupeaux, il semble qu'on n'ait eu pratiquement aucune considération pour les vaches elles-mêmes, qui sont pourtant les premières victimes de cette exploitation. Aucune considération non plus pour les réticences de la population à l'égard de l'introduction d'un surplus d'hormones dans le système alimentaire ou de variables inconnues comme le IGF-1.

Mais comment se fait-il que devant cette tendance à accepter aveuglément les nouvelles technologies, les scientifiques ne se révoltent pas en plus grand nombre contre une telle prostitution de leur discipline ? Deux rapports de recherche publiés par le ministère de l'Agriculture de l'Alberta mettent en lumière les motivations des scientifiques : le conformisme des chercheurs s'expliquerait par l'attrait exercé par les fonds accordés à la recherche, par le désir d'avancement professionnel, de même que par une identification inconditionnelle avec la culture dominante.

« John Kennelly et Gerry de Boer, chercheurs spécialisés en zootechnie à l'université de l'Alberta, espèrent que leur projet [...] indiquera une augmentation de la production de lait de 15 à 20 pour cent. Selon De Boer, il serait tout à fait possible d'obtenir une augmentation de 40 pour cent chez un troupeau bien soigné[27] ». Il est pour le moins étonnant de constater que les résultats ont été annoncés avant même que les recherches ne soient effectuées.

Deux ans plus tard, l'université de l'Alberta faisait état de recherches entreprises à la *Oyster River Farm,* sur l'île de Vancouver. Fait inhabituel, le rapport reconnaissait ouvertement l'ampleur de l'ignorance des scientifiques. « La STb joue en quelque sorte le rôle de "chef d'orchestre" du système endocrinien de la vache. Pour des raisons encore inconnues, une injection de STb dans le système de la vache a pour effet de lui indiquer qu'elle doit se consacrer en priorité à la production de lait, plutôt que d'augmenter sa masse ou d'accumuler des réserves adipeuses. » L'article parle en termes vagues de lactose, de glucose et d'insuline, et poursuit : « Il se peut que d'autres substances chimiques soient libérées

---

27. Rapport de recherche du ministère de l'Agriculture de l'Alberta, octobre 1986.

dans le sang, mais si c'est le cas, elles n'ont pas encore été découvertes par les scientifiques. Tout cela peut sembler très compliqué, et c'est en effet le cas. Le facteur de croissance analogue à l'insuline 1, ou IGF-1, est un élément assez mystérieux[28]. »

Dans le même rapport, le chercheur spécialisé en produits alimentaires Lech Ozimek laisse entendre qu'« il faudrait effectuer une analyse plus poussée du lait produit par les vaches traitées à la STb pour déterminer si d'autres composés organiques comme l'hormone IGF-1 s'y "infiltrent" [...] On a peut-être affaire à plusieurs autres composés organiques [...] dont certains risquent de se retrouver dans le lait. Personne n'a encore tenté de les déceler. » L'article rapporte que Ozimek a cherché à obtenir un appui financier en vue d'effectuer les recherches nécessaires, mais qu'il s'est buté aux refus des compagnies concernées et du gouvernement de l'Alberta.

Trois ou quatre ans après le début des essais effectués à Guelph, pendant lesquels le lait produit par les vaches traitées a été vendu sur le marché à l'insu tant des agriculteurs que de la population, Brian McBride m'a confié ce qui suit : « Quand nous aurons terminé ces essais, j'aimerais pouvoir affirmer que oui, ce lait contient telle ou telle substance ou que non, il n'en contient pas, et qu'il est impropre à la consommation ou au contraire tout à fait sain [...] Les somatamédines, ou IGF [...] se retrouvent à l'état naturel dans le lait, mais le sont-elles en plus grande quantité à la suite du traitement à la STb ? Si oui, quels en sont les effets ? Voilà ce qui nous intéresse[29]. »

Il semble que McBride n'ait jamais trouvé réponse à ces questions, pas plus que les autres chercheurs engagés dans ces études, peut-être en raison d'une perte d'intérêt, mais plus probablement à cause d'un manque de financement. Les compagnies comme Monsanto sont rarement disposées à financer les recherches qui pourraient mettre à jour ce qu'elles préfèrent ignorer.

***

L'attitude de mépris à l'égard de la population qui semble avoir contaminé toute l'industrie de la biotechnologie nous saute aux yeux à la lec-

---

28. *Forestry and Agriculture Bulletin,* été 1988.

29. Entretien avec Brian McBride, janvier 1988.

ture d'un article de Jeanne Burton et Brian McBride, publié dans le *Journal of Agricultural Ethics*[30]. Dénigrant les interrogations de la population quant à l'utilité de la HCrb et à son utilisation, qu'ils qualifient d'«hystérie», les auteurs affirment que «prêter attention aux préoccupations de la population est peut-être le seul moyen de prévenir une hystérie collective qui pourrait être causée par ce produit et les futurs produits de la biotechnologie [...] Dans les médias coule à flot une information erronée qui provient de sources douteuses (et souvent inconnues). Cette désinformation déclenche une hystérie sans fondement chez les producteurs laitiers et les consommateurs.» Burton et McBride tirent leurs propres conclusions: «Nous trouvons inquiétant que l'hystérie collective qui a entraîné l'interdiction, dans tout le Canada, de vendre le lait produit par les vaches traitées à la HCrb lors d'expériences ait bel et bien interrompu une grande partie des recherches financées par l'industrie au pays. [...] La recherche de la compréhension constitue l'essence de la science.»

Malheureusement, cette soif de compréhension semble avoir cédé la place à une nouvelle quête, dont l'objet est plutôt la création de nouveaux produits et l'obtention de subventions. Cela prend la forme d'une manipulation du langage et du sens des mots qui, alliée à une manipulation de l'«information» génétique, vise à confondre, sinon à tromper, tant la population que les agriculteurs. La lutte acharnée que se livrent les défenseurs et les critiques de la biotechnologie au sujet de l'appellation de l'hormone de croissance recombinante bovine offre un bon exemple de cette manipulation. Alors que l'industrie s'efforce de faire adopter l'appellation STbr ou simplement STb, ses détracteurs insistent pour désigner le produit par son nom d'origine, soit la HCrb.

Jusqu'à la fin de 1986, la version synthétique de l'hormone de croissance produite par la glande pituitaire était universellement connue sous le nom de HCrb. Mais depuis, l'industrie lui préfère l'appellation «somatotropine». J'ai demandé à un éminent chercheur spécialisé en zootechnie, qui procédait à des essais sur la HCrb à l'époque, de m'expliquer pourquoi il utilisait le terme HCb dans ses rapports. Il m'a répondu qu'il n'employait ce terme que lorsqu'il faisait référence à des recherches plus anciennes, car on lui préférait désormais l'appellation «somatotropine». J'ai voulu savoir si ce changement terminologique était accidentel.

---

30. Jeanne Burton et Brian McBride, «Recombinant Bovine Somatotropin (rbST): Is There a Limit for Biotechnology in Applied Animal Agriculture?», *Journal of Agricultural Ethics,* vol. 2, n° 2, 1989, p. 129–130.

Non, m'a-t-il répondu. « [Le terme somatotropine] permet de faire abstraction du mot hormone. Il n'a pas la même connotation [...] L'"hormone de croissance bovine" est l'appellation correcte [...] De nombreux agriculteurs utiliseront peut-être ce produit sous tel ou tel nom, et à moins d'en être informés, ils ne se rendront peut-être même pas compte qu'ils utilisent une hormone. Cette hormone est très différente d'une hormone stéroïde, et je crois que c'est pour cela que les compagnies veulent en épurer l'appellation[31]. »

En 1987, peu de temps avant cet entretien, la revue professionnelle *Dairy Foods* avait contribué à éclaircir cette question : « Cinq importantes compagnies de produits agricoles ont élaboré un programme d'éducation sur l'hormone de croissance bovine destiné aux producteurs, aux transformateurs, et éventuellement aux consommateurs. L'éducation commence par le nom du produit. L'hormone de croissance bovine [...] est mieux désignée par le nom de somatotropine bovine (STb). Même s'il est juste de la définir comme une hormone, c'est là un des principaux obstacles que doivent surmonter ses promoteurs. "Il s'agit bien d'une hormone, mais ce mot possède pour les gens une connotation particulière, surtout quand il est associé à un aliment de base. C'est pourquoi nous avons besoin d'un programme de sensibilisation", expliquait Laurence O'Neill, gestionnaire des relations publiques pour Monsanto[32]. »

En novembre 1993, la FDA approuvait la mise en marché aux États-Unis de la somatotropine bovine, vendue sous le nom de *Posilac*. Selon le rapport annuel de 1993 de Monsanto, le produit fut lancé le 4 février 1994. En mai 1996, on rapportait dans un rapport de Protiva (Monsanto) que depuis l'adoption de la somatotropine, en 1994, environ 15 pour cent de tous les producteurs laitiers américains s'étaient procuré le produit. Les statistiques établies par Monsanto, cependant, en disent très peu sur l'utilisation réelle du *Posilac,* ce qui n'est guère surprenant. Quelques mois plus tard, un sondage du USDA indiquait que seulement 10 pour cent des vaches laitières aux États-Unis étaient traitées à la HCrb, et Monsanto ne contesta pas les chiffres fournis par le USDA quant aux volumes des ventes[33]. Pendant l'été de 1998, on rapporta que dans les États de New York et du Wisconsin, où la production laitière est une ac-

---

31. Entretien avec Brian McBride, 12 janvier 1988.

32. John Unhoefer, *Dairy Foods,* avril 1987.

33. *Western Producer,* 5 septembre 1996.

tivité prédominante, moins de quatre pour cent des producteurs utilisaient la HCrb. En Californie et en Floride, où les troupeaux industriels comptant de 1000 à 3000 vaches ne sont pas rares, le taux d'utilisation était toutefois peut-être supérieur.

Les résultats des récentes recherches portant sur les produits renfermant l'hormone IGF-1, qu'ils soient déjà sur le marché ou encore à l'essai avant d'être utilisés par la population, démontrent que nous devons nous réjouir du fait que les agriculteurs n'aient pas adopté le *Posilac* en plus grand nombre, et que seulement quelques autres pays utilisent également ce produit. En effet, on a observé une corrélation alarmante entre un taux élevé de IGF-1 et les risques de cancers de la prostate et du sein. Pourtant, cela fait plus de dix ans que des scientifiques indépendants, dont Samuel Epstein, que nous avons déjà cité, nous mettent en garde contre ces dangers.

Dans une étude publiée en mai 1998 par la revue médicale britannique *Lancet,* on expliquait que bien que le IGF-1 soit une hormone naturelle nécessaire à une croissance normale des cellules, elle pourrait, en quantité élevée, intensifier le processus de division cellulaire, ce qui augmenterait les risques d'«un accident génétique» dégénérant en cancer[34].

Une deuxième étude indiquait que les risques de cancer de la prostate étaient plus de quatre fois plus élevés chez les hommes qui présentaient les taux les plus élevés de IGF-1 dans leur système que chez les sujets témoins. «Les risques de cancer de la prostate sont plus étroitement associés au taux de IGF-1 qu'à n'importe quel autre facteur de risque relevé dans le passé, y compris le taux d'hormones stéroïdes[35]». Dans le même article, on faisait également référence à une étude effectuée en 1993, selon laquelle le lien possible entre le taux de IGF-1 et les risques d'ostéoporose chez les femmes ménopausées n'était «guère plus encourageant». Toujours dans cette étude, on évoquait des «effets secondaires importants» associés à l'administration de IGF-1.

Ces résultats n'ont toutefois rien d'étonnant. Dans un document rédigé en 1995 pour Monsanto, Dale Bauman et M.A. McGuire, de l'Université Cornell, affirmaient: «Nous ne comprenons pas totalement la façon dont le système de l'IGF agit sur la fonction mammaire» et «la régulation

34. *Globe & Mail,* 8 mai 1998.

35. *Nature Biotechnology,* mars 1998.

nutritionnelle du système ST/IGF semble être un élément clé, qui indique la façon dont sont utilisés les éléments nutritifs [36] ».

Gardant à l'esprit l'entretien que j'avais eu en 1988 avec Brian McBride, qui m'avait alors affirmé qu'on ignorait presque tout du rôle du IGF-1, j'ai encore du mal à concevoir qu'un organisme de réglementation puisse avoir jugé l'utilisation de la HCrb acceptable, et même sûre. En fait, les effets du IGF-1 n'ont jamais été analysés parce que Monsanto ne cherchait pas à obtenir un permis pour l'utilisation de cette substance. C'est la HCrb qui l'intéressait. Il s'agit là d'un excellent exemple de réductionnisme. Évidemment, il est difficile de découvrir ce qu'on ne recherche pas.

Une lettre ouverte rédigée en 1998 par Ray Mowling, vice-président de Monsanto, exprime bien l'attitude désinvolte de l'industrie pharmaceutique. Mowling y décrit le *Posilac* produit par sa compagnie comme « le plus populaire des médicaments vétérinaires destinés aux vaches laitières aux États-Unis [37] ». Mais comme il fallait s'y attendre, il ne précise pas les avantages de ce produit pour la santé.

La résistance

« Nous devons montrer au public que nous travaillons dans son intérêt », affirmait en 1990 le vice-président de Monsanto, Will Carpenter. « Sinon, une poignée de critiques bruyants et bien organisés va régir ce qui va apparaître sur les étagères des marchés alimentaires, et même ce qu'on va pouvoir faire dans les laboratoires. Si nos détracteurs l'emportent, la liberté va en prendre un coup, ce sera le règne de la désinformation et, en fin de compte, c'est le public qui va en souffrir [38] », concluait Carpenter.

Les critiques, cependant, n'ont pas tardé à se faire entendre. Parmi ceux qui s'opposaient farouchement à la HCrb, certains ont renoncé à lutter contre l'adoption et l'utilisation de ce produit, qu'ils considéraient comme un fait accompli. Mais d'autres, dont je faisais partie, se sont résolument insurgés contre ce déterminisme technologique et ont décidé d'unir leurs forces pour s'opposer à la HCrb.

En 1990, la question de la HCrb était le premier point à l'ordre du jour du Conseil de la politique alimentaire de Toronto (CPA) nouvelle-

---

36. Affiché à l'adresse http://www.monsanto.com

37. *Globe & Mail,* 26 janvier 1998.

38. Conseil national de recherches du Canada, *L'Actualité biotechnologique,* Ottawa, juin 1990.

ment créé, grâce à l'intervention de deux comités de santé régionaux de Toronto. Aujourd'hui, la question fait encore partie des priorités du CPA. En 1991, une coalition de groupes et de militants, dont une productrice laitière, Lorraine LaPointe, et moi-même, avons organisé une campagne nationale intitulée « Pure Milk », qui a permis de recueillir plusieurs milliers de signatures dans le cadre d'une pétition destinée au gouvernement qui demandait l'interdiction de la HCrb, ou à tout le moins l'étiquetage des produits provenant de vaches traitées.

Notre résistance s'articulait autour de trois décisions stratégiques : 1) *Toujours désigner le produit par son nom véritable, et empêcher l'industrie de l'« épurer » en le nommant STbr.* 2) *Empêcher l'industrie d'affirmer que le débat porte sur l'innocuité alimentaire* : il s'agissait là d'une polémique vaine qui risquait d'absorber toute notre énergie, puisque les preuves des dangers d'un produit arrivent toujours trop tard. 3) *Exiger l'étiquetage du produit s'il finissait par être approuvé* : nous savions que c'était là un autre aspect important, étant donné que l'industrie de la biotechnologie craignait de faire réagir la population en identifiant clairement les produits laitiers provenant de vaches traitées.

À mon avis, il ne fait aucun doute que la résistance populaire soutenue qui s'est affirmée au cours des 10 dernières années a eu une influence considérable tant sur les politiciens que sur les législateurs. Elle a en outre fourni un soutien à la fois moral et factuel aux politiciens, à certains législateurs de l'administration publique et à des producteurs laitiers non conformistes qui ont su résister aux pressions de l'industrie, de leurs propres associations agricoles et de tous les défaitistes à l'égard des nouvelles technologies. La vague de protestations qui s'est élevée contre la manipulation des recherches et des chercheurs par Santé Canada, particulièrement en ce qui a trait à la procédure d'évaluation de la HCrb, de même que l'enquête déterminée du Comité du Sénat pour l'Agriculture sur le dossier de la HCrb, qui a mis à jour de précieuses données, n'auraient jamais vu le jour sans les pressions exercées par la population au cours de la dernière décennie.

Enfin, le 14 janvier 1999, soit plusieurs mois avant l'échéance établie par Santé Canada, un simple fonctionnaire annonçait que Monsanto s'était vu refuser l'autorisation de commercialiser le *Nutrilac*. Aux quatre coins de la planète, on n'a pu que se réjouir de la nouvelle, sauf évidemment dans les bureaux de Monsanto.

La décision du gouvernement se fondait principalement sur le rapport d'un comité d'experts mandatés par l'Association canadienne des vétérinaires à la suite des audiences du comité parlementaire, tenues en 1998. Contrastant avec ce rapport aussi critique que minutieux, un autre rapport sur l'innocuité de la HCrb pour les consommateurs a été publié par un autre comité d'experts constitué par le Collège royal des médecins et chirurgiens du Canada. L'objet principal de ce rapport était de blanchir le produit, et on y servait les mêmes généralités qui caractérisent les allégations de Monsanto, avant de conclure que l'utilisation de la HCrb ne présentait aucun danger. Les auteurs du rapport, semble-t-il, avaient ignoré les recherches mentionnées dans ce chapitre.

Voici ce qu'affirmait le rapport des vétérinaires :

> Le comité est d'avis qu'il existe certaines préoccupations légitimes concernant le bien-être des animaux associé à l'administration de la STbr, notamment un risque accru de mammite (d'environ 25 pour cent plus élevé) et de claudication (d'environ 50 pour cent plus élevé), ainsi qu'une réduction de l'espérance de vie des vaches traitées. [...]

> En général, le comité est d'avis que les données disponibles sont suffisantes pour établir une évaluation raisonnablement éclairée des effets de la STbr. Il se dégage quatre conditions particulières (risques d'ovaires kystiques, de naissance multiple, de rétention du placenta et d'avortement) pour lesquelles il semble y avoir un effet associé à l'administration du médicament, mais pour lesquelles la preuve est insuffisante pour tirer des conclusions fermes.

Cette décision fut très mal reçue par Monsanto, et Ray Mowling protesta qu'on aurait dû accorder à la compagnie le droit de réagir au rapport des vétérinaires avant que Santé Canada ne rende son verdict. La compagnie lança alors une campagne de presse semblable aux précédentes, bombardant les médias locaux. En Saskatchewan, *The Prairieland* publia un communiqué de Monsanto, dans lequel on citait Ray Mowling : « La perspective d'un verdict annoncé avant que Monsanto ne puisse fournir une réponse concernant les détails de la recherche est contraire aux procédures normales d'homologation et de réglementation ; c'est un affront fondamental à la justice et aux normes générales de prise de décisions. [...] La STb est devenue le plus populaire au monde des médicaments vétérinaires destinés aux vaches laitières [...] »

Apparemment, Monsanto ne reconnaît pas la prérogative de Santé Canada qui lui permet de prendre une décision dans l'intérêt de la santé et du bien-être des consommateurs et des animaux au Canada. Et on attend toujours que la compagnie précise les avantages pour la santé de son médicament ultra-performant.

***

Avant et après l'adoption et la mise en marché de la HCrb aux États-Unis, beaucoup d'efforts ont été déployés en vue d'obtenir l'interdiction ou du moins l'étiquetage des produits provenant de vaches traitées. Mais Monsanto n'a pas tardé à s'en prendre aux petits transformateurs de lait qui ont tenté d'identifier leurs produits comme «exempts de HCrb», par l'intimidation ou en les menaçant de poursuites judiciaires. Les législateurs d'État qui ont cherché à faire interdire la HCrb ou à imposer l'étiquetage du lait provenant de vaches traitées, quant à eux, ont fait l'objet d'énormes pressions de la part des lobbyistes de Monsanto. La multinationale a donc pu crier victoire sur presque tous les plans, bien qu'il se trouve ici et là des produits laitiers portant une étiquette ambiguë, conformément aux exigences de la FDA, qui explique vaguement que le produit ne contient pas de lait provenant de vaches traitées à la HCrb, mais que cela ne fait de toute façon aucune différence. Autrement dit, on n'a pas le droit d'affirmer quoi que ce soit ni de parler des effets néfastes associés au lait et aux produits laitiers provenant des vaches traitées. Aujourd'hui, cependant, ce sont les producteurs laitiers eux-mêmes qui commencent à rejeter la HCrb, après avoir observé *de visu* les effets négatifs de ce produit sur leurs vaches. Et combien de personnes ont diminué ou carrément interrompu leur consommation de lait parce qu'elles voulaient éviter à tout prix de s'exposer aux risques associés à la HCrb? Ce n'est certes pas Monsanto qui répondra à cette question.

De l'autre côté de l'océan, l'Europe, pour sa part, interdit depuis plusieurs années toute importation de produits laitiers ou de viande produits au moyen d'hormones de synthèse, quelles qu'elles soient. Malgré une règle émise en 1998 par l'Organisation mondiale du commerce (OMC), selon laquelle un tel blocus serait illégal, les membres de l'Union européenne ont clairement indiqué qu'ils n'avaient nullement l'intention d'autoriser l'importation d'aliments traités aux hormones ou produits à l'aide d'hormones synthétiques.

CHAPITRE VII

La tomate éternelle

Son goût n'a pas encore été évalué.

C'EST ROBERT GOODMAN, vice-président de la recherche pour Calgene, la firme responsable de la mise au point de la tomate *FlavrSavr,* qui m'a le premier fait connaître cette nouvelle variété lors d'une conférence sur la biotechnologie industrielle tenue à Toronto en décembre 1988. Comme la plupart des événements consacrés à la biotechnologie, celui-ci visait davantage à séduire les investisseurs qu'à présenter les dernières découvertes scientifiques. Ce que j'ai surtout retenu de l'exposé de Goodman, ce sont les commentaires dont il accompagnait une diapositive qui prétendait comparer les nouvelles tomates transgéniques aux tomates «conventionnelles», après trois semaines sur les tablettes.

« Ce que nous constatons, affirmait Goodman, c'est que la durée de conservation de la tomate mûre est considérablement accrue, sans que soient modifiées ses autres caractéristiques, du moins parmi celles qui ont été analysées. Son goût n'a pas encore été évalué. »

Cette remarque prophétique illustre bien les priorités des experts en biotechnologie. Le goût n'a pas encore été évalué. On ne parle pas non plus de l'aspect nutritionnel de la fameuse tomate. Néanmoins, force est de constater que Calgene et sa tomate ont fait figure de pionniers sur plusieurs plans, préparant le terrain pour la prolifération de plantes génétiquement modifiées qui sont aujourd'hui cultivées et intégrées à une multitude d'aliments. La mise au point et les résultats de ces recherches méritent donc d'être examinés de près, car ce sont des données qui peuvent nous aider à comprendre ce qui a façonné le contexte actuel.

Aux dires de son président, Roger Salquist, la compagnie Calgene n'employait aucun biologiste des molécules au moment de sa création, en 1980, tout simplement parce que les techniques de manipulation génétique n'étaient pas encore utilisées à ce moment[1]. « Ce qui importait, c'était d'effectuer les recherches, de mettre au point des produits, de les faire approuver et de les lancer sur le marché. » À l'époque, Calgene se consacrait à la mise au point et à la commercialisation de variétés conventionnelles de tomates, de coton et de canola, tout en faisant fréquemment appel au marché financier pour renflouer son fonds de roulement[2].

Toujours selon Calgene, le plan d'action de la compagnie consistait à mettre sur pied des entreprises fonctionnelles en vue « de favoriser la commercialisation de produits génétiquement modifiés et de maximiser les profits à long terme générés par de tels produits brevetés[3] ». Vers le milieu de 1989, Calgene et son bailleur de fonds de l'époque, la compagnie Campbell, faisaient état du succès des premières cultures expérimentales de la nouvelle tomate transgénique. La compagnie essuya des pertes relativement modestes de l'ordre de 6,8 millions de dollars en 1989, alors que ses revenus atteignirent 30,2 millions de dollars cette même année.

Les chercheurs travaillant pour Calgene avaient mis au point une technique consistant à isoler le gène promoteur responsable de la synthèse de l'enzyme (polygalacturonase) qui détermine la production d'éthylène dans la tomate. (*Pour une introduction à ces notions de biologie, voir l'annexe II.*) L'éthylène provoque le mûrissement de la tomate, que ce soit avant ou après la cueillette. On l'emploie également pour traiter les tomates récoltées avant que la plante ne commence elle-même à produire l'éthylène nécessaire au mûrissement. La technique élaborée par Calgene consistait à isoler le gène en question, à le reproduire et à introduire cette copie « à l'envers », de façon à ce qu'elle empêche la tomate d'envoyer les signaux habituels ; la production d'éthylène s'en trouvait ainsi annihilée. En termes techniques, l'industrie parlait de « technologie antisens » pour désigner ce procédé, mais libre à vous de le baptiser autrement.

---

1. À moins d'indications contraires, les renseignements relatifs à Calgene ont été tirés de communiqués de presse que je recevais par courrier presque toutes les semaines.

2. *Comstock's,* juin 1991.

3. Feuillet publicitaire de Calgene, 1989 et 1992.

En 1990, Calgene recevait un brevet américain pour son « invention ». La compagnie demanda ensuite à la FDA de lui fournir un avis consultatif sur le gène marqueur [4] de résistance à un antibiotique, la kanamycine, qui était introduit en même temps que la construction génétique « antisens » à l'origine de la tomate *FlavrSavr*. C'était la première fois qu'on demandait à la FDA d'évaluer « une composante d'un organisme génétiquement modifié destiné à la consommation humaine ».

Moins d'un an plus tard, Calgene demandait à la FDA de reconnaître officiellement sa tomate transgénique *FlavrSavr* à titre d'aliment.

Tout en se consacrant à la mise au point de sa nouvelle tomate, Calgene s'efforçait également de créer des cultivars de canola dotés de propriétés oléagineuses particulières, de même que des semences de coton conçues à la fois pour résister à un herbicide habituellement fatal aux plants de coton, le *Bromoxynil* de Rhône-Poulenc, et pour renfermer une toxine dérivée d'un micro-organisme naturel, *Bacillus thuringiensis* (Bt), fatale à certaines larves dont l'anthonome du cotonnier. (Il est à noter que Calgene était également propriétaire de Stoneville Pedigreed Seeds, une compagnie productrice de semences de coton.)

Vers le milieu de 1992, Calgene réclamait au USDA le droit d'entreprendre des cultures transgéniques commerciales sans permis spécial. Trois mois plus tard, le USDA décrétait qu'il renonçait à contrôler la production de la tomate *FlavrSavr*: cette variété pourrait dorénavant être cultivée et expédiée partout aux États-Unis sans qu'une autorisation soit nécessaire. Il semble qu'on ait fait peu de cas de l'introduction d'un gène de résistance à la kanamycine. À peine quelques années plus tard, cependant, les craintes s'intensifient devant l'accroissement rapide d'une résistance aux antibiotiques causée par une mauvaise utilisation des antibiotiques et par leur usage répandu chez les producteurs de bétail et de volaille, qui s'en servent comme stimulateurs de croissance. L'introduction de gènes marqueurs de résistance à des antibiotiques lors de la transgénèse est un procédé aussi inutile que lourd de conséquences, non seulement en raison de la résistance aux antibiotiques qui en résulte, mais également

---

4. Étant donné que l'ingénierie génétique est une discipline aléatoire, les chercheurs introduisent généralement dans l'ADN un gène « marqueur » doté d'une résistance à un antibiotique, en même temps que les nouveaux caractères génétiques. Les organismes qui en résultent sont ensuite exposés à l'antibiotique correspondant au gène marqueur. Seuls les organismes qui ont été modifiés avec succès survivent. Ceux qui meurent sont rejetés. Pour en savoir plus sur ce sujet, voir l'annexe II.

parce qu'il favorise l'instabilité génétique et les flux de gènes, c'est-à-dire la propagation anarchique de gènes d'un organisme à l'autre.

Malgré ses victoires en matière de réglementation, Calgene continuait de subir d'importantes pertes financières : 4,2 millions de dollars avaient été engloutis dans la mise au point de la tomate *FlavrSavr* et les droits de mise en marché de tomates fraîches achetés à la compagnie Campbell qui, avant même que la tomate miracle ne puisse voir le jour, avait déclaré que malgré les millions de dollars qu'elle avait investis dans ce projet, elle ne prévoyait commercialiser aucun produit transgénique « dans un avenir prévisible ». « Avant d'introduire un nouvel ingrédient dans nos produits », déclarait un porte-parole de Campbell, « nous voulons être certains qu'il s'agit d'un produit approuvé et conforme aux normes en vigueur, d'abord, et qu'il présente un avantage évident, reconnu comme tel par les consommateurs [5]. »

Pendant que Calgene faisait tout son possible pour créer des attentes chez la population en promettant l'apparition d'une nouvelle variété de tomate délicieuse au milieu de l'hiver, d'autres scientifiques et spécialistes de la mise en marché de produits commençaient à voir cette initiative d'un autre œil. Dans le *New York Times,* on pouvait lire qu'un « nombre grandissant de spécialistes de la biotechnologie soutiennent qu'il est peu probable que Calgene réussisse à produire une tomate de qualité supérieure grâce à la biotechnologie. Tant les études menées par la compagnie même que les recherches d'autres scientifiques démontrent que le fait de neutraliser un seul gène en vue de retarder le ramollissement ne peut avoir une grande influence sur le mûrissement [6]. »

À ce moment, Calgene avait déjà investi 25 millions de dollars dans la mise au point et la mise en marché de sa nouvelle variété de tomate et essuyé des pertes totales de plus de 83 millions de dollars depuis sa création, mais elle réussissait néanmoins à s'assurer la couverture médiatique dont elle avait désespérément besoin pour susciter de nouveaux investissements. Était-ce l'aspect « anti-vieillissement » de cette nouvelle technologie qui continuait de séduire les investisseurs de la génération des baby-boomers ?

Dans un article de fond publié le 19 juillet 1993, le *New Yorker* fit valoir les aspects tant positifs que négatifs de la tomate *FlavrSavr,* et Roger Salquist profita de l'occasion pour se faire entendre : « Nous vendrons

5. *San Francisco Examiner,* 10 janvier 1993.

6. *New York Times,* 12 janvier 1993.

des montagnes de tomates. Les producteurs, les marchands, nos action-naires : tout le monde s'enrichira. »

L'auteur de l'article, Jeremy Seabrook, y décrivait sa visite guidée d'une serre de Calgene et les explications de son guide sur les techniques de manipulation génétique employées par la compagnie : « Nous ne faisons que prélever le gène promoteur à l'aide d'enzymes de restriction. Nous fabriquons ensuite un gène antisens et y attachons un gène de résistance à la kanamycine à titre de gène marqueur, puis insérons cette construction génique dans l'ADN désarmé de l'*Agrobacterium* [...] Nous exposons des cellules de tomates à l'*Agrobacterium,* qui transfère une partie de son ADN, lequel renferme le gène antisens, dans l'ADN de la tomate. »

On cultive ensuite les cellules de façon à former un tissu végétal, et les cellules qui n'ont pas subi la transformation désirée sont éliminées au moyen d'une exposition à la kanamycine. Seules les cultures qui ont été modifiées et qui possèdent le gène antisens et le gène de résistance à la kanamycine survivent. Toujours selon le guide, « Nous ne pouvons déter-miner l'endroit où se positionnera le gène antisens dans le génome. Avec l'ADN recombinant, c'est impossible, du moins pour le moment. Parfois, le gène aboutit au mauvais endroit dans le génome, ce qui risque de créer un mutant indésirable que nous devrons éliminer. »

Pendant ce temps, cependant, trois des entreprises qui devaient pro-duire et distribuer la tomate *FlavrSavr* avaient préféré se retirer du projet, craignant que la volonté de Calgene de tout contrôler, des semences à la distribution, leur fermerait des portes dans le reste de l'industrie. « Nos activités principales reposent sur de bonnes relations et des traditions auxquelles Calgene veut faire concurrence. Nous croyons que la compa-gnie pourrait perturber nos relations avec les consommateurs », expliquait Jim Taylor, l'un des emballeurs réticents. « À mon avis, les promesses grandioses qu'ils ont faites à leurs actionnaires et au monde en général ne sont pas réalistes[7]. »

Alors qu'elle attendait toujours l'homologation de la tomate *FlavrSavr* pour la lancer sur le marché, Calgene entreprit de vendre des tomates conventionnelles sous la marque *MacGregor*. En mars 1994, cependant, elle annonçait une compression radicale de ces activités après avoir essuyé des pertes de 3,4 millions de dollars, en même temps que la nomination de l'ancienne sous-secrétaire au USDA, Ann Veneman, au sein de son conseil d'administration.

---

7. *The Packer,* 7 août 1993.

Deux mois plus tard, la FDA avisait officiellement Calgene que la tomate *FlavrSavr* avait satisfait à toutes ses exigences en matière d'innocuité alimentaire. La grille d'évaluation appliquée par la FDA pour les aliments issus de la biotechnologie comprenait quatre questions :

1) L'aliment contient-il les mêmes éléments nutritifs que la variété correspondante conventionnelle ?

2) L'aliment est-il exempt de toxines ?

3) L'aliment est-il exempt de protéines allergènes ?

4) L'aliment est-il essentiellement comparable à la variété correspondante conventionnelle ?

Selon la FDA, un aliment qui répond à ces critères peut être mis sur le marché sans étiquetage spécial, quelle que soit la technologie génétique dont il est issu [8].

Avec des critères aussi vagues, évidemment, les réponses aux questions sont très subjectives. Que connaît-on, par exemple, des protéines allergènes ? Et comment fait-on pour identifier de nouvelles protéines qui s'avèrent toxiques ? La quatrième question reste toutefois la plus ambiguë : que signifie « essentiellement comparable » ? (Au Canada, on emploie aujourd'hui le concept d'« équivalence en substance ». Cette question sera également abordée dans les chapitres VIII et IX.)

Pour mieux comprendre la situation, il faut se rappeler que les règles du jeu ont été établies après le début de la partie. L'urgence de lancer les aliments transgéniques sur le marché dans l'espoir de rentabiliser les sommes investies s'est manifestée dès le début. En 1994, Calgene signalait encore un déficit : pour l'exercice financier se terminant le 30 juin 1994, les pertes de la compagnie, de l'ordre de 42,8 millions de dollars, dépassaient ses revenus atteignant 39,4 millions de dollars. La compagnie ne pourrait continuer longtemps à essuyer de telles pertes.

Enfin, en mai 1994, la fameuse tomate de Calgene faisait son apparition sur les tablettes de certaines épiceries de la Californie et de l'Illinois. Malgré cela, la compagnie fit état de pertes sèches de 30,6 millions de dollars pour 1995 pour un revenu de 56,7 millions de dollars, dont une grande partie provenait des ventes de semences de coton de sa filiale, la compagnie Stoneville Pedigreed Seeds.

---

8. *The Packer,* 18 avril 1884.

En février 1995, même s'il semblait peu probable que la tomate *Flavr-Savr*, pourtant tant vantée, franchisse un jour la frontière canadienne, Santé Canada autorisait la vente de tomates transgéniques au Canada, exprimant l'impatience du ministère d'accueillir ces « aliments nouveaux » au Canada. Santé Canada avait « comparé la tomate *FlavrSavr* à d'autres variétés commerciales et n'avait trouvé aucune différence sur le plan de la composition et des caractéristiques nutritionnelles. En se basant sur l'information fournie par Calgene, le ministère a trouvé que la tomate en question était aussi salubre et aussi nutritive que les autres variétés de tomates. »

Mais aucune tomate *FlavrSavr* ne fut jamais importée ni vendue au Canada.

***

Le premier lien commercial entre Calgene et Monsanto, la société qui allait finalement faire l'acquisition de Calgene, fut établi au milieu de 1993. Les deux compagnies avaient alors signé plusieurs ententes de concession réciproque de licences, ce qui leur avait permis de régler un certain nombre de différends reliés à l'obtention de brevets. Salquist déclara à propos de ces accords que « cela […] permettra aux deux compagnies de se concentrer sur la commercialisation de leurs produits, plutôt que de s'épuiser en litiges coûteux ». Ce type de coopération commerciale connaît d'ailleurs une popularité grandissante et prend différentes formes : concessions de licences de brevets, alliances stratégiques, partenariats et coentreprises, qui éliminent la compétition entre les entreprises tout en augmentant leur concentration.

Malgré les sommes colossales englouties dans la recherche et la publicité, Mère Nature ne se laissa guère impressionner par les tomates miracles de Calgene qui, au début de 1996, dut admettre que « le rendement et la résistance aux maladies de la plupart des variétés de tomates *FlavrSavr* demeurent insatisfaisants. Par conséquent, Calgene envisage de restreindre temporairement sa production de tomates à partir du printemps de 1996, jusqu'à ce que soit terminée la mise au point de variétés *FlavrSavr* dotées de qualités nutritionnelles et commerciales supérieures. »

« Monsanto accepte de lancer une bouée de sauvetage à Calgene », annonçait une manchette du *Wall Street Journal* au milieu de 1995, après que Monsanto eut versé 30 millions de dollars en capital et intérêts à NT Gargiulo, le principal emballeur et distributeur de tomates fraîches aux États-Unis, en retour de 49,9 pour cent des actions de Calgene[9]. Monsanto s'engageait également à fournir « des possibilités de crédit à long terme de façon à répondre aux besoins économiques généraux de Calgene et de Gargiulo[10]. » Autrement dit, l'intervention de Monsanto empêchait Calgene de couler à pic.

Quand le marché fut approuvé par ses actionnaires, Calgene déclara : « Grâce au mariage du patrimoine génétique des tomates Gargiulo et de la technologie mise au point par Calgene et Monsanto, il nous sera beaucoup plus facile de devenir le principal producteur de tomates fraîches bon marché et la première vraie entreprise de tomates de marque américaine. »

Quelques mois plus tard, Calgene annonçait qu'elle renonçait à produire des tomates *FlavrSavr* en Floride pour se consacrer plutôt à la production de tomates conventionnelles en collaboration avec NT Gargiulo. Calgene avait jugé que la récolte des tomates *FlavrSavr* parvenues à maturité entraînait trop de frais : elles étaient trop molles pour la cueillette mécanique et il aurait coûté trop cher de les récolter à la main. Calgene envisageait donc de poursuivre la production de ses tomates transgéniques au Mexique, où la main-d'œuvre était meilleur marché.

À la fin du mois de juillet 1996, Monsanto investit 50 millions de dollars de plus en capitaux propres dans Calgene, accaparant ainsi 54,6 pour cent des actions, et Roger Salquist quitta son poste de p.-d.g. Six mois plus tard, Monsanto achetait le reste de la compagnie, moyennant un autre 240 millions. À la suite de cette transaction, l'intérêt de Monsanto pour les tomates sembla fondre comme neige au soleil. En retour de son investissement, cependant, la société put s'approprier le fruit de nombreuses recherches dans le domaine de la reproduction et de la génétique végétales, notamment en ce qui a trait à la résistance aux herbicides et à la « technologie » Bt, de même qu'à l'application de ces techniques au canola et au coton.

***

Rétrospectivement, le battage publicitaire organisé par Calgene en 1994 nous semble pour le moins pathétique :

---

9. *Wall Street Journal,* 29 juin 1995.

10. Rapport annuel de Monsanto, 1995.

L'introduction des tomates *MacGregor* cultivées à partir de semences *FlavrSavr* fit dans tout le pays l'objet d'une énorme couverture médiatique, extrêmement positive. Selon nos estimations, il y eut plus de 102 millions de mentions de l'événement dans les 72 heures qui ont suivi l'homologation de la nouvelle variété. Grâce à cette couverture extraordinaire, la marque *MacGregor* a acquis une bonne réputation, solidement ancrée tant dans l'esprit des consommateurs qu'au sein de l'industrie des marchés d'alimentation, ce qui est encore plus profitable. Les médias ont surtout insisté sur le fait que nos tomates sont beaucoup plus savoureuses que les variétés conventionnelles, ce qui fait presque l'unanimité ! Les menaces et les envolées grandioses des détracteurs de la bio-technologie se sont avérées creuses et nous apparaissent aujourd'hui sans fondement [11].

Avec le recul, je me rends compte que le message de Calgene était en fait plutôt modeste. Les prétentions de Roger Salquist étaient pompeuses, certes, mais il ne menaçait pas l'humanité d'une apocalypse imminente si elle n'acceptait pas de révolutionner son système alimentaire par la transgénèse, et il ne présentait pas le génie génétique comme l'ultime protecteur de l'environnement.

Mais les aliments transgéniques ont fait beaucoup de chemin depuis.

---

11. Rapport annuel de Calgene, 1994.

Chapitre VIII

La pomme de terre mortelle

Si Calgene affirmait vouloir produire une tomate plus savoureuse et plus nutritive, la société Monsanto n'avait pas les mêmes prétentions pour la pomme de terre qu'elle tentait de mettre au point. Le mieux que la compagnie pouvait faire, c'était de proclamer à tort et à travers que la pomme de terre Bt serait plus respectueuse de l'environnement parce qu'elle permettrait de réduire les pulvérisations d'insecticides.

En théorie, les pommes de terre transgéniques sont censées régler le problème du doryphore, un ravageur qui fait un tort considérable aux producteurs de pommes de terre. Le vrai problème, cependant, vient plutôt du fait que dans certaines régions, comme le Maine, le Nouveau-Brunswick, le Manitoba, l'Idaho et Washington, de grandes étendues sont consacrées à la monoculture de la pomme de terre, ce qui crée d'immenses zones où les ravageurs peuvent s'en donner à cœur joie. Il est toutefois plus rentable de vendre de coûteuses semences de pomme de terre transgénique aux gros producteurs industriels que de tenter d'encourager des cultures plus diversifiées, et donc moins localisées, en harmonie avec leur environnement.

Autrement dit, les pommes de terre transgéniques représentent une mauvaise solution au mauvais problème. En fait, elles visent plutôt à résoudre le grave « problème » de la rentabilité des multinationales.

Il y aura toujours des ravageurs, même dans les écosystèmes les plus diversifiés, mais il existe différentes façons de s'en débarrasser. En 1992, par exemple, des chercheurs de l'Université Cornell se sont intéressés à une variété de pomme de terre hybride issue d'une souche sauvage, *solanum Berthaulthi,* dont le feuillage est recouvert d'un fin duvet. Cette espèce possède l'étonnante faculté de se protéger contre les insectes nuisibles grâce à ces poils minuscules, lesquels secrètent une substance visqueuse qui emprisonne et tue les petits insectes, comme la cicadelle, qui cherchent à se nourrir ou à se reproduire. Le doryphore compte également parmi ses victimes. Cette même substance, en effet, provoque chez lui un grave épisode de constipation qui fait gonfler son estomac, ce qui a pour effet d'écraser ses ovaires et d'entraver sa reproduction. Selon Robert Plaisted, professeur responsable de ces recherches à Cornell, cette pomme de terre ne se distingue pas des autres variétés par son goût, mais on ne connaît pas de meilleure méthode de protection contre les ravageurs que celle dont elle est munie. Plaisted, qui explique que cette « nouvelle » pomme de terre est surtout populaire auprès des producteurs biologiques, espère pouvoir lancer d'autres variétés dotées de propriétés semblables au cours du nouveau millénaire.

Quand je lui ai parlé des pommes de terre transgéniques Bt, Plaisted m'a expliqué qu'elles n'offraient malheureusement aucune protection contre la cicadelle, plus nuisible encore que le doryphore en raison de sa petite taille qui lui permet de faire d'importants dommages avant que l'agriculteur ne puisse constater sa présence. J'ai ensuite voulu savoir dans quelle mesure les recherches de Plaisted étaient influencées par le nouvel engouement pour le génie génétique. Il m'a alors expliqué qu'il avait eu droit à des subventions spéciales du USDA et d'une fondation internationale. Sans ce soutien financier, il n'aurait pu mener à bien ses travaux [1].

En Ontario, des producteurs de pommes de terre ont recours à une technologie aussi simple qu'efficace : les champs sont bordés de tranchées peu profondes, tapissées de plastique. Quand leur estomac crie famine, les doryphores quittent leurs refuges tranquilles et se dirigent vers les plants. Ils glissent alors dans les tranchées dont ils ne peuvent s'échapper. (Peut-être les cadavres de doryphores seraient-ils une bonne source de protéines pour les poulets ?)

Voilà un bon exemple des multiples possibilités, autres que les agro-toxines traditionnelles et les techniques de manipulation génétique, qui s'offrent à nous en matière de lutte contre les insectes nuisibles. Avec la

1. Robert Plaisted, entretien téléphonique, 19 octobre 1998.

pomme de terre duveteuse de Plaisted, nul besoin de pesticides spécifiques et, contrairement à la pomme de terre Bt, cette variété ne risque pas d'être vendue au prix fort, gonflé par les «frais de technologie» qui nous valent le privilège de produire des pommes de terre transgéniques à la mode de Monsanto. Et le plastique peut être réutilisé année après année.

***

Il y a trois raisons principales pour lesquelles le canola, le maïs, le soya, la pomme de terre et le coton, qui occupent une place importante dans l'agriculture industrielle, ont été privilégiés en génie génétique: 1) Le volume de la production, et donc le volume de semences transgéniques susceptibles d'être vendues, pourrait permettre de financer les recherches et de générer des profits intéressants; 2) Leurs structures moléculaires se prêtent mieux à la recombinaison génétique que celles d'autres espèces, comme le blé et le riz, qui sont plus difficiles à manipuler de façon satisfaisante et rentable; 3) Il s'agit de matières de base qui entrent dans la fabrication de nombreux produits alimentaires.

Les pommes de terre sont transformées en frites pour McDonald par des compagnies comme Nestlé, ou en croustilles[2]. Les graines de canola, pour leur part, sont transformées en huiles alimentaires et en nourriture pour les animaux. Le soya se retrouve également dans une multitude de produits, sous une forme ou une autre. À partir du maïs, on produit entre autres des moulées, de l'huile, du sirop à haute teneur en fructose et de la fécule. Le coton fournit des fibres, évidemment, mais également de l'huile pour la consommation humaine et de la nourriture pour les animaux.

Autrement dit, si l'on fait exception des pommes de terre, les aliments transgéniques mis sur le marché sont rarement identifiables. Néanmoins, on constate qu'une proportion élevée des aliments transformés qu'on retrouve à l'épicerie contiennent des produits transgéniques ou en sont issus. Prenez le temps d'observer les étiquettes de produits transformés choisis au hasard: il est probable que plus de la moitié d'entre eux contiennent du maïs ou du soya, sous diverses formes. La lécithine, par exemple, est dérivée du soya.

---

2. Midwest Food Products Inc., à Carberry (Manitoba), par exemple, appartient à Nestlé et produit toutes les frites vendues dans les McDonald au Canada.

Ce n'est pas le fruit du hasard si les produits issus de la biotechnologie ne sont pas clairement identifiés. Le consommateur qui cherche à en savoir plus risque de se faire répondre que l'huile de canola n'est pas transgénique, mais fabriquée à partir de graines transgéniques. Ou qu'il est impossible de séparer les céréales transgéniques du reste. Il semble exister d'innombrables excuses pour justifier le fait que les produits génétiquement modifiés ne soient pas étiquetés.

***

La pomme de terre est cultivée dans presque tous les potagers. Elle est également un des principaux aliments de transformation. Au Canada et aux États-Unis, la *Russet Burbank*[3] est la grande favorite parmi les pommes de terre de transformation. Il n'est donc guère étonnant qu'elle ait été la première pomme de terre transgénique à être lancée sur le marché, dotée d'un gène issu d'une bactérie productrice de toxines que l'on retrouve communément dans le sol, *Bacillus thuringiensis* (Bt)[4]. Que cette pomme de terre contienne également un gène de résistance à un antibiotique, utilisé comme gène marqueur pour identifier les cellules dont le matériel

---

3. *Burbank* s'écrit avec une majuscule parce que la variété a été mise au point par Luther Burbank.

4. « À l'état naturel, la bactérie Bt produit une protoxine cristallisée qui représente le stade précurseur de la toxine. Ce n'est qu'une fois parvenue dans le milieu alcalin des intestins de l'insecte que la protoxine se décompose graduellement. (Ce processus peut comprendre jusqu'à sept étapes.) Il en résulte une protéine toxique, beaucoup plus courte que la protoxine. Cette toxine, qui n'est néfaste que pour certains insectes, est très sensible aux rayons ultraviolets et se dégrade rapidement à l'extérieur du tube digestif.

Par contraste, le maïs génétiquement modifié, qui renferme un gène Bt artificiel et tronqué, produit une protéine qui se rapproche davantage de la toxine. Cette protéine, deux fois plus petite que la protéine normale, se transforme beaucoup plus facilement en toxine active. En outre, il semble qu'elle ne doive pas nécessairement se retrouver en milieu alcalin pour subir cette transformation. Enfin, le gène Bt tronqué code la production de trois autres protéines Bt. Ces protéines sont-elles déjà prêtes à agir comme toxines actives ? On l'ignore, et cet aspect n'a jamais fait l'objet de recherches plus approfondies.

Il est donc fort probable que la protéine Bt du maïs transgénique puisse se transformer en toxine active même si le pH des intestins des insectes où elle se retrouve n'est pas très élevé. Par conséquent, cette toxine pourrait avoir des effets sur les vers de terre ou sur d'autres insectes [ou même sur les humains] dont les intestins n'ont pas un pH élevé. » (Florianne Kochlin. « Le maïs génétiquement modifié : un risque écologique », document distribué par courrier électronique, 17 février 1997.)

génétique a été modifié avec succès, peut difficilement être ignoré, surtout qu'aucune raison technique ne justifie la présence de ce gène.

Comme nous l'avons déjà mentionné, la toxine du Bt est fatale au doryphore. « La toxine produite par la bactérie Bt élimine les insectes en se liant à des récepteurs du tube digestif, ce qui entraîne la désintégration des parois intestinales ; les insectes peuvent devenir résistants en développant des récepteurs de forme différente auxquels la toxine n'arrive plus à se fixer [5] ».

Mais ce n'est pas n'importe quel gène Bt qui peut faire l'affaire. Ce qui contribue à la « magie » du Bt, c'est que chaque souche contient une toxine qui agit de façon très spécifique chez certains insectes lépidoptères, sans s'attaquer à aucun autre organisme, en apparence du moins. C'est pour cette raison que depuis une trentaine d'années, des agriculteurs tant biologiques qu'industriels emploient des extraits de *Bacillus thuringiensis* sous forme d'insecticides foliaires (pulvérisés sur les feuilles) pour éliminer les insectes nuisibles, des ravageurs de la pomme de terre à la tordeuse des bourgeons de l'épinette. Mais l'écart est grand entre l'application externe de cette toxine, au besoin, — même si elle se fait par avion —, et l'introduction du gène en question dans le patrimoine génétique de la pomme de terre, du maïs ou du coton, de façon à ce qu'il fasse partie intégrante de chaque cellule de la plante, en tout temps.

En raison de son efficacité, et parce qu'elle est spécifique, non polluante et se dégrade facilement — du moins l'affirme-t-on —, la toxine Bt est présentée comme l'un des moyens les plus écologiques sur le marché pour lutter contre le doryphore.

Il serait trompeur, cependant, d'affirmer que les semences de pomme de terre Bt sont vendues aux agriculteurs. En fait, les compagnies de semences ne les vendent pas mais les louent aux producteurs, le temps d'une saison. Elles leur interdisent de conserver une partie de leurs récoltes pour les ressemer ou en faire profiter un voisin, parce que la technologie en question, et par conséquent la pomme de terre elle-même, appartient à la multinationale qui l'a fait breveter. Dans le cas de la pomme de terre Bt, il s'agit de Monsanto, de Novartis ou de Mycogen (qui est maintenant une filiale de Dow Chemical), ou encore d'une association de ces compagnies. Puisque le producteur paie pour pouvoir l'utiliser pendant une période limitée, la technologie Bt s'apparente donc à un insecticide à usage externe. La saison terminée, le produit n'a plus aucune valeur

---

5. *New Scientist*, 28 août 1993.

résiduelle pour le producteur : c'est le propriétaire de la technologie qui récolte tous les profits générés et élargit son contrôle.

La technologie Bt soulève d'autres questions fondamentales. D'abord, force est de constater que son utilité sera de courte durée : l'utilisation répandue et continue de cette toxine, en effet, risque d'exercer de très fortes pressions sélectives sur les ravageurs. La population des insectes résistants s'accroîtra rapidement, et les autres tenteront de s'adapter à leur nouvel environnement. La toxine Bt ne tardera donc pas à perdre de son efficacité et de son intérêt, non seulement pour les producteurs industriels de pommes de terre transgéniques, mais pour tous ceux qui l'employaient comme insecticide biologique sous sa forme naturelle.

En outre, l'affirmation selon laquelle la toxine se décompose rapidement repose sur deux postulats erronés. En effet, la toxine isolée ne se dégrade pas aussi facilement que la toxine naturelle, plus complexe, et le processus de décomposition est directement déterminé par la santé du sol et des populations de micro-organismes qui s'y trouvent. Dans les endroits où le sol a été pratiquement stérilisé par les pesticides et les engrais chimiques, les micro-organismes qui auraient pu décomposer les restes des plants de pomme de terre et la toxine Bt manquent à l'appel.

***

J'ai en mémoire une anecdote survenue il y a plusieurs années, lors d'une importante conférence sur la biotechnologie. Pendant qu'un représentant de Monsanto vantait les mérites de la pomme de terre Bt, le type qui se trouvait à mes côtés, un représentant d'une grande compagnie d'agrotoxines (peut-être DowElanco) marmonnait son désaccord : « Je n'ai jamais rien entendu d'aussi stupide. Tout le monde sait que si l'utilisation de la toxine Bt se répand, tous les insectes pourront y résister d'ici deux ou trois ans. »

Le phénomène de l'adaptation génétique, ou de l'acquisition d'une résistance à des substances habituellement délétères, n'est pourtant ni nouveau ni méconnu. Il ne fait aucun doute que parmi les employés de Monsanto, au moins quelques chercheurs savaient parfaitement que s'ils introduisaient le Bt dans toutes les semences de pomme de terre à leur portée, les insectes visés ne tarderaient pas à s'adapter à ce nouvel élément. Parce qu'une population sauvage n'est jamais uniforme sur le plan génétique, certains insectes survivront probablement à la toxine et se reproduiront jusqu'à ce que cette résistance devienne la norme. Graduellement, les insectes résistants remplacent alors leurs cousins exterminés parce qu'ils ne possédaient pas la résistance à la toxine ou n'ont pu s'adapter à temps. Ou encore, et on commence tout juste à en prendre conscience, il est possible que certains organismes développent spontanément une résistance, ce à quoi la présence dans leur environnement de gènes de résistance aux antibiotiques utilisés comme marqueurs n'est sans doute pas étrangère.

En 1993, on savait déjà que quelques populations de ravageurs avaient acquis une résistance au Bt, ce que plusieurs spécialistes de la lutte contre les insectes nuisibles n'auraient pas cru possible, et que plus de 500 espèces d'insectes étaient déjà résistants à un produit chimique au moins. Bruce Tabashnik, un spécialiste de la résistance de l'université d'Hawaï, avait relevé les premiers cas de résistance aux toxines Bt en 1985. «Après avoir tenté de combattre la résistance des insectes à tel ou tel insecticide pendant plus de 30 ans, les scientifiques n'en savent pas plus long aujourd'hui sur l'efficacité de leurs tactiques. La plupart de leurs connaissances sont fondées sur des calculs théoriques, des modèles informatiques et quelques expériences en laboratoire.» Selon Tabashnik, le problème vient en partie du fait que «quand un nouvel insecticide fait son apparition, les gens se concentrent sur les raisons pour lesquelles les insectes ne peuvent devenir résistants à ce produit». Monsanto, Dow/Mycogen, Pioneer et Novartis en offrent un bel exemple : ces compagnies ont mis au point des variétés Bt de pomme de terre, de maïs et de coton, sans chercher à élaborer une stratégie cohérente et réaliste, ne serait-ce que pour ralentir l'acquisition de la résistance chez les insectes visés. À l'heure actuelle, la seule stratégie de gestion de la résistance qui fait l'unanimité consiste à aménager à proximité des cultures Bt des refuges où sont cultivées des variétés non transgéniques. «Ces zones refuges permettraient aux ravageurs qui n'ont pas acquis de résistance aux toxines Bt de survivre et de transmettre leurs gènes à la prochaine génération[6].»

En mai 1995, la *Environmental Protection Agency* (EPA) des États-Unis autorisait l'introduction de l'endotoxine delta CryIII(a) *Bacillus thuringiensis* dans la pomme de terre. Trois mois plus tard, l'EPA approuvait conditionnellement «l'utilisation commerciale complète» de l'endotoxine delta CryIA(B) pour la lutte contre les ravageurs du maïs. Lors de son annonce de l'homologation du maïs Bt, l'EPA affirma avoir évalué et approuvé les plans de gestion de la résistance pour le maïs Bt

---

6. *New Scientist,* 28 août 1993.

que lui avaient soumis Ciba Seeds et Mycogen, concluant que ces plans « réduiraient les risques d'acquisition d'une résistance pendant les trois à cinq années suivant l'utilisation du maïs pesticide[7] ». Aucune allusion à la pomme de terre Bt.

En octobre 1995, Monsanto recevait l'autorisation finale de l'EPA pour la commercialisation du coton Bt, ou « coton protégé contre les insectes grâce au gène *Bollgard* ». Le Canada ne tarda pas à lui emboîter le pas, autorisant la pomme de terre transgénique Bt NatureMark de Monsanto en janvier 1996, et son coton Bt quelques mois plus tard. Dans le cas de la pomme de terre, le « Document des décisions[8] » explique que les plants ont été modifiés de façon à contenir un gène leur conférant une résistance au doryphore, de même qu'un gène de résistance à la kanamycine utilisé comme marqueur pour la sélection, et rapporte que « ces végétaux à caractères nouveaux ne constituent pas une menace pour l'environnement ». Santé Canada avait déjà déterminé, en août 1995, que « les aliments produits avec ces pommes de terre étaient essentielle-ment équivalents à ceux produits avec les pommes de terre actuellement offertes sur le marché ».

Bien que le gène de résistance à la kanamycine et son rôle soient décrits dans le document, on n'y fait aucune allusion aux possibilités qu'il se re-trouve dans d'autres organismes, y compris les humains, ou aux risques de transfert génétique. Le document affirme que le gène « se dégrade ra-pidement en présence de substances simulant les sucs gastriques et intestinaux des mammifères », mais cela ne signifie pas nécessairement que le gène en question ne puisse être directement absorbé à travers notre paroi intestinale, ni qu'il n'existe pas d'autres formes de transfert ou de relocalisation de l'ADN, directes ou indirectes. (Et ces « sucs gastri-ques et intestinaux simulés » étaient-ils comparables à ceux d'un homme blanc dans la cinquantaine, d'une femme noire enceinte ou d'un enfant asiatique ?)

Le « Document des décisions » prévoit également l'acquisition d'une résistance chez les doryphores, étant donné que « comme les insectes vi-sés sont exposés à des concentrations de protéines de Bt passablement plus élevées que celles apportées par la pulvérisation d'insecticides foliaires,

---

7. Communiqué de presse de l'EPA, 11 août 1995.

8. Document des décisions 96-06 d'Agriculture Canada, *Détermination du risque envi-ronnemental associé aux pommes de terre créées par NatureMark Potatoes*, Ottawa, 1996.

de très fortes pressions sélectives s'exercent sur les doryphores résistants ». Néanmoins, tout ce que l'organisme responsable de la réglementation des procédés et des produits issus de la biotechnologie trouve à dire à ce sujet, c'est que « NatureMark Potatoes, selon les renseignements fournis à AAC, a élaboré et mettra en œuvre un plan de gestion de la résistance des ravageurs ». Le document ne s'attarde pas outre mesure sur la question, ne faisant que préciser qu'il y aura « des outils de formation pour les producteurs », et qu'il faudra « promouvoir des pratiques de lutte intégrée ». En outre, « les populations de doryphores dont la résistance est confirmée doivent être signalées immédiatement à AAC. Une stratégie de lutte contre ces ravageurs doit pouvoir être appliquée sans délai ».

Il est difficile de concevoir *comment,* sans que soit défini et imposé un plan de gestion de la résistance, et malgré les lacunes actuelles au chapitre des connaissances et de l'expérimentation dans ce domaine, soulignées dans le document même, la culture commerciale de la pomme de terre Bt en milieu ouvert a pu être autorisée. Il est beaucoup plus facile de déterminer *pourquoi* cette nouvelle variété a été homologuée : la tâche des législateurs, en fait, consiste à approuver l'introduction de nouveaux produits sur le marché. (*Voir le chapitre IX.*)

En 1998, AAC autorisait la production commerciale en milieu ouvert de deux autres lignées de pomme de terre Bt : *Atlantic* et *Superior.* Le ton du « Document des décisions 97-20 » mérite d'être relevé : « D'après les données soumises par Monsanto », « selon les données fournies », « AAC a évalué les données soumises par NatureMark Potatoes », « d'après l'examen des données soumises ». Il saute aux yeux qu'Agriculture et Agroalimentaire Canada et l'Agence canadienne d'inspection des aliments n'ont fait qu'« évaluer » les renseignements fournis par Monsanto. (Nous avons déjà relevé les pièges inhérents à cette approche dans le cas de la HCrb.)

Voici donc le verdict de AAC, fondé sur sa petite enquête sur les données fournies par le requérant : « La dissémination en milieu ouvert des lignées *NewLeaf*[MD] *Atlantic,* par rapport aux variétés actuelles de pommes de terre, n'aurait pas de répercussions différentes pour l'être humain ni pour les autres espèces ayant des interactions avec le *S. tuberosum,* mis à part le doryphore et l'altise de la pomme de terre. »

L'allusion aux « pommes de terre *NewLeaf Atlantic* dont la dissémination a déjà été autorisée », alors qu'il est plutôt question de la *Russet Burbank* dans ce passage, reflète bien la négligence, ou l'indifférence, qui caractérise la procédure d'autorisation des nouveaux produits. Et comment se fier à des législateurs qui affirment que « AAC conclut qu'un flux génétique depuis les lignées *NewLeaf^MD Atlantic* vers des espèces voisines de la pomme de terre ne peut se produire au Canada », quand on sait que l'instabilité de l'ADN et les flux de gènes sont reconnus comme essentiels tant à la stabilité écologique qu'à la survie des espèces elles-mêmes ? Comme l'explique Steven Rose, « L'essence de la stabilité de l'ensemble réside dans la fluctuation constante de ses composantes individuelles. Figez-les dans une immobilité réductionniste, et [...] la construction cellulaire ne tardera pas à s'effondrer ; il ne restera que ces éléments distincts que nous, les biochimistes, étudions amoureusement depuis longtemps en les isolant, les disséquant, les réduisant[9]. »

En 1998, AAC crut « comprendre », une fois de plus, que NatureMark Potatoes a « élaboré et mettra en œuvre un plan de gestion de la résistance des ravageurs ». La même foi naïve caractérise la réglementation du maïs Bt mis au point par Monsanto, entre autres. La gestion de la résistance avait suscité une plus grande controverse pour le maïs Bt que pour la pomme de terre Bt, probablement en raison de la superficie beaucoup plus grande des cultures de maïs.

En 1995, Mycogen Plant Sciences réagissait aux critiques de la *Union of Concerned Scientists* (UCS) en affirmant que la « pierre angulaire » de sa stratégie de gestion de la résistance consistait à « préserver des zones refuges pour les insectes visés, alliées à une combinaison des forces du marché et des pratiques agricoles ». Le concept de « forces du marché » s'appuyait sur l'hypothèse suivante : parce que Mycogen et Ciba Seeds ne produisent ensemble qu'environ 5 pour cent des semences de maïs aux États-Unis, et parce que les agriculteurs ne consacrent habituellement pas l'ensemble de leurs cultures à une seule variété hybride, il y aurait toujours suffisamment de cultures non transgéniques pour offrir des refuges adéquats. « Et il est faux de croire que l'EPA autoriserait la dissémination de ces variétés avant que les compagnies de semences aient prouvé que des stratégies efficaces de gestion de la résistance vont être mises en œuvre[10] », avait sournoisement ajouté Mycogen.

Neuf mois plus tard, un porte-parole de Ciba Seeds, Bruce Hunter, déclarait à l'Association des producteurs de maïs de l'Ontario que la possibilité de l'acquisition d'une résistance chez les insectes n'était pas

---

9. Rose, *op. cit.*, p. 166.

10. Communication électronique entre Mycogen et l'UCS, distribuée par la Union of Concerned Scientists, 27 juin 1995.

exclue, même s'il ne s'agissait pas d'un problème prouvé. D'après Hunter, parce que la pyrale du maïs (une larve, comme le doryphore, au stade critique) est relativement mobile, elle continue de se croiser avec les populations sauvages, ce qui réduirait les risques de résistance[11].

Neuf autres mois (soit deux saisons de cultures) plus tard, un autre porte-parole de Mycogen avouait que tout le monde était préoccupé par la question de la proportion de cultures de maïs non transgénique nécessaires pour éviter que les ravageurs n'acquièrent une résistance. « Les compagnies ont investi beaucoup d'argent. Si les insectes deviennent résistants, il y aura des actionnaires fort mécontents. » Mais selon Bert Innes, on pouvait compter sur le prix élevé des semences de maïs Bt pour inciter certains producteurs à continuer de privilégier les variétés conventionnelles, moins chères[12]. C'est vraisemblablement à cette hypothèse que l'expression « forces du marché » faisait référence. Le moins qu'on puisse dire, c'est que ce plan de gestion de la résistance était plutôt désinvolte et inhabituel[13].

***

Plus tard en 1996, Northrup King/Sandoz Seeds faisait la promotion de son « maïs *Yieldgard* de Monsanto protégé contre les insectes », tout en prodiguant aux agriculteurs ses conseils sur la culture du maïs Bt : « Il n'est pas nécessaire de changer vos pratiques et vos habitudes en matière de calendrier des semailles, de planification des cultures et de pulvérisation d'herbicides[14]. » Peu après, j'ai remarqué la même publicité au stand de Sandoz Seeds lors d'une exposition agricole. J'ai demandé aux agronomes présents s'ils étaient d'avis qu'un plan de gestion de la résistance s'imposait. À ma surprise, ils ont souri et m'ont répondu par l'affirmative, puis m'ont expliqué qu'ils croyaient que le problème de la résistance au Bt était bien réel. Quand je leur ai fait remarquer que leur publicité affichait explicitement le contraire, leur réponse m'a rappelé un refrain par trop connu : il n'y a pas encore une quantité suffisante de maïs Bt sur le marché pour

---

11. *Ontario Farmer,* 5 mars 1996.

12. *Ontario Farmer,* 17 décembre 1996.

13. En octobre 1998, Bert Innes a été nommé analyste stratégique pour les questions reliées à la biotechnologie à Agriculture Canada.

14. *Ontario Farmer,* 17 septembre 1996.

que ce problème surgisse, et d'ici là, les plans de gestion de la résistance devraient être mis en œuvre.

En mars 1997, Sandoz et Ciba Seeds avaient « muté » pour former un seul organisme : Novartis. Une fois de plus, un porte-parole de la compagnie reprit la rengaine selon laquelle les compagnies ne craignaient pas que la situation se dégrade d'ici au moins quelques années, étant donné qu'un maigre 10 pour cent des cultures de maïs en Ontario seraient consacrées aux hybrides Bt. Si Mycogen et Novartis affirmaient toujours qu'il n'y avait pas lieu de s'inquiéter puisque seulement de 5 à 10 pour cent du maïs serait doté du gène Bt, Pioneer Hi-Bred et DeKalb demandaient maintenant aux producteurs de signer une entente de gestion de la résistance à l'achat de maïs Bt. En vertu de cette entente, les agriculteurs devaient consacrer un minimum de 5 pour cent de leurs plantations de maïs à une variété conventionnelle à titre de refuge où ils devaient également s'abstenir d'utiliser des insecticides contre la pyrale [15]. Mais ce 5 pour cent est-il suffisant ? C'est là une autre question sans réponse.

Vers le milieu de 1998, Pioneer faisait la déclaration suivante : « Nous exigeons de nos clients qu'ils signent une entente en matière de technologie génétique qui présente les grandes lignes de notre stratégie de gestion de la résistance des insectes et précise les responsabilités qui sont attribuées aux producteurs dans le cadre de cette entente. Nous conseillons aux producteurs qui n'effectuent pas de pulvérisations d'insecticides de routine (et peu de producteurs en font au Québec et en Ontario) de consacrer jusqu'à 95 pour cent de leurs plantations de maïs à la variété Bt, en réservant un minimum de 5 pour cent de la superficie à une zone refuge où sera cultivée une variété conventionnelle. [...] En théorie du moins, ce refuge doit servir à préserver dans les environs une petite population de pyrales sensibles à la protéine Bt contenue dans nos produits et aptes à se croiser avec les mutants résistants. La variété non hybride sélectionnée devrait s'apparenter à l'hybride Bt et être semée au même moment dans un champ situé à proximité. (Le champ du voisin ne convient pas.) [16] »

Novartis, pour sa part, ne présentait toujours pas de plan de gestion. Dans un communiqué de presse publié en septembre 1998, la compagnie claironnait que trois ans après l'introduction de sa variété Bt, elle avait enfin décidé d'inciter fortement les agriculteurs à se conformer à un plan de gestion, en leur promettant même de les payer à l'avenir pour le

---

15. *Ontario Farmer*, 27 mai 1997.

16. Pioneer Hi-Bred, entretien personnel, 15 septembre 1998.

faire. Dans ce communiqué, on affirmait que suivant ce programme de gestion du Bt, « l'incitatif financier varie selon la quantité de semences de maïs *YieldGard* ou *KnockOut* achetée par le producteur. Les producteurs qui se procurent une importante quantité de semences Bt pourront réaliser des économies intéressantes si leur commande comprend au moins 20 pour cent de semences de variétés conventionnelles. Dans le cadre de ce programme, nous proposons à nos clients de partager notre responsabilité en matière de gestion de la résistance, de manière à assurer l'efficacité de cette technologie au cours des prochaines années. » Mentionnons que la zone refuge passait de 5 à 20 pour cent !

En réponse au communiqué de Novartis, l'Association nationale des producteurs de maïs des États-Unis exprima ses craintes que l'EPA restreigne les cultures Bt à un point tel qu'elles ne seraient économiquement plus viables pour les producteurs de maïs. « Nous voulons utiliser ces hybrides en raison de leurs avantages économiques et environnementaux pour la production de maïs », affirmait le président de l'Association, Ryland Utlaut, qui craignait que l'EPA n'élabore des programmes de gestion de la résistance trop coûteux pour les producteurs de maïs [17].

Au même moment, lors de l'assemblée annuelle de l'Institut canadien pour la protection des cultures, un producteur de maïs ontarien soutenait qu'il était vain de tenter de faire adopter le concept de refuge par les agriculteurs. À son avis, ces derniers n'accepteraient pas de se procurer des hybrides Bt au prix fort pour ensuite semer des hybrides « médiocres » pour créer un refuge à proximité. Les agriculteurs allaient, selon lui, préférer compter sur leurs voisins moins « progressistes » qui continueraient à privilégier d'anciens hybrides susceptibles de fournir une zone refuge [18].

***

En avril 1996, le USDA parraina un Forum national sur la résistance des insectes au *Bacillus thuringiensis*. Les « idées et actions proposées par les participants » furent publiées dans le numéro de février 1998 de *Nature*

---

17. *Americsan*, 28 septembre 1998. Dans ce rapport, l'Association nationale des producteurs de maïs des États-Unis souligne que « [l'Association] regroupe plus de 30 000 producteurs établis dans 48 États, de même que 44 organisations régionales de producteurs de maïs. L'Association s'est donné pour mission de créer de nouvelles possibilités pour les producteurs de maïs dans un monde en constante évolution, d'accroître l'utilisation et la rentabilité du maïs. »

18. *Ontario Farmer*, 29 septembre 1998.

Biotechnology, après avoir été passées au crible par les participants. Selon ces derniers, les connaissances actuelles sur la question de la gestion de la résistance « sont principalement issues d'expériences menées en laboratoire et sur de petites parcelles », et « des expériences de grande envergure s'avèrent probablement nécessaires afin de répondre à certaines interrogations ». « *Notre compréhension limitée du comportement et de la biologie des ravageurs représente l'une de nos principales lacunes sur le plan du savoir. Une connaissance plus poussée des déplacements des ravageurs d'une plante à l'autre* — qu'il s'agisse de plants Bt ou d'autres espèces cultivées ou sauvages —, d'un champ à l'autre et même d'une région à l'autre, est une condition essentielle à l'aménagement de refuges efficaces. » (L'italique apparaît dans le texte original.)

Le rapport du Forum met également en lumière deux problèmes étroitement reliés : qui devrait financer les recherches nécessaires et qui devrait être responsable de la « supervision efficace » tant des recherches que de leur application ? « Si certains aspects de cette supervision sont confiés à l'industrie, cela risque évidemment de provoquer un conflit d'intérêts fondamental. »

Au cours des deux années et demie qui s'écoulèrent entre la tenue du Forum et la publication du rapport, les cultures de variétés Bt de maïs, de pomme de terre et de coton s'intensifièrent, en dépit des importantes préoccupations soulevées et sans que soit élaboré et mis en œuvre un plan précis de gestion de la résistance.

Comme l'explique le *New Scientist,* « Selon les participants [au forum], à moins que l'EPA ne force les compagnies à prendre les mesures nécessaires, l'efficacité du pesticide pourrait diminuer rapidement [...] Les participants n'ont fourni aucune recommandation précise à ce sujet, soutenant que les connaissances actuelles en matière de résistance ne permettent pas de proposer des mesures précises[19]. »

Mais comme l'exprime Fred Kirschenmann, un agriculteur biologique respecté établi dans le Dakota du Nord, « Puisque les insectes font partie de notre environnement, ne devrions-nous pas les considérer comme des résidants permanents plutôt que comme des ravageurs à éliminer ? »

> Étant donné nos connaissances limitées sur les écosystèmes complexes dont les insectes font partie, l'introduction de cette technologie ne risque-t-elle pas d'avoir d'autres effets désastreux que nous n'aurions pas encore imaginés ? Certes, les entomologistes en savent long sur le comportement de différentes

---

19. *New Scientist,* 21 février 1998.

espèces d'insectes dans l'environnement contrôlé du laboratoire ou du terrain de recherche. Mais que connaissons-nous des interrelations complexes entre les espèces à l'intérieur d'un même écosystème, particulièrement en ce climat d'incertitude accrue découlant de l'introduction de nouveaux organismes dans des écosystèmes différents de ceux dans lesquels ils ont évolué ? [...] Outre la résistance, que risque-t-on de déclencher dans l'environnement ? Et pourquoi nous exposer à de tels risques si les bénéfices visés sont à ce point discutables et de courte durée [20] ?

La dernière fois qu'on a tenté de s'en prendre à la pomme de terre, c'est lorsqu'on a essayé d'y introduire un vaccin. Des chercheurs du *Boyce Thompson Institute* de l'Université Cornell, en effet, ont inséré dans le patrimoine génétique de la pomme de terre un gène codant pour un antigène bactérien, c'est-à-dire une protéine déclenchant la production d'anticorps.

On espère ainsi «éliminer» certaines maladies entériques, tels le choléra et la diarrhée, en mettant au point des vaccins produits à l'intérieur d'aliments qui n'ont pas besoin d'être réfrigérés, comme la pomme de terre et la banane. Lors de leur première expérience, les chercheurs avaient utilisé un gène de la bactérie *E. coli* susceptible d'agir comme vaccin contre la diarrhée des voyageurs provoquée par une infection intestinale d'origine alimentaire. Cette infection, que les touristes contractent fréquemment lors de séjours dans le tiers monde, représente un problème beaucoup plus grave pour les habitants de ces pays, où elle est une cause importante de mortalité infantile [21].

Une fois de plus, nous devons nous interroger : ne serait-il pas plus approprié de tenter de résoudre le problème sous-jacent, en l'occurrence la contamination de l'eau ? En outre, on commence à mettre en doute la pertinence d'éradiquer les agents pathogènes. Selon un groupe de biologistes, «les millions de virus, de bactéries et de champignons qui s'attaquent aux plantes sur la planète devraient être conservés au même titre que les autres espèces [22]». Alarmés par l'éradication de nombreuses espèces

---

20. Texte reçu par courrier électronique.

21. Service des communications de l'Université Cornell, 27 avril 1998.

22.

Nombre approximatif d'espèces existantes		Nombre d'espèces connues
Bactéries	3 millions	4000 (0,1 %)
Champignons	1,5 million	70 000 (5 %)
Virus	0,5 million	5000 (1 %)

Source : *New Scientist,* 22 août 1998.

pathogènes, ces scientifiques ont lancé une campagne visant à «sauvegar-
der les agents pathogènes» lors du septième congrès international sur la
pathologie végétale tenu à Édimbourg en août 1998. En raison de la
destruction rapide d'habitats et d'écosystèmes à l'échelle de la planète,
de l'utilisation accrue de fongicides, de pesticides et d'herbicides en agriculture, ainsi que de la dissémination d'organismes génétiquement modifiés, la diversité des organismes pathogènes dans la nature est extrêmement
menacée, soutiennent ces biologistes[23].

***

Les effets du Bt sur les humains qui l'ingèrent, que ce soit indirectement
en consommant des produits dérivés du maïs Bt ou directement en se
nourrissant de pommes de terre Bt, soulèvent des craintes d'un autre
ordre, mais bien réelles. En théorie, il n'y a pas lieu de s'inquiéter puisque
le Bt ne s'active pas en milieu acide — les intestins des humains «normaux», par exemple. Mais nous ne sommes pas tous «normaux». On ne
s'est jamais penché sur cet aspect de la question. Pourquoi? Tout simplement parce que des scientifiques à la vision réductionniste, des compagnies avides de lancer de nouveaux produits sur le marché et des organismes de réglementation qui ont adopté une conception simpliste du
vivant n'en voient pas la nécessité. Et leur négligence est masquée par le
concept d'«équivalence en substance». En langage courant, cela signifie
que malgré l'introduction grâce au génie génétique de caractères nouveaux, comme la toxine Bt, que l'on ne retrouve pas naturellement dans
la pomme de terre conventionnelle, la pomme de terre transgénique
peut être considérée comme «équivalente en substance» à la pomme de
terre normale, notamment pour la consommation humaine. Évidemment, l'expression «en substance» est plutôt vague et subjective, mais
c'est justement cette imprécision qui devient précieuse lorsqu'un organisme de réglementation est prédisposé à autoriser les innovations du
génie génétique.

Manifestement, il n'existe pas d'estomac «standard» ou «normal».
En outre, la toxine introduite dans la pomme de terre ne correspond pas
à la structure originale du Bt telle qu'on le retrouve dans le sol ou dans
les biopesticides foliaires Bt, qui sont produits à partir de la bactérie
complète. En fait, c'est plutôt la toxine finale produite par la bactérie

---

23. *Ibid.*

qui est isolée et introduite dans la pomme de terre. Cette toxine « nue » s'exprime alors dans toute la plante, y compris dans les tubercules. Malgré cela, après avoir établi que la pomme de terre Bt est *a priori* « équivalente en substance » aux variétés conventionnelles, les organismes de réglementation ont affirmé qu'il n'était pas nécessaire de procéder à d'autres essais cliniques visant à déterminer les effets réels de la pomme de terre Bt sur différents sujets humains.

Cependant, certains indices démontrent que dans l'estomac au pH plus élevé de certains humains, il est possible que le Bt provoque une réaction semblable à celle qui se produit dans le tube digestif du doryphore. Monsanto a démenti catégoriquement les plaintes qui lui sont parvenues à ce sujet, menaçant même d'intenter des procès en matière de responsabilité, puisque les victimes peuvent difficilement prouver quoi que ce soit. En effet, comment démontrer que vous avez été empoisonné par une pomme de terre si vous avez avalé la seule preuve existante, qui n'était d'ailleurs pas étiquetée?

Pendant qu'on continuait de vendre et de planter des semences Bt, et de n'accorder qu'une attention symbolique à la question de la gestion de la résistance, la principale chaîne d'alimentation des Provinces maritimes unissait ses efforts à ceux de Monsanto pour faire la promotion des pommes de terre Bt de NatureMark. La campagne fut lancée au printemps de 1996, ce qui signifie que les pommes de terre avaient été cultivées en 1995.

Monsanto avait fourni un attrayant feuillet publicitaire qui affichait le logo fort pittoresque de NatureMark, où on pouvait voir l'image colorée d'une personne en train de sarcler et le slogan suivant : « La pomme de terre de NatureMark : cultivée de la meilleure façon ». À l'intérieur du feuillet, on décrit cette « meilleure façon » : « On a introduit dans cette variété une protéine prélevée dans la nature, qui fait partie d'une famille de protéines utilisées par les jardiniers depuis plus de trente ans. Les plants Bt n'ont donc besoin que de soleil, d'eau et d'air frais pour se protéger contre le doryphore, un insecte dévastateur. » (Le concepteur semble avoir oublié le sol.) Les nouvelles pommes de terre étaient emballées dans de jolis sacs de plastique imprimés affichant des messages semblables, tout en couleurs.

De son côté, Sobey's, la chaîne en question, publiait un communiqué de presse dans lequel on pouvait lire : « Nous sommes fiers d'offrir à nos clients des pommes de terre *Russet Burbank* de NatureMark de qualité supérieure, plus avantageuses à la fois pour le producteur et pour l'environnement.» On reprenait également le discours de Monsanto : « grâce à leur protection naturelle contre le doryphore, les pommes de terre de NatureMark sont moins énergivores et moins polluantes, et donc plus respectueuses de l'environnement », sans fournir plus d'explications. NatureMark y était présentée comme « une compagnie de semences de pomme de terre établie à Boise, en Idaho ». Aucune allusion à Monsanto.

En fait, les pommes de terre Bt avaient été cultivées sans l'autorisation environnementale du gouvernement du Canada. « L'an dernier (1995), une lacune dans les instances de réglementation fédérales a permis la commercialisation de récoltes expérimentales de pommes de terre génétiquement modifiées, à l'insu des responsables de la législation en matière d'environnement [...] Les pommes de terre *NewLeaf* ont été mêlées à des réserves de pommes de terre conventionnelles dès novembre dernier, avant de recevoir l'autorisation environnementale, et avant que les consommateurs en soient avisés. [...] [Elles ont été] autorisées pour la consommation humaine par Santé Canada en novembre [...] *NewLeaf* reçut l'autorisation environnementale en janvier [1996]. Selon Margaret Kenny, d'Agriculture Canada, les cultures expérimentales ne requièrent aucune autorisation environnementale, étant donné qu'elles sont cultivées dans des conditions contrôlées [24]. » Il semble que ces « conditions contrôlées » permettent de produire une quantité de pommes de terre suffisante pour une tentative de commercialisation d'envergure.

L'article qui dénonçait cette situation fut aussitôt suivi par une lettre ouverte signée par Frank Claydon, sous-ministre adjoint d'Agriculture Canada. Claydon y soutenait que l'article en question « alarmait inutilement les consommateurs, les faisant douter de la compétence du gouvernement au chapitre de la réglementation des aliments ». À son avis, l'hypothèse d'une lacune était « non fondée ». « Le Canada possède l'un des systèmes d'approvisionnement alimentaire parmi les plus sécuritaires au monde. Grâce à ce système, les nouveaux produits issus de la biotechnologie doivent satisfaire à des exigences rigoureuses en matière de santé et de sécurité, tant pour les humains et les animaux que pour l'environnement [25]. » Malheureusement, Claydon n'en disait pas plus long sur ces « exigences rigoureuses ». Et comme je viens de le démontrer, les craintes de la population sont tout à fait légitimes.

---

24. *Globe & Mail*, 6 février 1996.

25. *Globe & Mail*, 9 février 1996.

CHAPITRE IX

Une réglementation sur commande

On doit mettre en balance le temps qu'exige la réglementation et la dimension temporelle du capital[1].

IL EXISTE une contradiction fondamentale entre la culture marquée par le déterminisme technologique et une réglementation pertinente des procédés et des produits issus de la biotechnologie, conçue dans l'intérêt de la population. Dans ce contexte, la réglementation se résume à un exercice de relations publiques visant à persuader la population qu'elle ne devrait pas s'attarder outre mesure à ses perceptions et à ses expériences, que tout est sous contrôle et qu'il n'y a donc pas lieu de s'inquiéter ni de s'alarmer. En fait, puisque l'objet de la technologie, par définition, est de servir les intérêts de la population, la critique populaire perd tout son sens.

Le Conseil des sciences du Canada, aujourd'hui disparu, avait signalé en 1982 que «la forte pression économique s'exerçant sur les pays industrialisés pour qu'ils mettent au point et commercialisent des innovations techniques, en dépit des incertitudes scientifiques manifestes et des problèmes moraux qui se posent[2]» entravait considérablement

---

1. Discours de Richard Mahoney, alors président de Monsanto, devant l'*Executive Club* de Chicago le 12 février 1993.

2. Conseil des sciences du Canada, *Le pouvoir de réglementation et son contrôle. Sciences, valeurs humaines et décisions*, Ottawa, 1982, p. 74.

l'élaboration de stratégies de réglementation appropriées. À la lumière de ces considérations, le Conseil avait recommandé que «le public [...] participe davantage à la prise des décisions de nature générale ou sociale. À leur tour, les responsables de la réglementation devraient la justifier auprès du public[3]». Pour toute réponse, le gouvernement en est venu à considérer le Conseil des sciences comme une mauvaise herbe et à l'éliminer.

Procédé ou produit?

Peut-être en raison de l'appui sans équivoque qu'offre le Canada aux nouvelles technologies, particulièrement dans les domaines du nucléaire et du génie génétique, l'industrie de la biotechnologie a choisi de faire du Canada un champion de l'introduction de produits nouveaux et non testés sur le marché. Autre facteur qui n'est peut-être pas étranger à cette décision: le Canada ne possède aucune tradition de débats politiques publics, tant dans le domaine de l'agriculture que de la technologie. En fait, non seulement n'existe-t-il pas de tradition de débats, mais on ne retrouve aucun mécanisme ni tribune susceptible de favoriser les débats et l'élaboration de politiques publiques[4]. À l'heure actuelle, les « débats » existants proviennent d'organisations privées financées par l'industrie privée, tel l'Institut Fraser, qui contribuent à l'élaboration de politiques commerciales. D'ailleurs, ces «débats» sont surtout destinés aux médias qui s'en servent pour justifier l'orientation commerciale des politiques publiques auprès de la population.

Dans ce contexte, le gouvernement du Canada, obsédé par l'accès au marché, a attribué aux ministères de la Santé et de l'Agriculture deux rôles contradictoires: la promotion et la réglementation des nouveaux produits. Ce paradoxe saute aux yeux dans le domaine de la technologie en général, et dans celui de la biotechnologie en particulier. Le ministère de l'Industrie, pour sa part, n'a pas à composer avec de telles difficultés puisqu'il a pour fonction de promouvoir la technologie de façon incondi-tionnelle, notamment dans les domaines de l'énergie nucléaire, des médicaments et de la biotechnologie, ces sciences de la mort considérées comme les «moteurs» de l'économie nationale.

---

3. *Ibid.*

4. Dans son rapport de 1982, le Conseil des sciences avait relevé que «Au Canada, il n'existe pas de forum où pourraient être abordés tant les craintes suscitées par cette nouvelle technologie que les horizons qu'elle ouvre.»

Les contradictions entre la promotion et la réglementation des produits se sont avérées de plus en plus critiques au cours des dernières années, alors que le gouvernement tentait de se décharger de ses responsabilités à l'égard de la population pour mieux servir les intérêts de ses « clients » de l'industrie en favorisant la commercialisation de nouveaux produits et, par ricochet, la prospérité des actionnaires de ces compagnies.

Cette vision particulière de la réglementation de l'industrie s'est imposée de concert avec l'accroissement de l'influence de l'industrie pharmaceutique, d'abord, qui s'est ensuite alliée à l'industrie de la biotechnologie pour former de puissantes multinationales. Aujourd'hui, les recherches pharmaceutiques, médicales et agricoles forment un continuum.

***

Depuis ses débuts, la réglementation des denrées alimentaires a surtout contrôlé la contamination et le frelatage (au moyen d'additifs et d'agents de conservation), qui sont tous deux des modifications physicochimiques, et les mécanismes de réglementation du Canada reflétaient ces priorités. Autrement dit, on se penche principalement sur la façon dont les aliments sont traités, ou la transformation qu'ils subissent, entre la ferme et l'épicerie. En fait, la problématique de base se résume assez facilement : l'aliment est-il traité avec respect, ou le considère-t-on comme une matière première de peu d'importance, un simple moyen de générer des profits ? Évidemment, la contamination et le frelatage, et aujourd'hui la manipulation génétique, découlent tous de la seconde attitude.

La réglementation des aliments met surtout l'accent sur la notion de « sécurité », fondée sur le postulat selon lequel les aliments, bien qu'ils soient sains et « sécuritaires » au départ, doivent être manipulés avec soin et transformés adéquatement, sans être contaminés ni frelatés, surtout s'ils doivent parcourir un long chemin avant de se retrouver dans notre assiette. L'introduction de la pasteurisation du lait, tout comme la conscience accrue de l'importance de l'hygiène dans les usines de transformation, par exemple, visaient à assurer la pureté des produits, et donc leur salubrité, dans un contexte d'urbanisation où l'écart s'amplifiait entre le producteur et le consommateur. Alors que l'efficacité des normes établies pouvait se mesurer au degré de salubrité des produits, la réglementation et la réalisation de cette « pureté » acceptable mettaient l'accent sur la transformation subie par l'aliment.

La pasteurisation est un procédé de stérilisation, requis par la loi et régi par de strictes spécifications. (La question de savoir s'il s'agit du meilleur moyen de s'assurer que le lait est sain, ou « propre », pourrait faire l'objet d'un autre débat.) Elle ne constitue pas un produit, même si son efficacité peut se mesurer à la qualité du produit traité. On accorde donc une plus grande importance au procédé de transformation qu'au produit lui-même. La loi qui interdit la vente de lait non pasteurisé, sans considérer sa qualité ou sa salubrité, reflète bien ce phénomène.

Dans le cas de la viande, la réglementation met également l'accent sur la transformation, et les normes qui régissent la transformation et la manipulation de la viande, de même que les exigences en matière de bâtiments et de matériaux, ont été soigneusement établies. Encore une fois, on présume que si le procédé de transformation est sûr et salubre, le produit final sera sain, ou pur. Cette vérification est confiée à des inspecteurs formés qui examinent le produit en surface (en se fiant à l'odeur et à l'apparence) après l'abattage. Depuis toujours, ces inspecteurs relèvent du gouvernement, puisque leur rôle consiste à protéger la population.

Au cours des dernières années, cependant, cette approche a été de plus en plus critiquée, car de nombreux cas d'empoisonnement alimentaire, souvent graves, n'ont pu être évités. Le système d'inspection, particulièrement dans l'industrie de la viande, comporte manifestement d'importantes lacunes. Les inspecteurs, en effet, supposent que les animaux ont été élevés de façon saine et que les problèmes relatifs à la santé ou à la sécurité qui surgissent sont reliés à des maladies ou à des anomalies particulières. (Autrement dit, les problèmes de santé relèvent de l'individu et non de l'environnement.) La prolifération des agents pathogènes, cependant, découle précisément des méthodes de production industrielle. Tant les mégaporcheries, les immenses poulaillers et les parcs d'engraissement pour les bovins que les abattoirs et les usines de transformation ultra-performantes constituent des endroits particulièrement propices à la multiplication d'agents pathogènes. En fait, c'est la concentration des activités et le rythme effréné auquel elles sont effectuées, du bâtiment d'élevage industriel à l'usine en passant par l'abattoir, qui sont les principales causes de la prolifération des organismes pathogènes.

Le Canada et les États-Unis ont réagi à ces préoccupations en adoptant une nouvelle procédure d'inspection des aliments, nommée HACCP (ou Système d'analyse des dangers et maîtrise des points critiques). Avec ce nouveau système, on accordera encore moins d'attention au produit final, car le postulat de base reste le même : si les différentes étapes de la transformation sont sûres, le produit final le sera aussi. La procédure détermine un certain nombre de « points critiques », où les risques de contamination (c'est-à-dire d'introduction et/ou de multiplication d'agents pathogènes) sont plus élevés, qui devront être contrôlés. Si la transformation semble y être effectuée de façon sécuritaire, on suppose que le produit sera sain. Cette procédure, qui devrait éventuellement être appliquée de la ferme au marché (en théorie du moins), ne semble toutefois évaluer d'aucune façon la nature de la transformation effectuée. Elle ne met donc pas en doute la valeur des pratiques agricoles industrielles, que l'on continue de considérer comme la seule façon efficace de produire des matières premières industrielles. Les parcs d'engraissement surpeuplés et les programmes alimentaires, les élevages confinés de volaille ou de porcs et la monoculture intensive, de même que l'utilisation d'agrotoxines, des pesticides aux antibiotiques en passant par les hormones, ne sont pas remis en question.

L'efficacité de cette nouvelle procédure et les coûts qu'elle entraîne ont suscité une grande controverse, particulièrement au sein des petites usines : « L'objectif du règlement final [pour la HACCP] est d'accroître la salubrité des aliments, et non de provoquer la consolidation de l'industrie avicole et de l'industrie du bétail », affirmait le directeur de la revue *Meat & Poultry*[5]. Cependant, la question fondamentale reste entière, car au sein de l'industrie, l'hypothèse selon laquelle les problèmes proviennent de la façon dont sont produits les aliments n'intéresse personne. On préfère accorder toute l'attention à la manière dont la viande est manipulée par les dépeceurs, dans la chaîne de « démontage ».

La réglementation de l'irradiation, que l'industrie nucléaire cherche à faire adopter depuis la fin de la guerre froide comme moyen d'« assainir » les aliments (la pasteurisation à froid, comme on tente de la désigner maintenant), a établi un précédent intéressant pour la réglementation de la biotechnologie[6]. L'irradiation semble avoir confondu les législateurs, qui l'ont classée comme un additif devant être autorisé (et étiqueté) de façon ponctuelle. À l'époque, les aliments transgéniques n'avaient pas encore fait leur apparition.

---

5. *Meat & Poultry*, octobre 1998.

6. L'irradiation est un procédé qui consiste à exposer les aliments à de puissants rayons X, à des faisceaux d'électrons à haute énergie ou au rayonnement du cobalt radioactif, en vue d'éliminer les micro-organismes et d'accroître la durée de conservation des aliments. On pourrait également décrire l'irradiation comme l'exposition des aliments à une radiation dans l'espoir d'y anéantir toute trace de vie, y compris les agents pathogènes.

Au Canada, l'irradiation des aliments a été réglementée au même titre que les additifs dans le cadre du Règlement sur les aliments et drogues, et l'utilisation limitée de ce procédé a été autorisée après 1960. En réalité, toutefois, l'irradiation n'a été utilisée de façon commerciale que brièvement au milieu des années 1960. En 1983, Santé et Bien-être Canada proposait de la reclasser en la considérant comme un procédé, ce qui n'a été fait qu'en 1989, au moment où on ajoutait au Règlement sur les aliments et drogues certaines exigences en matière d'étiquetage pour les aliments irradiés « afin de respecter le droit des consommateurs à l'information et de leur permettre de choisir entre les aliments qui sont irradiés et ceux qui ne le sont pas[7] ».

Ce n'est que très lentement (ce qui ne signifie pas nécessairement prudemment) que l'on a autorisé l'irradiation de certains aliments. Cependant, les pressions implacables de l'industrie nucléaire et la présence grandissante d'agents pathogènes nuisibles dans le bœuf et la volaille ont entraîné l'autorisation de l'irradiation de ces deux produits de base aux États-Unis en décembre 1997[8]. La FDA a ensuite modifié ses exigences en matière d'étiquetage de façon à ce que les fabricants, plutôt que d'avoir à afficher le symbole international de l'irradiation, le radura, puissent simplement inclure l'irradiation parmi les ingrédients, en caractères minuscules s'ils le désirent. Le Canada n'a pas encore imité son voisin du sud, mais on retrouve néanmoins quelques aliments irradiés sur le marché. Les transformateurs ne sont toutefois guère emballés par l'idée en raison du prix, qui s'élève de 10 à 15 cents par livre dans le cas de la viande, et les détaillants ne veulent pas en entendre parler à cause des réticences des consommateurs. Dans certains magazines féminins et quelques revues professionnelles financées par l'industrie, cependant, on continue de publier des articles en faveur de l'irradiation.

La reconnaissance et la certification des aliments biologiques, qu'il s'agisse de viande ou de fruits et de légumes, a créé un autre précédent embarrassant pour les organismes de réglementation. Dans le cas des produits issus de la biotechnologie, en effet, ceux-ci voudraient bien renverser l'approche traditionnelle et affirmer que la façon dont l'aliment est produit et transformé importe peu, et que c'est la salubrité du produit

---

7. Agriculture Canada, *L'irradiation : technique de rechange pour le traitement des aliments*, Ottawa, 1989.

8. Pour que ce procédé soit commercialisé, cependant, le Département américain de l'Agriculture devait encore autoriser la réglementation nécessaire, prévue pour 1999.

final qui doit être considérée. Mais dans le cas des cultures biologiques, c'est d'abord et avant tout les méthodes de production et de transformation qui sont déterminantes. Dans les mécanismes de certification biologique, on ne considère le produit *per se* que lorsqu'on vérifie la traçabilité du produit en question, et lorsqu'on doit s'assurer que l'aliment est exempt de résidus toxiques provenant de sources externes ou inconnues — dans le cas de cultures atteintes par les pulvérisations effectuées dans un champ voisin, par exemple, ou de bananes organiques contaminées au contact de bananes conventionnelles imprégnées de produits chimiques.

L'industrie nucléaire et l'industrie de la biotechnologie n'ont pas tardé à prendre conscience des difficultés que risquait de soulever la reconnaissance officielle des cultures biologiques. En 1997 et en 1998, elles tentèrent désespérément de trafiquer les normes officielles proposées en matière de produits biologiques aux États-Unis pour que l'irradiation et le génie génétique soient englobés dans la définition de « biologique ». Quand les normes proposées furent publiées, l'indignation de la population face à l'inclusion de l'irradiation et du génie génétique (le Département américain de l'Agriculture reçut plus de 300 000 plaintes) força le département à retirer les normes en question, et le secrétaire à l'Agriculture dut présenter ses excuses. Au même moment, mais beaucoup plus discrètement, les organismes canadiens responsables de la certification biologique se prononçaient sur l'établissement de normes nationales en matière de produits biologiques. Les normes proposées furent rejetées en bloc. Pourquoi ? C'est qu'entre la troisième ébauche, approuvée par le comité qui travaillait à l'élaboration de ces normes depuis plusieurs années, et la quatrième ébauche qui faisait alors l'objet de l'évaluation, de subtils changements avaient été effectués, et le génie génétique s'était immiscé dans la définition de « biologique ». Devant l'ampleur des protestations, on soutint qu'il s'agissait d'une « erreur administrative ».

Depuis, l'industrie de la biotechnologie semble avoir jugé préférable de se tenir à l'écart du débat et de laisser appliquer des normes relatives aux produits biologiques dans lesquelles le génie génétique est exclu de façon explicite. Cette nouvelle réglementation lui permet toutefois d'affirmer que puisque les consommateurs ont maintenant le choix entre des aliments biologiques et des aliments transgéniques (dans le cas de la pomme de terre, par exemple), il n'est plus nécessaire d'étiqueter les produits transgéniques ! Pourtant, l'industrie de la biotechnologie n'est pas sans savoir que la production actuelle d'aliments biologiques ne permet pas de répondre à la demande existante, et encore moins aux besoins de tous les consommateurs opposés aux manipulations génétiques. En outre, elle se doute que les cultures biologiques se verront de plus en plus menacées par les flux de gènes provenant d'espèces transgéniques, en raison de l'augmentation des superficies consacrées aux cultures transgéniques, laquelle est attribuable à une diminution délibérée de l'accès à de bonnes semences non transgéniques sur le marché. La plupart des compagnies de semences sur la planète appartiennent aujourd'hui à l'un ou l'autre des géants de la biotechnologie, soit Monsanto, Novartis, Dow, DuPont, AgrEvo et Zeneca. En mars 1999, DuPont a absorbé Pioneer Hi-Bred, la plus grande compagnie de semences au monde.

La certification des aliments biologiques et des produits irradiés, ainsi que la certification des produits kascher et halal — laquelle porte sur le procédé de transformation, soit l'abattage —, fournissent de curieux précédents, car elles ne mettent pas l'accent sur le produit mais sur la transformation qu'il subit. Tout comme le génie génétique, tant l'irradiation que l'agriculture biologique sont des procédés de production, desquels résultent des aliments aux différences subtiles mais bien réelles.

Pour contourner ce précédent embarrassant, le bureau d'Agriculture Canada responsable de la réglementation de la biotechnologie a établi pour les produits issus de la biotechnologie une nouvelle catégorie, nommée « aliments nouveaux », ce qui permet aux législateurs d'ignorer tout simplement le problème. L'expression « aliment nouveau » s'applique à tous les aliments qui ne sont pas familiers aux Canadiens, du fruit tropical nouvellement importé à la pomme de terre transgénique. En fait, l'objet de cette nouvelle catégorie est de masquer le caractère distinct des aliments transgéniques.

Pour entraîner les changements souhaités (par l'industrie, évidemment) dans le système de réglementation des aliments, on a adopté une stratégie pragmatique et peu systématique, voire carrément réductionniste. Alléguant que nous consommons le produit et non le procédé, l'Agence canadienne d'inspection des aliments (ACIA) affirme que son rôle consiste à réglementer les produits et non les procédés. Le gouvernement canadien a également instauré une politique de vérification selon laquelle les produits issus de la biotechnologie sont évalués de façon ponctuelle, ce qui lui évite de prendre une décision de principe susceptible d'alarmer la population. Les changements graduels et discrets qui se sont produits dans le cas de l'irradiation aux États-Unis (l'augmentation du nombre de produits visés, par exemple) illustrent bien le succès de ce système.

Dans le domaine de la réglementation des aliments, la Commission du *Codex Alimentarius* joue un rôle de plus en plus important. Créée en 1962 par l'Organisation mondiale de la santé (OMS) et l'Organisation des Nations unies pour l'alimentation et l'agriculture (FAO), la Commission s'est donné pour mission de « guider et de promouvoir l'élaboration, la mise en œuvre et l'harmonisation de définitions et d'exigences relatives aux produits alimentaires et, de ce fait, [de] faciliter le commerce international[9] ». À l'origine, le rôle de la Commission consistait principalement à proposer des définitions et des normes concernant les aliments, les ingrédients alimentaires, les additifs et les procédés alimentaires. Celles-ci pouvaient ensuite être adoptées volontairement par les pays désireux de régir leur commerce international. La question de la sûreté des aliments n'était pas du ressort de la Commission.

Aujourd'hui, cependant, les États-Unis, de concert avec le Canada, la Nouvelle-Zélande et l'Australie, et dans l'intérêt des multinationales de l'alimentation, tentent de faire de la Commission du *Codex Alimentarius* un organisme de normalisation obligatoire servant les intérêts de l'Organisation mondiale du commerce (OMC). Toutes les instances de réglementation nationales devraient alors se conformer aux normes établies par la Commission et l'OMC, et appliquées par l'OMC. Les préférences culturelles, les aspects socio-économiques et les préoccupations relatives à la santé, de même que toute « restriction » qui ne satisfait pas aux exigences de leur science « sûre », seraient par conséquent ignorés sous prétexte qu'ils sont sans rapport avec la question de la salubrité des aliments. Cela donnerait aux compagnies comme Nestlé, Unilever, Monsanto et Archer Daniels Midland la liberté de manipuler à leur guise les limites naturelles des aliments et des constituants alimentaires, jusque dans notre assiette.

Au même moment, la Commission est en bonne voie de reconnaître la production d'aliments biologiques en tant que procédé susceptible d'être étiqueté comme tel pour le commerce international. Selon les normes proposées, les aliments issus du génie génétique ne pourraient en aucun cas être considérés comme biologiques. Lorsque la question fut débattue par la Fédération internationale des vendeurs de semences/Association internationale des sélectionneurs, on émit ce commentaire aussi pathétique que révélateur : « L'industrie des semences considère que

---

9. *Codex Alimentarius,* Manuel de procédure, Secrétariat du programme mixte FAO/OMS sur les normes alimentaires, Rome, 1997.

la clause visant à exclure les OGM [organismes génétiquement modifiés] des pratiques de l'agriculture biologique est totalement injustifiable et n'a aucun fondement scientifique [...] Si l'agriculture biologique n'est pas synonyme d'agriculture archaïque, l'utilisation de variétés génétiquement modifiées dotées d'une résistance aux insectes ou aux maladies devrait être fortement encouragée dans ces directives [10]. »

Les contradictions

Peut-être les organismes censés réglementer les « aliments issus de la biotechnologie » (selon la terminologie de la Commission du *Codex Alimentarius*) accordent-ils encore une attention symbolique à la protection de la population. Cependant, force est de constater que la réglementation, jadis axée sur la protection de la santé de la population, vise de plus en plus à favoriser la commercialisation de nouveaux produits dans l'intérêt de l'industrie pharmaceutique et biotechnologique. Ce phénomène s'illustre tant par la nouvelle orientation de la Commission du *Codex Alimentarius* et la diminution de l'influence des agences d'inspection des aliments que par la redéfinition des produits réglementés et des procédures de réglementation elles-mêmes.

Ce dérapage n'est pas nécessairement attribuable aux fonctionnaires qui travaillent au sein des organismes gouvernementaux, quoique dans le cas de l'ACIA et de Santé Canada, le conformisme des hauts fonctionnaires concernés par la question de la biotechnologie demeure sans équivoque. Reflets fidèles de la culture dominante, ils témoignent incontestablement de l'absence d'une responsabilité démocratique et ce, bien qu'ils prétendent s'appuyer sur une solide démarche scientifique sans prendre de décisions politiques, tout en ignorant les avis de leurs propres chercheurs [11].

Le sociologue français Bruno Latour propose une vision espiègle du drame social de la science :

---

10. Commentaires formulés lors de la 26ᵉ rencontre du Comité de la Commission du *Codex Alimentarius* sur l'étiquetage des denrées alimentaires, tenue en mai 1998.

11. Santé Canada a été mêlé pendant plusieurs années à une importante controverse entourant la procédure d'autorisation de la HCrb (et de plusieurs autres médicaments). Les choses sont arrivées à un point critique en 1998, alors que l'histoire a intéressé le Sénat et les syndicats, et que les médias ont commencé à mettre l'accent sur les inquiétudes et les critiques de la population plutôt que sur les plaintes de l'industrie.

Cette Science, avec un « s » majuscule, ne définit *pas* les activités des scientifiques [...] Elle est une idéologie qui n'a jamais servi à autre chose [...] qu'à se *substituer* aux débats publics [...] Elle a toujours été une arme politique capable d'éliminer les pénibles contraintes politiques [...] Parce qu'elle fait office d'arme, cette conception de la Science [...] n'a qu'une fonction, comme les mots « Taisez-vous ! »

La seconde signification de la « Science », c'est le nouvel accès qu'elle offre, au moyen d'expériences et de calculs, à des entités qui ne présentent pas, à l'origine, les mêmes caractéristiques que les humains [...]

Laissons la Science numéro 2 dévoiler au grand jour sa superbe originalité, c'est-à-dire sa faculté d'établir des liens nouveaux et imprévisibles entre les humains et les non-humains, transformant profondément l'essence du collectif [...] La Science numéro 2 [...] redéfinit l'ordre politique comme l'ordre qui rassemble les étoiles, les prions, les vaches, les cieux et les gens, et sa tâche consiste à transformer ce collectif en « cosmos » plutôt qu'en « désordre anarchique » [12]. [Traduction]

La stratégie du Canada en matière de biotechnologie

La stratégie du gouvernement canadien en matière de biotechnologie a d'abord été proposée en 1983 par Industrie Canada, à titre de stratégie de développement industriel. Le Comité consultatif national de la biotechnologie (CCNB), contrôlé par l'industrie, a également été formé à ce moment. Depuis, la réglementation de la biotechnologie a été façonnée par les demandes ponctuelles d'autorisation de nouveaux produits présentées par diverses compagnies. En 1998, le gouvernement fédéral a décidé qu'il était temps de renouveler la stratégie canadienne en matière de biotechnologie, ou plutôt de donner un nouvel essor aux mécanismes de financement de l'industrie de la biotechnologie par les fonds publics. Il a alors instauré une nouvelle procédure de « consultation » des plus arbitraires, destinée à ratifier les règles d'application des politiques établies par l'industrie de la biotechnologie.

Cette simple phrase tirée du rapport de 1998 du CCNB reflète bien la position de l'industrie :

---

12. Bruno Latour, « Socrates' and Callicles' Settlement, or The Invention of the Impossible Body Politic », *Configurations* (Johns Hopkins University Press & the Society for Literature and Science), 5:189–240, 1997.

Comme toutes les révolutions, celle de la biotechnologie crée son propre contexte auquel la société doit s'adapter [13].

La conclusion implicite selon laquelle nous devrions demeurer à l'affût des progrès technologiques et adapter la société en conséquence est renforcée par le premier paragraphe du rapport :

> La biotechnologie a des incidences majeures, autant comme moteur économique à l'aube du prochain millénaire que comme facteur d'amélioration de la qualité de vie des Canadiens. La biotechnologie a le vent en poupe et elle constitue une nouvelle source de transformation. [...] Ne légiférez pas, mais réglementez au moyen de lignes directrices souples.

Une logique sans équivoque sous-tend les recommandations du comité. Mieux que la législation, la réglementation sert les intérêts des grandes compagnies, telles que Nestlé, Monsanto et Cargill [14], qui ont les moyens de faire pression sur les fonctionnaires responsables de la réglementation, à l'insu de la population. L'élaboration d'une législation, en revanche, risquerait de susciter un débat public, ne serait-ce qu'au Parlement. Par conséquent, plutôt que d'instaurer une nouvelle législation adéquate, le gouvernement fédéral a préféré adopter une stratégie fondée sur la législation existante (malgré ses lacunes), interprétée à la lumière des directives et des règlements élaborés par des fonctionnaires et des conseillers de l'industrie. Évidemment, il est difficile d'insérer les aliments « nouveaux », c'est-à-dire transgéniques, dans les structures légales existantes sans une certaine contorsion — voire une déformation — de la réalité. Le classement de l'irradiation comme additif alimentaire en offre un bel exemple. D'autre part, il serait logique de classer dans la catégorie des additifs, à des fins de réglementation, les pesticides transgéniques introduits dans le maïs ou la pomme de terre, comme le Bt. En effet, il s'agit bien d'additifs, bien que l'industrie de la biotechnologie prétende le contraire. D'ailleurs, cette dernière s'oppose catégoriquement à ce que les organismes de réglementation américains traitent les pesticides transgéniques au même titre que les additifs.

Par principe (et dans la presse commerciale), les grandes compagnies s'opposent à toute réglementation, laquelle constitue à leurs yeux une

---

13. Sixième rapport du Comité consultatif national de la biotechnologie, *Assumer le leadership au prochain millénaire*, Ottawa, 1998.

14. Voir *Invisible Giant : Cargill and Its Transnational Strategies*, de Brewster Kneen, Londres, Pluto Press, 1995.

ingérence dans l'économie de marché, et prétendent que l'auto-réglementation est le meilleur moyen de protéger la population, sous le prétexte qu'aucune compagnie ne voudrait commercialiser un produit susceptible de nuire à sa réputation ou de lui valoir un procès. Un régime de réglementation comme celui qui prévaut actuellement au Canada, pourtant, sert les intérêts des grandes sociétés. En effet, non seulement celles-ci possèdent-elles les ressources nécessaires pour influencer la normalisation et se conformer aux normes existantes, mais elles peuvent demander des normes plus strictes si cela leur est profitable. Les compagnies prospères peuvent réclamer en douce que les produits soient soumis à des essais plus stricts et plus minutieux. Elles peuvent exiger l'instauration de normes plus élevées et plus coûteuses en matière d'équipement et de bâtiments pour les installations de recherche et de production, dans le seul but de placer plus haut la barre et de nuire ainsi aux plus petites compagnies. Les grandes sociétés peuvent ensuite récupérer ces entreprises en les absorbant ou en s'appropriant leur technologie. Et rien de plus facile que d'amortir ces frais supplémentaires en haussant le prix de leurs produits.

Les litiges relatifs aux brevets peuvent être utilisés de la même façon, surtout qu'il revient de plus en plus à la compagnie accusée de contrefaçon, plutôt qu'à la compagnie qui se dit lésée, d'assumer la charge de la preuve. Cela signifie que si Monsanto accuse une petite entreprise de contrefaire l'un de ses brevets, c'est l'entreprise accusée qui devra prouver son innocence. Souvent, il s'avère trop coûteux de s'acquitter d'une telle obligation, et la petite compagnie doit y renoncer ou cesser ses activités. Quoi qu'il advienne, c'est la multinationale qui sort gagnante.

L'Agence canadienne d'inspection des aliments

L'Agence canadienne d'inspection des aliments (ACIA) a été créée en avril 1997 afin de regrouper les mécanismes de réglementation dispersés dans quatre ministères, soit les ministères de l'Agriculture, de la Santé, de l'Environnement et des Pêches. L'ACIA est responsable de la plupart des aspects de la réglementation de la biotechnologie, sauf en ce qui concerne les considérations relatives à la santé humaine, qui relèvent de Santé Canada. Cependant, certains soutiennent que la création de l'ACIA se voulait un moyen de résoudre un conflit d'intérêts. L'ACIA pouvait prétendre repartir à neuf, déchargeant Agriculture Canada, dont la réputation commençait à être compromise, de ses responsabilités en matière de réglementation. En fait, l'ACIA n'offrait rien de nouveau, sinon son nom, mais pourquoi en aviser la population ? Peu après la création de l'agence, j'avais demandé au directeur du bureau de la biotechnologie de l'ACIA de m'expliquer dans quelle mesure ils devaient justifier leurs activités auprès de la population. « L'ACIA doit soumettre un rapport au ministre chaque année », m'avait-il répondu. Ni le Parlement ni la population n'étaient donc informés des activités de l'agence.

Lorsque le ministre de l'Agriculture présenta la législation établissant la nouvelle agence, il énonça clairement son mandat contradictoire, expliquant que la protection des consommateurs et la promotion du commerce et du développement économique au Canada allaient constituer les objectifs principaux de l'agence. Le fonctionnaire de profession nommé à la tête de l'agence, pour sa part, décrivit en ces termes le nouveau défi qu'il s'apprêtait à relever : « [Nous voulons] mettre sur pied de nouveaux systèmes plus efficaces [...] sans compromettre la sûreté des aliments ni entraver la compétivité de l'industrie sur le marché [15]. »

Dans un document daté du même jour que la création de l'agence, le Bureau des stratégies et de la coordination de la biotechnologie d'Agriculture et Agro-alimentaire Canada expliquait que même si « certaines personnes ont déjà émis l'opinion selon laquelle le fait d'attribuer à un même organisme les responsabilités relatives à la recherche-développement et à la réglementation pourrait causer un conflit d'intérêts, ces deux rôles [...] ont toujours été assumés de façon assez indépendante [...] Alors que AAC a su jouer ce double rôle avec succès par le passé, avec la création de la nouvelle ACIA [...] la réglementation des produits agricoles (y compris des produits agricoles issus de la biotechnologie) relève maintenant entièrement de l'ACIA [16]. »

Ce que le document ne mentionnait pas, cependant, c'est que le Bureau des stratégies et de la coordination de la biotechnologie passait intégralement de AAC à l'ACIA : mêmes employés, mêmes bureaux, mêmes numéros de téléphone, mêmes attitudes, même vision. Comment espérer alors que la nouvelle agence de réglementation se distingue de l'ancien bureau de promotion responsable de l'élaboration de politiques de réglementation, qui travaillait en collaboration avec l'industrie ? Ou qu'elle possède une meilleure connaissance des produits à réglementer ?

---

15. Déclaration d'Art Olson, président de l'ACIA, 2 mai 1997.

16. Bulletin d'information affiché sur le site Web de l'ACIA, 1er avril 1997.

Peu après la création de l'ACIA, on apprit que des agriculteurs s'étaient procuré des semences d'une nouvelle variété de canola transgénique, résistant à un herbicide, qui n'avait pas encore été enregistrée ni autorisée. Or, les semences, que certains agriculteurs avaient même déjà semées, ne contenaient pas le bon gène! L'ACIA se consola rapidement en se disant qu'au moins, son système fonctionnait. L'erreur, cependant, n'avait pas été décelée lors du processus de réglementation mais par la compagnie de semences elle-même, semble-t-il, bien que la personne l'ayant découverte n'eût manifestement pas cru bon de l'étaler au grand jour. Un an plus tard, l'ACIA modifiait néanmoins sa procédure d'autorisation : les compagnies de semences et de biotechnologie doivent maintenant déclarer sous serment qu'elles savent ce qu'elles font et connaissent les gènes que renferment les semences lancées sur le marché.

« L'agence a apporté des modifications à la politique d'homologation des variétés. Les compagnies qui désirent faire enregistrer des variétés transgéniques doivent désormais déclarer par écrit sous serment avoir procédé à une vérification du matériel génétique de ces variétés », affirma un haut fonctionnaire de l'ACIA. « Les sélectionneurs doivent également décrire la procédure de vérification employée. Ce changement a été jugé nécessaire après le retrait d'urgence des semences de canola *Roundup Ready* au printemps de 1997 [...] Nous avions toujours supposé que les sélectionneurs connaissaient la nature des gènes introduits dans leurs variétés [17]. »

Je n'ai jamais réussi à obtenir une copie du formulaire de déclaration sous serment. L'ACIA m'a affirmé que même les formulaires vierges étaient considérés comme une information confidentielle.

Peut-être pourrions-nous, pour cette fois, fermer les yeux devant une telle lacune dans le système de réglementation. Mais comment ne pas nous alarmer lorsque nous apprenons qu'il s'est produit un autre cas semblable, sans lien avec le précédent? En 1997, en effet, un essai sur le terrain effectué en Suède a prouvé qu'une variété de canola dotée par manipulation génétique d'une résistance à l'herbicide de glufosinate *Basta* d'AgrEvo renfermait, en plus de la lignée autorisée par l'office de l'agriculture du gouvernement suédois, deux lignées non autorisées. Les semences avaient été produites par AgrEvo et leur filiale canadienne établie à Saskatoon, et donc sous la supervision d'Agriculture Canada. Cette fois encore, le subterfuge fut découvert par la compagnie de semences, soit

---

17. *Manitoba Co-operator*, 26 février 1998.

SvalofWeibull, lors de l'analyse des résultats des essais, et non par l'organisme de réglementation responsable de l'homologation à l'époque, Agriculture Canada[18].

L'attitude désinvolte et la négligence de l'ACIA reposent-elles sur l'indifférence ou l'ignorance des fonctionnaires, ou sont-elles le fruit d'une supercherie délibérée? Cela reste difficile à déterminer. Dans un autre bulletin d'information rédigé le jour même de la création de l'ACIA, par exemple, on parle des efforts déployés en biotechnologie pour « améliorer la qualité et la valeur nutritionnelle des aliments », avant de décrire la façon dont « des scientifiques ont mis au point des variétés de tomates au mûrissement plus lent qui peuvent rester plus longtemps sur le plant, ce qui les rend plus savoureuses, sans diminuer leur résistance à la manipulation et au transport[19]. » En réalité, cependant, Calgene avait abandonné la production de la tomate *FlavrSavr* en raison de son absence de goût et de sa fragilité, deux obstacles à la commercialisation de cette variété. En outre, bien qu'elle ait été autorisée par Agriculture Canada, la malheureuse tomate de Calgene ne fut jamais vendue au Canada, et la compagnie ne put lui trouver aucune qualité nutritionnelle particulière. Voilà qui met en doute les éloges de l'ACIA à l'égard de la fameuse tomate!

***

Il serait rassurant (et certainement plus sain) de pouvoir présumer que la réglementation de la biotechnologie est un exercice rigoureux, tout à fait objectif, qui s'inscrit dans un cadre de valeurs et d'objectifs sociaux définis de façon démocratique. Il serait également rassurant de savoir qu'on a consulté la population pour établir au moins des normes minimales en matière de santé et de sécurité. Il relèverait alors des organismes de réglementation gouvernementaux, pourvus d'un personnel impartial et compétent, d'évaluer les produits et les procédés soumis à leur examen. La procédure d'autorisation des produits destinés à être commercialisés se déroulerait conformément aux normes établies. Par conséquent, en plus d'avoir à évaluer et à valider les données soumises par le requérant, les organismes de réglementation seraient tenus de procéder à des essais indépendants afin de confirmer ou d'invalider ces données.

---

18. *Ekologiska Lantbrukarna* (Association suédoise des producteurs biologiques), par l'intermédiaire de Genetnews, 13 mars 1998.

19. Bulletin d'information affiché sur le site Web de l'ACIA, 1er avril 1997.

Malheureusement, ce scénario est fort éloigné de la réalité, du moins au Canada, comme nous avons pu le constater. Et les États-Unis ne semblent guère plus rigoureux en matière de réglementation de la biotechnologie. Selon Suzanne Wuerthele, qui a travaillé pendant plus de 13 ans dans un bureau régional de la *Environmental Protection Agency* (EPA) des États-Unis et est aujourd'hui considérée dans tout ce pays comme une experte de la toxicologie et de l'évaluation des risques, l'EPA s'affiche comme un « gardien » de la biotechnologie :

> Il n'existe, dans l'ensemble des organismes fédéraux américains, aucune procédure visant à évaluer les risques des organismes génétiquement modifiés, aucune méthode officielle d'évaluation des risques [...] Aucune politique scientifique [...] Aucune conférence consacrée à des débats sur les aspects scientifiques des manipulations génétiques. Aucune connaissance des dangers associés aux organismes génétiquement modifiés. Aucun débat ni consultation publique pour définir la notion de « risque inacceptable ». Aucune façon de mesurer l'ampleur de ces risques. Etc.

> Aux États-Unis, toute évaluation des risques associés à un organisme génétiquement modifié relève d'études *ad hoc* effectuées par des scientifiques employés par divers départements ou organismes. Certains de ces organismes remplissent des fonctions contradictoires : promouvoir et réglementer, évaluer à la fois les « avantages » et les « risques ». Les rapports sont rarement revus par d'autres experts. D'autre part, les comités d'évaluation qui sont formés ne sont pas nécessairement objectifs. Ils peuvent être composés de défenseurs de la biotechnologie ou ignorer certains aspects importants de manière à confirmer l'hypothèse de départ. À la lumière de ces données et d'autres constatations, il m'est apparu évident qu'en dépit des réticences de scientifiques reconnus et malgré les risques prouvés, les organismes qui font la promotion de cette technologie sont ceux-là mêmes qui devraient protéger la santé humaine et l'environnement [20].

Le déterminisme technologique

Aujourd'hui, les politiques de réglementation des États capitalistes ayant adopté une économie de marché semblent vouées à la commercialisation de nouveaux produits comme moyen de stimuler l'économie. Bons ou mauvais, ces produits sont lancés sur le marché avec le minimum de délai et d'intervention. La production de produits et de services est perçue comme un objectif national primordial. Les organismes de réglementation, pour leur part, se voient attribuer un rôle qui s'inscrit dans les

---

20. Communication électronique d'Eric Kindberg, 18 janvier 1998.

activités de commercialisation de leurs « clients » de l'industrie. Lors d'événements organisés par l'industrie et visant à promouvoir la biotechnologie, par exemple, il arrive fréquemment que les hauts fonctionnaires de l'ACIA prennent la parole, de façon à réaffirmer leur volonté de collaborer avec l'industrie. Généralement, on n'invite pas la population à ces événements. Quand on croit bon de le faire, les frais d'inscription sont si élevés que seuls les représentants financés par l'industrie peuvent se permettre d'y assister, bien que ces événements soient presque toujours subventionnés par les fonds publics. Il ne s'agit pas là d'un hasard.

Comment en sommes-nous arrivés là? Le concept culturel de déterminisme technologique, indissociable de l'érosion de la démocratie, peut nous aider à mieux comprendre le contexte actuel. Au cours de la dernière décennie, et même auparavant, ce concept a été renforcé par une puissante campagne de propagande axée sur l'expansion des marchés et le libre-échange, qui sont présentés comme les principaux objectifs des gouvernements nationaux. Dans ce contexte, il devient plus facile, en nous penchant sur le cas du Canada, de saisir la nature des procédures de réglementation telles que façonnées par ce processus historique.

Un des premiers documents officiels consacrés à la biotechnologie au Canada a été publié par le Conseil des sciences du Canada. Pendant quelques années, au début des années 1980, ce dernier reflétait deux visions contradictoires : l'engouement inconditionnel de l'industrie pour la biotechnologie, d'un côté, et une évaluation critique axée sur les intérêts de la population, de l'autre. En 1980, le Conseil publia *Promesses et aléas de la biotechnologie au Canada,* dont le titre représente bien la plupart des publications de l'industrie et du gouvernement sur la biotechnologie. On y parle abondamment des promesses de la biotechnologie, alors que les réticences des scientifiques et de la population y sont présentées comme des craintes irraisonnées [21]. À l'époque, le Conseil des sciences était un organisme conventionnel d'analyse de politiques, financé par le gouvernement, pourvu d'un certain nombre de membres compétents et doté d'une ligne de conduite respectable. (Aux États-Unis, l'*Office of Technology Assessment* remplissait à peu près les mêmes fonctions, et les deux organismes connurent le même sort : dès qu'ils commencèrent à mettre des bâtons dans les roues de l'industrie de la biotechnologie et d'autres groupes associés à l'industrie, on les fit disparaître.)

---

21. Publication du Conseil des sciences du Canada et de l'Institut de recherche en politiques publiques, *Promesses et aléas de la biotechnologie au Canada,* Ottawa, 1980.

Le rapport de 1980 du Conseil reflète bien l'idéologie qui a façonné l'élaboration de la réglementation en matière de biotechnologie : « Le Canada se voit offrir une occasion unique d'assurer sa position concurrentielle en matière de développement de biotechnologies [...] À ce stade [...] nous avons la possibilité d'intégrer la responsabilité sociale à une stratégie industrielle nationale. » Malheureusement, le Conseil n'a jamais défini la notion de « responsabilité sociale ».

À ce moment, au moins une voix dissidente se faisait entendre au sein du Conseil. Stuart Ryan insista pour qu'on annexe ses critiques au rapport : « À la lumière de mon expérience et de mon évaluation des preuves existantes, affirmait-il, je suis préoccupé — et même effrayé — par l'expansion des activités du secteur privé dans le domaine de la biotechnologie. »

Dans un rapport de 1982, la position de Ryan perce encore (on y fait brièvement allusion dans le document). Mais malheureusement, elle ne semble guère avoir eu une influence durable sur l'orientation du Conseil des sciences. En 1985, un rapport publié par les employés de l'organisme, et non par le Conseil lui-même, démontre clairement que la biotechnologie exerce alors la même fascination sur le Conseil que sur le gouvernement fédéral : « La biotechnologie pourrait bien être la dernière grande révolution technologique du XXe siècle. Déjà, on commence à en récolter les fruits. Les travaux se poursuivent à une cadence accélérée ; les possibilités sont énormes et suscitent l'enthousiasme [...] les Canadiens doivent saisir l'occasion offerte par les biotechnologies afin d'améliorer la position concurrentielle du Canada sur les marchés mondiaux[22]. »

La stratégie industrielle

Quand la première stratégie canadienne en matière de biotechnologie fut élaborée par Industrie Canada en 1983, sans débat parlementaire ni consultation publique, la biotechnologie fut classée comme une nouvelle technologie. La dimension « bio » du terme n'évoquait alors pas grand-chose de plus qu'un avantage technologique, sans lien avec le vivant. Bien que cette stratégie ait été sous la responsabilité d'Industrie Canada, et que le Comité consultatif national de la biotechnologie (CCNB) ait relevé du ministre fédéral de l'Industrie, des Sciences et de la Technologie, l'élaboration de la politique de réglementation était contrôlée par un

---

22. Conseil des sciences du Canada, *Germes d'avenir,* rapport 38, Ottawa, 1985.

petit bureau dirigé par Jean Hollebone, au sein de la Direction des pesticides d'Agriculture Canada[23].

En 1987, les trois ministères chargés de la réglementation — les ministères de l'Agriculture et de l'Environnement, de même que Santé et Bien-être Canada, adoptèrent plusieurs lignes directrices communes, notamment:

1. S'appuyer sur la législation existante.
2. Réglementer le produit plutôt que le procédé.
3. Recourir aux lignes directrices élaborées à l'échelle internationale.
4. Employer les principes de l'évaluation des risques.

Par la suite, Hollebone expliqua que la réglementation de la biotechnologie était «axée sur les produits» parce que la législation fédérale avait été conçue de manière à régir les produits et non les procédés. Cette approche permettait au gouvernement de s'appuyer sur la législation existante et d'éviter «le long et coûteux processus d'élaboration d'une nouvelle loi», tout en lui offrant une certaine flexibilité, par exemple grâce à l'élaboration de lignes directrices administratives en vue d'établir de nouvelles exigences[24].

Vers 1993, le bureau de Hollebone devint le Bureau des stratégies et de la coordination de la biotechnologie. À partir de 1997, comme nous l'avons déjà mentionné, on décida qu'il relèverait de l'Agence canadienne d'inspection des aliments. Aujourd'hui, on l'appelle simplement Bureau de la biotechnologie de l'ACIA.

Avant d'accepter un autre poste, en 1995, Hollebone supervisa la création d'un manuel d'information en matière de réglementation de la biotechnologie agricole, intitulé *Agricultural Biotechnology Regulatory Information Manual*. Bien qu'un peu dépassé aujourd'hui, ce manuel, une brique de 3,75 kilogrammes, présente la seule vue d'ensemble de la position de AAC, en plus de renfermer pratiquement toute l'information relative à la réglementation des procédés et des produits issus de la biotechnologie du ressort de AAC à l'époque. Il n'a pas encore été remplacé, mais on peut trouver quelques documents épars sur le site Web de l'ACIA. Quiconque recherche une vue d'ensemble du sujet, toutefois, risque de trouver que ces documents reflètent le réductionnisme scientifique sur lequel ils s'appuient, et qu'il est beaucoup plus facile d'avoir accès à des

---

23. Conférence Canbiocon sur la réglementation de la biotechnologie, 19 septembre 1989. (Les rapports de la conférence ont été publiés en mai 1991.)

24. Lettre de renseignements, 1992.

fragments de la question que d'obtenir une vision globale du véritable processus de réglementation, dissimulé derrière ces pièces détachées. Pour l'industrie, cependant, les rouages de ce système n'ont plus de secrets.

La publication *BIO-TECH: Guide de l'utilisateur*, parue en 1991, reflète une fois de plus le caractère hautement subjectif de la politique de réglementation du gouvernement : « On a recours depuis des milliers d'années à des procédés biotechnologiques pour améliorer la qualité de la vie [...] La mise au point récente de techniques biotechnologiques [...] a ouvert des perspectives fascinantes qui pourraient bien déboucher sur l'amélioration de la qualité de la vie. »

La même année, le CCNB nous mettait en garde : « il existe un risque clair et bien réel que le Canada prenne du retard sur d'autres pays [...] il faut assurer un équilibre entre réglementation et promotion, équité et efficacité, protection du public et de l'environnement et promotion des intérêts privés et de la croissance économique[25] ».

Le rapport ne fait aucune allusion aux risques ou aux dangers de la biotechnologie, quels qu'ils soient, ni à la possibilité de conséquences indésirables ou imprévues. Il ne parle pas non plus des solutions de rechange dans ce domaine.

Le processus d'élaboration d'une politique de réglementation, auquel participait dorénavant Santé et Bien-être Canada, fut décrit brièvement dans un document dit « d'information » publié en 1992, intitulé tout simplement « Lettre de renseignements. Objet : Aliments nouveaux et nouveaux procédés de transformation des aliments ».

À la lecture de cet avis, il ne fait aucun doute que la catégorie des « aliments nouveaux » a été créée dans l'intention de masquer les vrais enjeux des aliments génétiquement modifiés, comme si l'introduction de patates douces des Caraïbes ou de kiwis de Nouvelle-Zélande pouvait se comparer à la commercialisation du maïs Bt ou du soya *Roundup Ready*. Soudainement, on ressent le besoin d'évaluer les risques pour la santé des aliments et des procédés de transformation non traditionnels introduits au Canada, manifestement pour répondre aux besoins des immigrants non européens, de plus en plus nombreux.

La « Lettre de renseignements » définit un aliment nouveau comme « tout aliment n'ayant pas précédemment été utilisé en quantité importante à des fins de consommation humaine au Canada. Cette définition

---

25. Cinquième rapport du Comité consultatif national de la biotechnologie, *Plan d'action national sur la biotechnologie : assurer un avantage concurrentiel au Canada*, 1991.

s'applique à l'utilisation d'aliments existants à des fins pour lesquelles ces aliments n'ont pas déjà été utilisés, et à des aliments existants fabriqués selon un nouveau procédé. » Les aliments dérivés de végétaux génétiquement modifiés pourront être considérés comme «nouveaux» par l'ACIA, mais pas nécessairement. Ces végétaux, classés par l'ACIA comme des végétaux à caractères nouveaux (VCN) [26], ne sont régis par aucune réglementation si on les juge «familiers» ou «équivalents en substance» aux variétés conventionnelles, non génétiquement modifiées.

En adoptant la catégorie des «aliments nouveaux» (empruntée à l'Organisation de coopération et de développement économique [OCDE], un organisme créé par les riches pays industrialisés afin de promouvoir le commerce et le développement économique), l'industrie de la biotechnologie et les législateurs ont peut-être cru résoudre un important problème. Force est de constater, cependant, qu'ils ont créé une nouvelle contradiction qui leur donnera sans doute du fil à retordre dans l'avenir. Le principe qui prône l'utilisation de la législation existante repose sur le postulat selon lequel la pratique de la biotechnologie n'apporte rien de nouveau. Toutefois, une compagnie qui désire faire homologuer une variété transgénique en se fondant sur le caractère «familier» de cette variété voudra peut-être également faire breveter ce cultivar. Or, pour l'octroi d'un brevet, la nouveauté constitue l'un des critères évalués. Mais l'industrie s'attend à gagner sur les deux plans, malgré cette contradiction.

---

26. Selon la Directive de réglementation Dir 94-08 : *Critères d'évaluation du risque environnemental associé aux végétaux à caractères nouveaux,* «un VCN est une variété végétale ou un génotype végétal qui possède des caractéristiques ni familières ni essentiellement équivalentes à celles présentes dans une population distincte et stable d'une espèce cultivée au Canada et qui ont été volontairement sélectionnées, créées ou introduites dans une population de cette espèce par une modification génétique particulière.

La "familiarité" équivaut à la connaissance des caractéristiques d'une espèce végétale et à l'expérience des utilisations de cette espèce au Canada. L'"équivalence substantielle" est l'équivalence d'un caractère nouveau, à l'intérieur d'une espèce végétale particulière, et de sa sûreté pour l'environnement et la santé humaine, aux caractères de cette même espèce déjà utilisée et jugée sûre au Canada sur la base d'arguments scientifiques solides. »

Toujours selon cette directive d'Agriculture Canada, l'évaluation des végétaux à caractères nouveaux porte «à la fois sur les produits de la technologie de l'ADN recombinant et les végétaux obtenus par les méthodes classiques de sélection. Ils doivent être soumis à des essais au champ réglementés, car leurs caractères nouveaux risquent de soulever des préoccupations. Il arrive en effet que ces caractères, leur utilisation ou leur présence dans certaines espèces végétales soient jugés : 1) peu familiers par rapport

L'étiquetage et la responsabilité

Depuis plusieurs années, l'étiquetage des aliments génétiquement modifiés (ou « aliments issus de la biotechnologie ») demeure un sujet de discorde. Comme nous l'avons vu plus tôt, la question a surgi il y a plus d'une décennie avec l'apparition de la HCrb, au moment où l'industrie de la biotechnologie a commencé à prendre conscience que les gens ne seraient peut-être pas très enthousiastes à l'idée de boire du lait aux hormones ou de retrouver des aliments génétiquement modifiés dans leur chariot d'épicerie s'ils étaient informés et si on leur offrait le choix.

D'une certaine façon, l'étiquetage n'est pas directement lié à la réglementation des produits. Mais en même temps, cette question est loin d'être récente ; en fait, elle existe depuis que les produits doivent parcourir une certaine distance avant de se retrouver dans notre assiette. L'absence de description adéquate des produits (et de mention d'unités de poids et de volume vérifiables et reconnues) rend le commerce, et plus particulièrement le commerce international, beaucoup plus ardu. Il est donc pour le moins étrange de voir des compagnies qui sont de fervents défenseurs de la mondialisation, de l'harmonisation et du marché libre soutenir qu'il vaut mieux que leurs produits ne soient pas convenablement et honnêtement étiquetés. Elles prétendent qu'il ne s'agit pas là d'un besoin réel mais d'un caprice de la population, et que les fabricants et les législateurs sont mieux placés pour décider de l'information à laquelle les consommateurs devraient avoir accès, peu importe ce que ces derniers désirent savoir ou ressentent le besoin de savoir. Et l'industrie s'attend à ce que les organismes de réglementation appuient cette attitude aussi illogique que paternaliste.

C'est peut-être avec cela à l'esprit que la Commission du *Codex Alimentarius* a adopté en 1979 un Code de déontologie du commerce international des denrées alimentaires, dont l'objectif est d'établir des normes déontologiques destinées à encadrer le commerce international de denrées alimentaires et sa réglementation [27].

Dans les Principes généraux du Code, on affirme entre autres que « Le commerce international des denrées alimentaires devrait être fondé

---

aux produits déjà sur le marché, ou 2) essentiellement différents des types végétaux semblables familiers, déjà utilisés et considérés comme sûrs. »

27. *Codex Alimentarius*, premier article du *Code de déontologie du commerce international des denrées alimentaires*, Rome, 1979 (revu en 1985).

sur le principe selon lequel tous les consommateurs ont droit à des aliments sains et nutritifs, ainsi qu'à la protection contre des pratiques commerciales déloyales» et que «L'accès au commerce international devrait être interdit à toute denrée alimentaire : [...] d) qui est étiquetée ou présentée d'une manière fausse, trompeuse ou mensongère[28]. »

Aux termes des principes mêmes de la Commission du *Codex Alimentarius,* le commerce et la mise en marché d'aliments «issus de la biotechnologie» mais non étiquetés comme tels seraient donc indubitablement trompeurs et contraires à l'éthique. Néanmoins, le débat sur l'étiquetage se poursuit depuis des années au sein de la Commission, et rien n'indique que la question sera réglée sous peu[29].

Évidemment, pour clore le débat sur l'étiquetage des aliments «issus de la biotechnologie» (c'est-à-dire transgéniques ou produits à partir de cultures transgéniques), il ne suffit pas de décider s'ils devraient tous porter une étiquette ou une mention lorsqu'ils se retrouvent à l'épicerie. L'étiquette, en effet, masque d'autres questions plus complexes, dont celles de la responsabilité et de la charge de la preuve. Le débat sur l'étiquetage soulève également des préoccupations d'ordre socio-démocratique : À quels renseignements devrions-nous avoir accès ? Pourquoi ? De quelle façon ces renseignements devraient-ils nous être communiqués ?

Ces questions revêtent une importance particulière lorsque les procédures administratives des organismes de réglementation s'appuient sur des principes dont découlent, de façon subtile, des conclusions fort discutables. Un de ces principes est celui de l'évaluation des risques, qui suppose la définition de la notion de «risque acceptable». Mais à qui revient-il de juger de ce qui est acceptable et de ce qui ne l'est pas ? Et à quel titre ?

Dans un rapport hors du commun publié en 1982 et intitulé «Le pouvoir de réglementation et son contrôle», le Conseil des sciences reconnaissait les difficultés inhérentes à cette approche : «Les ministères mêlés à des controverses éthico-scientifiques devraient faire connaître les différentes voies d'action qu'ils envisagent, les sujets de préoccupation qu'ils prévoient, et le degré d'incertitude scientifique et la probabilité des risques[30]. »

---

28. *Codex Alimentarius,* Articles 4.1 et 4.2 des Principes généraux du *Code de déontologie.*

29. Le Canada est l'hôte du Comité sur l'étiquetage des denrées alimentaires, dont la rencontre annuelle se tient à Ottawa.

30. Conseil des sciences du Canada, *Le pouvoir de réglementation et son contrôle,* 1982, p. 81.

Il semble qu'on fit peu de cas de ces recommandations lors de l'élaboration d'une politique de réglementation, ce qui permit à l'ACIA d'aborder l'évaluation des risques comme une simple question technique : « L'évaluation des risques, effectuée par les évaluateurs de l'Agence canadienne d'inspection des aliments, consiste à déterminer chaque risque et à l'examiner à la lumière de l'information scientifique disponible. L'"innocuité" ne signifie pas l'absence de risque, mais plutôt un niveau de risque acceptable. [...] On détermine que le niveau de risque est acceptable si le nouveau produit est aussi sûr que son homologue traditionnel[31]. »

Le concept du « risque acceptable » décharge l'ACIA de ses responsabilités, étant donné que les définitions des notions de « risque acceptable », « équivalence en substance », « familiarité » et « arguments scientifiques solides » sont assez subjectives pour éviter qu'une responsabilité directe soit établie. On revient alors au *caveat emptor,* au marché jungle où la responsabilité incombe au « consommateur averti ».

En termes juridiques, le fait de refiler la responsabilité de cette façon est désigné par l'expression « transfert de la charge de la preuve ». Le discours de l'industrie illustre clairement cette notion quand, par exemple, on juge que l'absence de preuves de conséquences « catastrophiques », pour employer le vocabulaire de Dale Bauman, équivaut à l'absence de conséquences indésirables. Deux scientifiques et critiques de la biotechnologie, Mae-Wan Ho et Ricarda Steinbrecher, ont décrit cette attitude, affirmant que « ce dont on n'a pas besoin, on ne le recherche pas et ne le trouve donc pas ». Dans les faits, cela donne aux scientifiques « carte blanche pour agir comme bon leur semble, tout en dissipant et en apaisant les craintes et l'opposition légitimes de la population[32] ». Dans le bulletin du *Science and Environmental Health Network,* on s'est également penché sur la question :

> On a réduit l'évaluation des risques à une simple recherche de preuves démontrant que la mort, le cancer ou d'autres effets indésirables sont causés par un produit ou une technologie. Les mots clés sont « preuves » et « causalité » [...] L'absence de preuves scientifiques d'effets négatifs, toutefois, ne garantit pas qu'un produit ou une technologie est sécuritaire. En cas de doutes scientifiques,

31. Bureau de la biotechnologie de l'Agence canadienne d'inspection des aliments, *La réglementation des produits agricoles en fonction des risques,* Ottawa, mai 1998.

32. Mae-Wan Ho et Ricarda Steinbrecher, *Fatal Flaws in Food Safety Assessment: Critique of the Joint FAO/WHO Biotechnology and Food Safety Report* (1996), Penang, Third World Network, 1998.

juger de l'innocuité d'une substance chimique ou d'une technologie ne relève plus de la science mais de la politique. Dans de telles circonstances, le principe de l'évaluation des risques peut être trompeur. Il peut en effet laisser entendre que l'absence d'effets négatifs prouvés atteste l'innocuité du produit, ou donner le bénéfice du doute à des produits ou procédés dangereux[33].

Il existe cependant une autre option que celle, aussi subjective qu'inadéquate, de l'évaluation des risques : le principe de précaution. Cette approche renvoie le fardeau de la preuve à qui de droit, soit aux défenseurs des « végétaux à caractères nouveaux », des « aliments nouveaux » et de toutes les formes de biotechnologie introduisant des changements qui dépassent notre entendement. Selon le principe de précaution, tel que défini par la Déclaration ministérielle de Bergen de 1990 : « En présence de risques de dommages graves ou irréparables, l'absence de certitude scientifique ne devrait pas servir à justifier le report de l'adoption de mesures préventives en matière de protection de l'environnement[34]. » Autrement dit, il vaut mieux pécher par excès de prudence. « La science préventive nous invite à mettre en lumière les limites de nos connaissances en dévoilant tant la complexité des choses que notre ignorance et nos valeurs [...] de façon à révéler ce qui a façonné notre conception de la certitude[35]. »

Plutôt que de protéger la population contre l'avidité des grandes compagnies, les gouvernements des pays capitalistes occidentaux préfèrent protéger l'industrie contre la population. En réalité, la réglementation mise en place par le gouvernement sert les intérêts de l'industrie de la biotechnologie, non seulement pour les raisons que nous avons déjà mentionnées, mais également parce que l'approbation émanant d'un organisme comme l'ACIA peut faire office de « gage de sécurité », plaçant l'industrie à l'abri des critiques de la population. Selon l'Association des fabricants de produits alimentaires et de consommation du Canada, par exemple, « l'un des rôles du gouvernement consiste à renseigner les consommateurs sur l'excellent système de réglementation canadien, grâce

---

33. Nancy J. Myers et Carolyn Raffensperger, *The Networker*, juin 1998 (communication électronique).

34. Cité par Katherine Barrett et Carolyn Raffensperger dans « Precautionary Science », dans C. Raffensperger et J. Tickner (dir.), *The Precautionary Principle : To Foresee and Forestall*, Island Press.

35. *Ibid.*

auquel nous profitons d'un approvisionnement alimentaire parmi les plus sains au monde[36] ».

Cette protection accordée aux compagnies (à condition qu'elles soient imposantes, précisons-le) est une caractéristique troublante de la culture de la mondialisation, de l'uniformisation et du règne du secteur privé. Elle est omniprésente. Dans le domaine du droit de propriété intellectuelle, par exemple, en cas de violation d'un brevet, il est de plus en plus courant de transférer à la partie accusée de contrefaçon la charge de la preuve, qui incombait autrefois au détenteur du brevet. C'est ce qui s'est produit lorsque Ian Wilmut et ses collègues du *Roslin Institute* ont fait breveter la technique de clonage utilisée pour obtenir la brebis Dolly. Quand par la suite une équipe du Massachussets affirma avoir cloné des vaches à l'aide d'une technique différente, Wilmut les accusa d'avoir violé son brevet, soutenant qu'il revenait à l'équipe du Massachusetts de prouver le contraire. Le transfert du fardeau de la preuve n'est parfois qu'une technique d'intimidation, si par exemple une compagnie comme Novartis vous accuse d'avoir contrefait un de ses brevets jusqu'à ce que vous puissiez prouver le contraire, à vos frais. C'est là une puissante manœuvre d'intimidation qui donne l'avantage aux grandes compagnies, peu importe l'issue du litige.

Une autre modification subtile apportée au concept de la charge de la preuve apparaît clairement dans une vidéocassette de formation d'une durée d'une demi-heure réalisée par Agriculture Canada à l'intention de ses inspecteurs. Dans cette présentation vidéo, on décrit la biotechnologie comme la manipulation du matériel génétique « en vue de produire des biens et des services », et on situe le génie génétique dans l'histoire familière du brassage de la bière et de la fabrication du pain, affirmant qu'il s'agit d'un domaine « très prometteur » qui nous ouvre de nouveaux horizons. Subtilement, on effectue alors un transfert du fardeau de la preuve, expliquant que selon « une opinion répandue chez les spécialistes » (dont l'identité n'est pas précisée), les produits génétiquement modifiés ne se distinguent pas « de façon significative » des variétés conventionnelles équivalentes. Il s'agit là d'un commentaire des plus révélateurs, qui laisse entendre que bientôt, les partisans des « végétaux à caractères nouveaux » n'auront plus à démontrer l'équivalence en substance de leurs produits ; il incombera plutôt aux législateurs de prouver que ceux-ci se distinguent

---

36. Laurie Curry, Association des fabricants de produits alimentaires et de consommation du Canada, *Ontario Farmer Daily,* 30 septembre 1998.

des variétés traditionnelles. On ne retrouve aucune introduction ni remerciement au début de la vidéocassette. À la fin, par contre, on y affiche en grosses lettres : « Nous aimerions remercier Monsanto Canada », avant de préciser que « Cette vidéocassette de formation a été réalisée à l'intention de la Direction générale de la production et de l'inspection des aliments d'Agriculture Canada [37]. »

La conclusion de l'histoire, évidemment, se trouve dans l'estomac, et à ce stade, comme nous l'avons déjà mentionné, il n'y a plus qu'un principe qui vaut : si vous vous empoisonnez en mangeant des pommes de terre transgéniques Bt, le fardeau de la preuve vous revient en entier. Monsanto se décharge de toute responsabilité, puisque la pomme de terre en question a été autorisée par l'ACIA. L'ACIA, pour sa part, peut alors vous refiler la responsabilité, étant donné que la pomme de terre était conforme à ses normes, aussi subjectives soient-elles. D'où l'ACIA tire-t-elle ce pouvoir ? De la loi du Parlement établissant la création de l'agence. Par conséquent, peut-on attribuer à qui que ce soit la responsabilité d'un empoisonnement (ou d'un décès) causé par la consommation d'un aliment transgénique autorisé, mais non étiqueté ? Non, tout simplement parce que l'ensemble des mécanismes de réglementation s'appuie sur une démarche scientifique « solide », et la science, après tout, ne se trompe jamais. En outre, comment se passer de la biotechnologie pour nourrir l'humanité et sauver l'environnement ?

Il existe pourtant un autre scénario beaucoup plus logique, qui s'impose de lui-même : les compagnies spécialisées dans le génie génétique devraient être tenues d'accepter toute la responsabilité de leurs actes, puisqu'il s'agit d'entreprises commerciales et non de projets destinés à servir les intérêts de la population. Ces compagnies tiendraient évidemment à étiqueter leurs produits « améliorés » qu'elles vendraient à un prix plus élevé. Cela s'appliquerait non seulement aux semences destinées aux agriculteurs, comme il est déjà pratique courante, mais également aux aliments destinés à la consommation, sur les tablettes de l'épicerie.

La responsabilité reviendrait alors aux compagnies (comme c'est le cas pour les médecins). Au moment de faire autoriser un produit ou un procédé, il incomberait au requérant de fournir la preuve de son innocuité, et non au législateur de prouver le contraire. Comme l'exprime Hiltrud Breyer, membre du Parti vert allemand au Parlement européen, « si les

---

37. *Biotechnology & Agriculture : A New Approach,* vidéocassette de formation réalisée par Agriculture Canada.

chercheurs sont convaincus que leurs expériences de manipulations génétiques sont sécuritaires, pourquoi ont-ils peur d'en assumer la responsabilité ? Comment l'industrie de la biotechnologie peut-elle s'attendre à gagner la confiance de la population si elle refuse la responsabilité de ses actes ? »

Les organismes de réglementation ne seraient pas pour autant déchargés de toute responsabilité, mais ils seraient tenus d'établir des normes aussi rigoureuses qu'objectives. Un aliment issu de la biotechnologie, par exemple, devrait faire l'objet d'une évaluation plus approfondie que s'il était simplement considéré comme un aliment nouveau. Étant donné nos connaissances limitées sur les conséquences à long terme de la biotechnologie, notamment sur ses effets sur la santé des humains, l'étiquetage obligatoire s'imposerait. Si par la suite des problèmes surgissaient, cela permettrait au moins d'en retracer l'origine.

Conformément aux recommandations émises par le Conseil des sciences en 1982, la procédure de réglementation devrait être publique. Si une compagnie conclut qu'il peut être avantageux de commercialiser un nouveau produit, elle devrait être disposée à laisser la population en juger par elle-même, plutôt que de réclamer le plus grand secret sous prétexte qu'elle doit protéger ses droits sur le produit en question. Cette argumentation est couramment utilisée tant par les compagnies que par le gouvernement pour justifier le voile de mystère — la « confidentialité » — entourant toute la procédure de réglementation[38].

---

38. Cela contrasterait grandement avec la situation actuelle décrite par Mae-Wan Ho et Ricarda Steinbrecher dans leur analyse d'un rapport de consultation des Nations unies qui, affirment-elles, démontre que la réglementation des aliments génétiquement modifiés est réellement conçue de façon à accélérer l'autorisation des produits « tout en dissipant et apaisant les craintes et l'opposition légitimes de la population ».

   Le principe d'« équivalence substantielle » (ES) est peu scientifique et tout à fait arbitraire [...] Non seulement est-il vague et mal défini, mais il est flexible, malléable et sujet à interprétation. L'« équivalence substantielle » ne signifie pas qu'une variété donnée est équivalente à la variété animale ou végétale non génétiquement modifiée correspondante. En fait, l'aliment génétiquement modifié pourrait être comparé à n'importe quelle variété ou à toutes les variétés de la même espèce. Il pourrait posséder les pires caractéristiques de toutes ces variétés et être encore considéré comme équivalent en substance. Un produit génétiquement modifié pourrait même être comparé à une espèce totalement étrangère. Pire encore, les produits ne doivent subir aucun test défini pour être déclarés équivalents en substance [...]

   Dans le rapport, on refuse explicitement d'assumer la responsabilité de [...] la possibilité de la création de nouveaux virus ou de flux de gènes (horizontaux) entre

Si la procédure de réglementation était publique et objective, les organismes de réglementation n'auraient plus de raison de refuser la responsabilité inhérente à l'homologation de nouveaux produits. Les produits et procédés autorisés seraient alors convenablement étiquetés de façon à préciser cette responsabilité. La pomme de terre Bt, par exemple, serait présentée comme telle, et son origine indiquée de manière à laisser le libre choix au consommateur. En cas d'effets négatifs associés à la consommation de la pomme de terre en question, la victime serait mieux informée et pourrait prendre les mesures appropriées. Les règlements encadrant la production et la distribution d'aliments génétiquement modifiés seraient fondés sur des critères plus objectifs et conservateurs, étant donné qu'en réalité, l'objectif de la procédure de réglementation est « d'évaluer l'efficacité et l'innocuité des nouveaux produits afin de protéger les humains, les animaux et l'environnement », et non d'« aider les entreprises canadiennes à maintenir la qualité et l'efficacité des produits qui font l'objet du commerce international ». (Ces deux objectifs contradictoires étaient présentés dans le deuxième paragraphe du document de l'ACIA mentionné plus haut.)

Évidemment, le débat sur l'étiquetage est inextricablement lié à la question de la production et de la transformation. L'industrie et les législateurs affirment qu'une pomme de terre reste une pomme de terre ; qu'elle subisse une manipulation génétique ne fait aucune différence pour le consommateur, qui n'a donc pas besoin d'en être informé. Mais pour certains, comme nous l'avons vu plus tôt, cela fait au contraire toute la différence.

Enfin, parce qu'il ouvre la voie au libre choix dans l'optique d'une société meilleure, l'étiquetage est un débat social de la plus haute importance. L'étiquetage des produits certifiés biologiques, par exemple, nous renseigne sur plusieurs plans. Il nous indique, d'abord, que l'aliment n'a

---

différentes espèces, à la suite de manipulations génétiques [...] Les auteurs du rapport s'affichent résolument en faveur de cette technologie, vantant aveuglément ses avantages sans aborder la question des répercussions socio-économiques sur les petits agriculteurs ni les autres options possibles en matière d'agriculture durable déjà mises en application à travers le monde.

(Mae-Wan Ho et Ricarda Steinbrecher, *Fatal Flaws in Food Safety Assessment: Critique of the Joint FAO/WHO Biotechnology and Food Safety Report (1996),* Third World Network, Penang, 1998.)

pas été produit à l'aide de la biotechnologie ni d'agrotoxines. Ensuite, il démontre que la certification biologique dépasse la dimension limitée des effets du produit sur la santé du consommateur pour englober les aspects plus larges de l'agriculture durable, de l'entretien du sol et du respect des animaux, des agriculteurs et des travailleurs agricoles. L'agriculture biologique est aussi un phénomène social. En effet, non seulement crée-t-elle beaucoup d'emplois, mais elle tisse des liens entre le producteur et le consommateur, par exemple dans le cas de l'agriculture soutenue par la communauté (ASC). Dans la philosophie de l'agriculture durable/biologique/écologique, la population n'est généralement pas perçue comme une masse de consommateurs à la recherche d'aliments bon marché, mais plutôt comme un ensemble de partenaires au sein d'une entreprise sociale destinée à satisfaire les besoins de tous.

Semer la confusion

> L'objectif de la biotechnologie moderne est d'améliorer les variétés végétales en y introduisant de nouveaux gènes. Le mot «altération», qui peut donner une connotation négative à la biotechnologie, n'est pas approprié. L'emploi du mot «amélioration» serait plus judicieux. Toutefois, afin de présenter une définition neutre, nous suggérons de remplacer «altération» par «modification»[39].

En 1997, j'ai participé à un congrès organisé à l'intention des professeurs du secondaire de l'ensemble du Canada, sur le pour et le contre de l'étiquetage des aliments génétiquement modifiés. La représentante pour l'Amérique du Nord d'AgrEvo, une des six principales compagnies d'agrotoxines et de biotechnologie, avait présenté aux professeurs un exposé aussi absurde que détaillé, leur expliquant pourquoi il était impossible de séparer les variétés provenant de semences génétiquement modifiées des variétés produites à partir de semences conventionnelles. Puisque cela est impossible, avait-elle conclu, l'étiquetage des produits génétiquement modifiés l'est aussi. Puis, à ma grande stupéfaction, elle avait ajouté: «D'ailleurs, quand le cheval s'est déjà enfui, il est trop tard pour réparer la porte de l'étable!»

J'étais le prochain à prendre la parole, et je n'ai pas pu m'empêcher de profiter de l'occasion pour exprimer le fond de ma pensée: «Merci

---

39. Recommandations de la Fédération internationale des vendeurs de semences/Association internationale des sélectionneurs au Comité de la Commission du *Codex Alimentarius* sur l'étiquetage des denrées alimentaires, 26ᵉ rencontre, mai 1998.

beaucoup, Margaret [Gadsby]. Je suis heureux de constater que Ray [Mowling, le vice-président de Monsanto] est également des nôtres, car vous venez de confirmer ce que je soupçonne depuis longtemps, et n'hésitez pas à me détromper si je fais erreur. Ce dont je me doutais, c'est que vous avez adopté une politique consistant à faire autoriser le plus grand nombre possible de variétés génétiquement modifiées et à les lancer sur le marché — et dans les supermarchés — le plus rapidement possible. Je vous soupçonne également de favoriser de façon délibérée le mélange des variétés traditionnelles et des variétés génétiquement modifiées, pour pouvoir ensuite être en mesure d'affirmer, comme vous venez de le faire, qu'il est trop tard pour les séparer et les étiqueter. »

Mon intervention n'a suscité aucun commentaire.

Comment s'étonner alors que le simple citoyen trouve difficile de distinguer la science de la science-fiction ? Ou une démarche scientifique digne de foi d'une histoire sans queue ni tête ? Il est pour le moins paradoxal, en effet, que les compagnies qui prétendent ne pas pouvoir isoler les végétaux issus de la biotechnologie se spécialisent également dans la mise au point de variétés spéciales dont l'identité est préservée à partir de la semence jusqu'au stade de la transformation (d'où la mention « identité préservée », ou IP). Le canola génétiquement modifié *high-laurate* de Monsanto, duquel est tiré une huile pouvant remplacer l'huile de palme dans la fabrication de détergents, en offre un bel exemple.

Les variétés IP ne sont pas nécessairement génétiquement modifiées. Il peut s'agir, par exemple, d'une variété de blé aux propriétés particulières sur le plan de la cuisson ou de la mouture. Cependant, à mesure que la résistance de la population aux aliments génétiquement modifiés s'intensifie, il devient de plus en plus important de séparer les végétaux transgéniques des autres, à chacune des étapes de la production et de la transformation. Étrangement, certaines compagnies qui manipulent des variétés génétiquement modifiées et prétendent qu'il est impossible de les séparer des variétés conventionnelles réussissent pourtant à isoler et à étiqueter des variétés certifiées biologiques. Manifestement, il s'agit davantage d'une question de volonté que de compétences scientifiques ou technologiques.

De toute évidence, on cherche délibérément à semer la confusion. Non seulement entre les variétés traditionnelles et transgéniques, entre les concepts de nouveauté et de familiarité, mais également en ce qui a trait à la nature même des aliments. Si l'on se fie aux scientifiques qui sont de plus en plus nombreux à critiquer la biotechnologie, personne ne sait vraiment ce qu'on sème dans les champs de canola, de pomme de terre, de maïs, de coton et de soya transgéniques. Considérons le point de vue de l'aliment. «Dois-je produire du Bt contre les doryphores ou un légume pour les humains?», doit se demander la pomme de terre Bt. «Suis-je toujours un producteur d'huile ou plutôt une simple fabrique d'herbicide?», s'interroge sans doute le canola *Roundup Ready*. Selon la biologiste Sonja Schmitz, de l'université du Vermont, le défi que doit relever la plante s'apparente à une course aux armements, où un projet unique monopolise l'ensemble des ressources au détriment de toutes les autres responsabilités ou projets en cours.

Il n'est donc guère étonnant qu'on commence à soupçonner cette confusion génétique d'être à l'origine d'une diminution de la vigueur et du rendement de certaines variétés transgéniques, dont le canola.

> Le rendement du canola [*Innovator*] résistant à l'herbicide *Liberty* a été nul, et la germination inégale [...] Le Syndicat du blé de la Saskatchewan a indemnisé près de 90 agriculteurs qui avaient fait des réclamations [...] On ne donnera pas suite aux réclamations de quelque 75 autres agriculteurs. Ces semences ont été mises au point par Agriculture Canada et AgrEvo[40].

> Selon Tony Zatylny, du Conseil canadien du canola, les programmes de sélection [...] exercent peut-être une trop grande pression sur le canola. En cherchant à augmenter la teneur en huile et en protéines des graines, on risque d'amincir le tégument de la semence au point de permettre aux produits chimiques de pénétrer dans la graine et d'endommager l'embryon[41].

> Il semble que de plus en plus de semences, bien qu'elles germent, ne produisent pas de plants viables[42].

Des études sur les effets négatifs associés à l'introduction d'une résistance aux herbicides dans les crucifères transgéniques ont évalué deux aspects importants de la survie des végétaux, soit leur production de graines et leur capacité de passer l'hiver. Ces études ont démontré que les plants transgéniques étaient moins performants que leurs équivalents non transgéniques. En outre, sans les pressions sélectives exercées par les herbicides, les variétés transgéniques ne semblaient pas pouvoir survivre,

---

40. *Western Producer,* 20 novembre 1997.

41. *Ibid.*

42. *Western Producer,* 22 janvier 1998.

à long terme, aussi bien que les variétés conventionnelles. La cause de cette diminution de la performance des végétaux restait obscure[43].

Il ne fait aucun doute que ce problème s'explique en partie par le rythme effréné auquel les compagnies lancent de plus en plus de variétés sur le marché chaque année. En 1982, on retrouvait sur le marché six nouveaux cultivars de canola, tous mis au point au Canada grâce à des programmes de sélection financés à même les fonds publics. Une seule variété nouvelle était commercialisée chaque année, après des études comparatives approfondies. Pour être homologuée, la nouvelle variété devait être équivalente ou supérieure à la variété témoin (une variété existante reconnue). Pressé de lancer le plus grand nombre possible de « nouveaux » produits « améliorés » sur le marché, le gouvernement permit toutefois aux semenciers d'abolir l'ancien système d'essais comparatifs obligatoires, qui exigeait que les variétés soient cultivées côte à côte en vue d'évaluer leur rendement réel dans les mêmes conditions. Le gouvernement canadien modifia également son propre système de certification des semences, qui était fondé sur l'accumulation de points de mérite. Selon le nouveau système, une nouvelle variété se voyait accorder des points supplémentaires du seul fait qu'elle avait été génétiquement modifiée. Dès 1996, à la suite de ce changement, il y avait plus de 130 variétés sur le marché; chaque année, 30 nouvelles variétés étaient commercialisées, dont plus de la moitié étaient transgéniques, et chacune d'entre elles avait une espérance de vie d'environ trois ans avant d'être remplacée par une autre « nouvelle » variété.

En 1998, au moment des récoltes, j'ai remarqué une annonce des plus révélatrices dans le *Western Producer,* un important journal agricole publié dans les Prairies. On y lançait un appel aux agriculteurs : « Si vous avez des problèmes avec les semences *Smart Canola* [une variété résistante à un herbicide, mais techniquement non considérée comme transgénique] et que vous n'êtes pas satisfait du règlement que vous propose Proven Seeds[44], nous aimerions en être informés. Si Proven Seeds ne nous écoute

43. ISB News (bulletin électronique), juin 1997. Extraits des études de : R. S. Hails, M. Rees, D. D. Kohn et M. J. Crawley, « Burial and seed survival in Brassica napus subsp. oleifera and Sinapis arvensis including a comparison of transgenic and nontransgenic lines of the crop », *Proc. Royal Soc. Lond.* B 264:17, 1997 ; et de J. Bergelson, C. B. Purrington, C. J. Palm et J. C. Lopez Gutierrez, « Costs of resistance : a test using transgenic Arabidopsis thaliana », *Proc. Royal Soc. Lond.* B 263:1659-1663, 1996.

44. Proven est l'appellation commerciale sous laquelle sont distribuées les semences de la *United Grain Growers,* une entreprise dont 49 pour cent des parts sont détenues par Archer Daniels Midland, des États-Unis.

pas en tant que simples agriculteurs, peut-être donnera-t-elle suite à nos réclamations si nous nous unissons. Veuillez nous communiquer votre situation et vos préoccupations à [...] Neepawa, au Manitoba[45]. »

Aujourd'hui, l'industrie de la biotechnologie se trouve devant un dilemme dont elle est la seule responsable. D'un côté, elle doit garder la population à distance — ou docile, à tout le moins. De l'autre, elle doit susciter un battage publicitaire suffisant pour continuer à aspirer l'argent des investisseurs dans le trou noir de la biotechnologie. Comme l'exprime le *New Scientist,* « Propulsées davantage par des espoirs et des rêves que par des produits concrets, [les compagnies de biotechnologie européennes] se sont précipitées pour recueillir des fonds, dans l'esprit d'une véritable ruée vers l'or[46]. » « Des observateurs [...] prétendent que l'industrie [de la biotechnologie] a fait aux investisseurs des promesses et des prévisions pour le moins irréalistes [...] Des 430 compagnies de biotechnologie inscrites à la Bourse à travers le monde, seulement environ 10 pour cent sont rentables[47]. »

Comment garder la confiance des investisseurs ? Un des moyens les plus efficaces consiste à les appâter avec une énorme cargaison de médicaments et d'aliments transgéniques évidemment tous sur le point d'être autorisés. Depuis ses débuts, en fait, la biotechnologie excelle dans l'art de prodiguer de grandes promesses. Comme le fait remarquer Robert Bud, on déployait déjà, il y a plus de deux décennies, des efforts considérables pour « apaiser les inquiétudes des médias et mettre l'accent sur les avantages potentiels concrets » de la nouvelle biotechnologie. « On a élaboré et répandu de puissants scénarios de façon à garder ce domaine à l'abri de la réglementation. En fait, on a attribué à l'ADN recombinant de multiples usages bien avant que la plupart d'entre eux ne soient réalisables, afin de s'assurer que rien n'entraverait son développement industriel [...] Dès 1974, on avait établi une liste d'avantages hypothétiques [de la biotechnologie] pour contrebalancer celle des risques hypothétiques[48]. »

Évidemment, on recrute ensuite les chercheurs pour mousser la vente d'actions et de médicaments, ce que déplore Ruth Hubbard, professeure émérite de biologie à Harvard : « Je ne prétends pas que les biologistes

---

45. *Western Producer,* 3 septembre 1998.

46. Éditorial du *New Scientist,* 4 juillet 1998.

47. *New Scientist,* 4 juillet 1998.

48. Bud, *op. cit.,* p. 178.

des molécules trompent délibérément les gens en leur faisant miroiter les résultats potentiels de leurs recherches. Certains le font peut-être, mais le plus important, c'est que ces chercheurs s'inscrivent dans une culture où on dépense des sommes colossales et beaucoup d'efforts pour éliminer les causes biologiques de la maladie et de la mort, alors que l'augmentation constante du nombre de victimes de drames sociaux est considérée comme inévitable [49]. »

Hubbard fait également remarquer qu'en attirant notre attention sur les micro-organismes ou les gènes, les scientifiques employés par les grandes entreprises nous écartent des questions sociales et s'assurent un véritable monopole. La santé est perçue comme un problème d'ordre scientifique auquel il faut trouver des solutions d'ordre scientifique. « [Mais] le fait d'accorder une attention excessive aux préoccupations et aux responsabilités individuelles ne peut que nuire à notre santé si elle nous encourage, en tant que société, à négliger le système qui nous affecte tous [50]. » Comme l'indique Steven Rose, « l'attention et le financement sont détournés du social vers le moléculaire [51] ».

D'un point de vue pratique, ajoute Hubbard, « pour les chercheurs et les compagnies pharmaceutiques, il peut être très rentable d'inventer de nouvelles maladies au fur et à mesure que sont mis au point de nouveaux outils de diagnostic conçus pour les déceler ou les prévoir [52]. »

Notre obsession de la santé individuelle, de la perfection et de la longévité sert directement les intérêts des compagnies spécialisées dans les « sciences de la vie », qui se font un plaisir de réchapper nos corps de la mort, partie par partie, ou un gène à la fois.

Les groupes de pression : comment arriver à ses fins

Nous avons mentionné plus tôt que le génie génétique, depuis ses premiers balbutiements et sous toutes ses formes et manifestations, a été intentionnellement classé comme technologie. Dans une culture de déterminisme technologique, la théorie selon laquelle la technologie est une force autonome place celle-ci au-dessus des mécanismes de contrôle

---

49. Ruth Hubbard et Elijah Wald, *Exploding the Gene Myth,* Boston, Beacon Press, 1993, p. 117.

50. *Ibid.,* p. 61.

51. Rose, *op. cit.,* p. 296–297.

52. Hubbard et Wald, *op. cit.,* p. 69.

démocratique. Cette approche réduit également le rôle des cadres d'entreprises et des fonctionnaires à celui de simples agents techniques, libérés de toute responsabilité quant aux conséquences de la production ou de l'autorisation de nouvelles technologies, y compris des produits issus de la biotechnologie. En fait, les cadres et les fonctionnaires en question considèrent que leur responsabilité consiste plutôt à lancer de nouveaux produits sur le marché de façon à faire grimper la valeur des actions des compagnies et le produit national brut.

L'idéal de l'industrie de la biotechnologie (ou de la «communauté» de la biotechnologie, comme elle se plaît à se nommer) est manifestement «le progrès fondé sur le déterminisme technologique». Le mode de fonctionnement de l'industrie, cependant, démontre clairement que celle-ci préfère définir le progrès selon ses propres critères, et qu'il lui est relativement facile d'obtenir les fonds publics nécessaires pour arriver à ses fins. Pour puiser à sa guise dans les fonds du gouvernement, l'industrie est passée maître dans l'art de former des groupes de pression et des organisations de relations publiques, au même titre qu'elle crée des végétaux à caractères nouveaux.

Au Canada, le principal lobby de l'industrie de la biotechnologie est Ag-West Biotech Inc., qui a été la première organisation de promotion de la biotechnologie vraiment combative au pays. D'autres organisations, comme l'Institut canadien de la biotechnologie (qui est devenu BioteCanada), ont choisi des moyens de pression plus conservateurs et plus limités — détournés, de l'avis de certains. Ag-West a été créé en 1989 à Saskatoon par un ancien employé de DowElanco, Murray McLaughlin, grâce à une subvention de 900 000 $ offerte par le gouvernement de la Saskatchewan. Il fallut cependant attendre 1993 pour que soit publié le premier numéro du bulletin de Ag-West, *AgBiotech Bulletin*, qui ne tarda pas à s'imposer comme porte-parole idéologique et stratégique de la biotechnologie agricole au Canada. Dans le deuxième numéro, McLaughlin expose ses critères en matière de relations publiques :

> Nous pouvons transmettre deux messages à la population pour l'aider à reconnaître les bienfaits de la biotechnologie. [D'abord] les techniques de base de la biotechnologie agricole sont employées depuis des millénaires [...] [Ensuite] le perfectionnement de la biotechnologie agricole est le fruit d'un partenariat établi entre le gouvernement, les laboratoires, les chercheurs universitaires et l'industrie. Même si l'on prévoit tirer un certain profit de la commercialisation [de la biotechnologie] dans l'avenir, les recherches

scientifiques effectuées visent d'abord et avant tout à améliorer la qualité de vie de la communauté[53].

Pendant plusieurs années, le Centre international de science et technologie agricole (ICAST) et Ag-West Biotech se partagèrent bureaux et employés. L'ICAST se voulait un organisme à but non lucratif, mis sur pied grâce à un fonds conjoint de 10,5 millions de dollars versés par les gouvernements fédéral et provincial. La gestion de l'ICAST fut confiée à Ag-West Biotech, sous la direction de Murray McLaughlin. Après le départ de McLaughlin, l'ICAST fut graduellement absorbé par Ag-West Biotech.

Dans les anciens *AgBiotech Bulletin* et feuillets « Infosource » (préparés par Ag-West à l'intention des étudiants), les aphorismes idéologiques pullulent :

> Les agriculteurs recherchent depuis toujours de nouvelles façons plus efficaces de lutter contre les insectes ravageurs.
>
> Contribuant à améliorer la nature [...]
>
> La réglementation doit continuer à s'appuyer sur la science [...] Les autres aspects — les dimensions éthique et socio-économique, par exemple — sont trop variables, et les détracteurs de l'industrie pourraient s'en servir pour retarder indéfiniment l'autorisation de nouveaux produits.
>
> Les scientifiques doivent choisir leurs mots avec soin. La « manipulation », par exemple, peut devenir la « modification » [...]
>
> En exploitant les techniques naturelles de transfert de gènes, des chercheurs ont réussi à modifier le matériel génétique de plusieurs variétés communes, créant ainsi de nouvelles variétés mieux adaptées aux besoins des agriculteurs.
>
> Les efforts que nous déployons sur le plan des communications sont [...] déterminants. La population n'a pas encore totalement accepté la biotechnologie agricole.

En 1996, après avoir tenu la barre pendant six ans, McLaughlin démissionna de son poste de président de Ag-West Biotech pour devenir sous-ministre de l'Agriculture en Saskatchewan. Un an plus tard, le gouvernement de la Saskatchewan, par l'intermédiaire du ministère de McLaughlin, s'engageait à verser chaque année 1,1 million de dollars à Ag-West Biotech, pendant une période de quatre ans. À cette contribution s'ajoutait la somme de 780 000 $, fournie par un autre fonds provincial

---

53. *AgBiotech Bulletin,* mai/juin 1993.

pour les trois années suivantes en vue de «favoriser l'élaboration de programmes scientifiques d'éducation et de sensibilisation destinés à la population, et de rendre la procédure de réglementation plus accessible aux compagnies de biotechnologie agricole de la Saskatchewan[54]».

Sa mission accomplie en Saskatchewan, McLaughlin quitta le ministère et devint le premier président de l'*Ontario Agrifood Technologies* (OAFT), un groupement à but non lucratif dont les bureaux étaient situés dans le nouvel édifice du ministère de l'Agriculture et des Affaires rurales de l'Ontario, à Guelph. Le rôle de l'OAFT consiste à «assurer la direction et la coordination des initiatives reliées à l'utilisation de la biotechnologie, dans le but de favoriser la prospérité de l'industrie agro-alimentaire en Ontario». Sa devise : «De la découverte au profit».

Le gouvernement fédéral s'engagea à verser une contribution de 650 000 $ répartie sur trois ans pour lancer le projet, et l'OAFT devait disposer d'un budget annuel d'environ 300 000 $. Le groupement comprend cinq universités ontariennes, le ministère de l'Agriculture de l'Ontario, la plupart des associations de producteurs industriels (les producteurs de maïs, de soya, etc.), plusieurs compagnies, dont AgrEvo, Cyanamid, DuPont, Monsanto, Novartis et Pioneer Hi-Bred, de même que la Banque Royale.

En janvier 1999, McLaughlin gravit un échelon de plus en acceptant un poste à la Banque Royale, où il est chargé de réunir le capital-risque destiné à financer des projets de recherche en biotechnologie.

Depuis 1983, le ministère de l'Agriculture du Canada n'a pas seulement été un important véhicule de propagande auprès de la population dans l'intérêt de l'industrie de la biotechnologie. Il a également offert un soutien moral et financier à ses groupes de pression, notamment au Centre d'information sur la biotechnologie alimentaire (CIBA). Le CIBA a été créé en 1993 par sept compagnies, en plus de Ag-West Biotech et de l'ICAST. Parmi les objectifs du CIBA, on retrouve entre autres celui de «renforcer la confiance des consommateurs [à l'égard de la biotechnologie] et à l'égard du système de réglementation» et d'«informer les consommateurs afin qu'ils puissent mieux comprendre l'industrie [...] et en reconnaître les bienfaits».

Aujourd'hui, le CIBA se décrit comme «la seule organisation nationale regroupant tous les intérêts en matière de biotechnologie alimentaire,

---

54. *AgBiotech Bulletin,* avril 1997.

de l'agriculteur au consommateur». Le centre prétend également «communiquer une information à la fois neutre et totalement crédible».

En 1997, l'organisation quitta ses bureaux d'Ottawa pour aller s'installer dans l'édifice de l'OMAFRA à Guelph, tout près des bureaux de Murray McLaughlin et de l'OAFT. Pour 1997 et 1998, le budget du CIBA s'élevait à 153 000 $, dont la somme de 150 000 $ provenait de l'adhésion de 60 compagnies, y compris AgrEvo, Dow, Monsanto, Novartis et Zeneca. Le dernier 3000 $ avait été versé par 100 membres individuels, de façon à conférer à l'organisme un semblant de démocratie. En outre, AAC avait fourni près de la moitié du revenu total du CIBA, soit 120 000 $ sur 273 000 $, dont la somme de 145 000 $ était allouée à ce qu'on pourrait nommer l'«évangélisation». Dans son bulletin d'avril 1997, le CIBA assure à ses membres que «les messages provenant de groupes d'intérêts [prônant la résistance de la population aux aliments génétiquement modifiés] sont contrebalancés par des faits mesurés, d'une valeur scientifique prouvée».

Parmi les partisans du CIBA les plus convaincus, on retrouve l'Association des consommateurs du Canada [...] qui, étrangement, est l'un des principaux groupes de pression de l'industrie contre l'étiquetage des aliments issus de la biotechnologie: «L'étiquetage des aliments n'est pas la seule façon de fournir aux consommateurs l'information dont ils ont besoin pour faire des choix éclairés, et ce n'est peut-être pas la meilleure façon de le faire.» L'ACC, en collaboration avec le CIBA, a d'ailleurs publié une «trousse d'information» dans laquelle elle vante sans retenue les merveilles de la biotechnologie et les multiples avantages des aliments génétiquement modifiés. À la dernière page, au milieu d'une liste d'«enjeux», on dénigre allègrement les réticences de la population: «Pour certains, le débat gravite autour de la moralité de l'introduction de nouvelles technologies.» C'est là une tactique typiquement employée par l'industrie pour éviter de se pencher sur les enjeux réels et les préoccupations légitimes de la population. Certes, la question de la moralité est au cœur du débat, mais elle dépasse largement la simple introduction de nouvelles technologies anonymes sur le marché.

Il y a plusieurs années, le Bureau des stratégies et de la coordination de la biotechnologie d'Agriculture Canada avait lui aussi publié un outil de promotion des plus attrayants, dans lequel il vantait les mérites des produits et des procédés qu'il était censé réglementer. Dans cette brochure, qui est encore en circulation aujourd'hui, on énumère les multiples possibilités de la biotechnologie: «des végétaux améliorés [...] des produits alimentaires supérieurs [...] des animaux plus performants, en meilleure santé [55]. »

L'exemple le plus poussé d'hyperboles et de désinformation, cependant, je l'ai trouvé dans une brochure éducative conçue en 1996 par le comité responsable des communications relatives au Plan vert agricole Canada-Saskatchewan, grâce à l'appui financier des gouvernements provincial et fédéral, en vue de « sensibiliser et [d']informer la population ». En voici un extrait qui en dit long : « Tous les outils et techniques employés par la biotechnologie possèdent ces caractéristiques communes : la technologie est hautement perfectionnée ; elle est appliquée avec une extrême précision ; elle est utilisée dans des environnements contrôlés. » La brochure ne précise pas comment il est possible de cultiver plusieurs millions d'acres de canola transgénique *Roundup Ready* dans un « environnement contrôlé », ni la façon dont la propagation de gènes s'effectue « avec une extrême précision ».

Entre-temps, Agriculture Canada s'était réorganisé afin de mieux servir l'industrie. Au milieu des années 1980, Eugene Whelan, le ministre libéral de l'Agriculture, permit qu'on change le nom de son ministère : Agriculture Canada devint Agriculture et Agro-alimentaire Canada (ou devrait-on lire Agriculture et Agro-industrie Canada ?). La direction générale de la recherche de AAC se donna pour mission de passer « de la science fondamentale à la recherche adaptée aux marchés de l'industrie agro-alimentaire. Il s'agit d'une approche ponctuelle de la recherche qui vise à obtenir des résultats précis pour tous les projets en cours, avec des retombées à court et à moyen termes [56]. » Afin d'accélérer cette transition, le gouvernement fédéral s'engagea à investir dans la recherche l'équivalent d'un dollar pour chaque dollar versé par des agriculteurs ou par l'industrie pour des projets spécifiques. Le directeur des stratégies et de la planification de la recherche d'Agriculture Canada déclara que cette nouvelle approche donnait à l'industrie « beaucoup plus d'influence sur les décisions d'AAC. En déposant simplement un dollar sur la table, vous pouvez établir des priorités [57]. » En 1998, le gouvernement du Canada publia une brochure intitulée « Investir dans le secteur dynamique de la biotechnologie agricole du Canada », qui présentait ses « incitations financières

---

55. Agriculture Canada, *La biotechnologie appliquée à l'agriculture : une science du mieux-vivre,* sans date.

56. *Western Producer,* 9 janvier 1997.

57. *Ibid.*

substantielles » sur le plan des crédits d'impôt et du soutien financier direct, expliquant que « les investisseurs œuvrant dans le secteur de la recherche en biotechnologie agricole sont à l'affût des profits les plus élevés et de la période de récupération la plus courte. » Le gouvernement exposait clairement ses priorités, qui de toute évidence n'incluaient pas le bien-être des Canadiens.

Le partenariat entre Dow Agrosciences, une filiale de Dow Chemical, et Performance Plants, établie à Guelph (et attachée à l'université de Guelph), est une manifestation concrète de la mise en œuvre de ce programme. Lors de l'annonce officielle de cette initiative, Arthur Carty, président du Conseil national de recherches du Canada, la décrivit comme une collaboration à long terme entre la science axée sur l'entreprise, l'industrie et le gouvernement. Les représentants de l'industrie tinrent le même discours, exprimant leur profonde reconnaissance à l'égard du soutien financier offert par le gouvernement du Canada[58].

Comment s'étonner ensuite que la politique se retrouve carrément entre les mains des investisseurs, comme l'indique clairement la publicité du Groupe de biotechnologie du Conseil national de recherches du Canada[59] ?

***

Néanmoins, on aurait tort de jeter tout le blâme de la situation actuelle sur l'industrie de la biotechnologie et ses fidèles *alter ego* du gouvernement. L'industrie, après tout, ne fait que poursuivre son éternelle quête de profits. Les employés du gouvernement, pour leur part, tentent d'assurer l'avenir de leur carrière à l'ère de la privatisation, de façon intelligente bien qu'immorale. Les partenariats entre l'industrie et le gouvernement illustrent bien le va-et-vient des employés entre les deux, qui ne peut que faciliter la compréhension mutuelle et les échanges.

En fait, le triste contexte d'aujourd'hui découle directement de lacunes considérables dans les mécanismes démocratiques au Canada. Plus que jamais, il est impératif que la population participe à l'élaboration des

---

58. *Western Producer,* 10 septembre 1998.

59. « Au fil des ans, les activités du Groupe de biotechnologie ont engendré une activité plus fébrile dans l'industrie et incité les investisseurs canadiens à injecter plus de fonds dans la biotechnologie. » (Publicité du Conseil national de recherches du Canada parue dans *BIOTECH,* le magazine du Réseau de biotechnologie, automne 1998.)

politiques en matière de technologie et de réglementation. Elle doit créer les structures où pourraient être débattues et élaborées démocratiquement les politiques publiques, de façon à forcer le gouvernement à répondre de ses actes non seulement devant une poignée de multinationales de plus en plus puissantes, mais devant l'ensemble de la population.

CHAPITRE X

Les lignes de vie

L'organisme est à la fois le tisserand et l'étoffe qu'il tisse, le chorégraphe et la danse [1].

La perspective et le contexte

À LA LUMIÈRE des derniers chapitres, où nous avons examiné en détail l'application de la biotechnologie, nous pouvons reprendre le portrait plus global de la question où nous l'avons laissé au chapitre V.

La construction sociale que constitue la biotechnologie industrielle moderne repose sur la cosmologie occidentale fondée sur une conception linéaire de l'histoire et du progrès. Tout tracé linéaire possède deux directions d'égale valeur, comme une voie ferrée. Mais par définition, le progrès se veut à la fois linéaire et unidirectionnel. Les ailes du progrès nous transportent vers notre destination, vers l'avenir, pour le meilleur et pour le pire. Il suffit de nous laisser aller.

Dans ce contexte déterministe, la technologie devient à la fois un outil du progrès et l'une de ses manifestations. Elle est à la fois le procédé (ou l'ensemble de procédés) grâce auquel nous progressons et, à son tour, un produit du progrès. À l'intérieur de ce système, toute chose classée comme « technologie » n'a pas besoin d'être expliquée ni justifiée ; elle existe, tout simplement, et nous devons la traiter avec respect et la

1. Steven Rose, *op. cit.,* p. 171.

laisser nous entraîner vers l'avant. Personne ne se demande qui l'a classée comme technologie ni pourquoi.

Cette cosmologie quelque peu absurde est reflétée par ce commentaire tiré d'un éditorial du *Toronto Globe & Mail* : « Il est difficile de prédire la voie que prendra le clonage. Tout ce que nous savons, c'est qu'il existe maintenant une voie[2]. »

Dans une culture axée sur la linéarité et le progrès, la divergence d'opinions, de points de vue ou de cultures est rarement bienvenue. Surtout si cette culture est marquée par l'universalisme triomphant qui s'est imposé après la guerre froide et la défaite de l'Union soviétique. Et malheureusement, l'histoire de notre civilisation démontre que le sort réservé aux « déviants » au fil des siècles n'a jamais été très glorieux : on n'a qu'à penser aux marginaux jetés aux lions sous les acclamations de la foule ou brûlés sur la place publique, ou encore à ceux qu'on menace aujourd'hui de procès ou de licenciement. L'histoire de la biotechnologie reflète cette approche ethnocentrique : aucune dissidence n'est tolérée, et encore moins reconnue.

Si l'histoire est portée par les ailes du progrès et qu'aucune dissidence n'est acceptée, il ne nous reste plus qu'à nous demander à quel rythme s'effectuera ce progrès. « Le plus vite possible », soutient l'industrie de la biotechnologie. Peut-être cela explique-t-il qu'aujourd'hui, le rôle tacite de la réglementation de la biotechnologie consiste à autoriser la commercialisation du plus grand nombre de produits possible, le plus rapidement possible, comme nous l'avons vu dans les chapitres précédents.

En tant qu'expression de cette culture, le langage de la biotechnologie est truffé de termes subjectifs, peu scientifiques et à forte connotation idéologique, tels que « améliorés », « meilleurs », « vers l'avant », « plus rapide ». Souvent, on qualifie de « rétrograde » quiconque ose mettre en doute les progrès de la biotechnologie. On laisse entendre par là que l'on peut uniquement se déplacer vers l'avant ou vers l'arrière, mais jamais de côté, et qu'il est immoral de reculer. Même si vous vous trouvez à deux pas d'un précipice dans le brouillard, vous avez l'obligation morale de poursuivre votre chemin vers l'avant. En réalité, bien sûr, si vous vous retrouvez dans cette situation, ou devant un mur, vous savez pertinemment que plusieurs options s'offrent à vous : vous pouvez effectivement foncer dans le mur ou tomber dans le précipice ; vous pouvez vous arrêter ; vous pouvez reculer ou même faire volte-face, ne serait-ce que pour voir

---

2. Extrait d'un éditorial du *Globe & Mail,* 8 août 1998.

les choses sous un angle nouveau ou prendre un peu de recul, le temps de considérer d'autres possibilités — emprunter un autre chemin, à gauche ou à droite, par exemple, ou même rentrer à la maison. Autrement dit, vous pouvez restreindre votre vie — et votre conscience — aux dimensions étroites et au parcours à sens unique du progrès, ou alors choisir de reconnaître la complexité de votre existence et le contexte particulier dans lequel elle s'insère.

Robert Horsch, un cadre supérieur de Monsanto, a exprimé la façon dont la logique du progrès implacable — et le soi-disant poids moral de cette logique — serve l'industrie, dans un discours prononcé en 1997 qui, encore aujourd'hui, fait figure de déclaration de principe sur le site Web de la compagnie. En 1998, celle-ci étaya d'arguments semblables la coûteuse campagne qu'elle lança au Royaume-Uni et en Europe dans le but de gagner la faveur de la population à l'égard de ses produits transgéniques :

> Nous ne pouvons nous permettre de gaspiller notre temps à analyser l'infime possibilité de risques associés à la biotechnologie qu'évoquent des scénarios fantastiques ignorant 10 millénaires de vaste expérimentation agricole, de même que les progrès formidables de la génétique moderne.
>
> Le train de marchandises qui fonce vers nous, c'est la crise du développement durable. Selon le principe de précaution, même si nous ne pouvons prédire l'avenir avec une certitude absolue, nous devrions agir de façon à limiter les dommages aussi graves qu'irréversibles qui sont causés au moment même où l'on se parle. Le refus d'aller de l'avant, de pair avec la nouvelle technologie [...] le commerce international et l'expansion de l'industrie [...] constitue probablement la plus grande menace pour nous. Notre inertie sur la voie ferrée de l'histoire nous tuera inévitablement si nous sommes trop lents à réagir[3].

Dans ce discours, Horsch renverse intelligemment les images et les enjeux, inversant même le principe de précaution selon lequel, comme nous l'avons vu plus tôt, nous ne devrions jamais agir sans connaître les conséquences de nos actes, particulièrement si celles-ci peuvent s'avérer négatives ou désastreuses pour des personnes qui ne nous ont rien demandé.

La métaphore du train qui arrive à toute allure, traditionnellement associée à la technologie, est renversée dans l'approche démagogique de

---

3. Extrait d'un discours prononcé à Salzbourg, en Autriche, le 15 septembre 1997, modifié le 2 octobre 1997 et affiché à http://www.monsanto.com

Horsch. Selon lui, le train sur le point de nous percuter, ce sont les désastres écologiques qui nous menacent, à moins que nous ne renoncions au principe de précaution et n'empruntions résolument la voie du génie génétique, notre seul espoir de salut.

Et si nous faisions fi de ce chantage moral et quittions la voie ferrée, si nous grimpions dans un arbre et laissions filer sans nous le train de la technologie, que se produirait-il? Quelles représailles peut-on exercer sur nous si nous décidons d'interrompre ce périlleux voyage? Le train de la technologie — ou l'industrie qui le conduit — peuvent difficilement quitter la voie ferrée et nous poursuivre.

***

Barbara McClintock était une pionnière de la biologie qui a décrit avec une exactitude surprenante les éléments génétiques qui, 30 ans plus tard, allaient enfin être reconnus par les biologistes des molécule et nommés « transposons ». Quand Evelyn Fox Keller lui demanda comment elle pouvait percevoir au microscope des éléments qui échappaient aux autres, McClintock lui fournit la réponse suivante : « Eh bien, vous savez, quand j'examine une cellule, je m'introduis dans cette cellule et j'observe ce qui m'entoure [4]. »

Tous les jours, nous employons des expressions comme « un point de vue différent », « une deuxième opinion », « une autre perspective », qui révèlent que nous avons conscience que le point de vue ou la perspective d'une seule personne suffit rarement à nous donner une bonne idée de ce que nous voyons, lisons ou entendons. Nous savons tous que pour en arriver à une bonne compréhension d'une réalité, ou pour la percevoir clairement, il nous faut en examiner tous les aspects. Une architecte, par exemple, présentera le bâtiment qu'elle a conçu sous différentes perspectives à son client. Aujourd'hui, les outils informatiques permettent même de faire tourner le bâtiment virtuel sur lui-même pour l'exposer sous tous ses angles.

Autrement dit, nous reconnaissons tous qu'il existe plus d'une « façon de connaître », ou *épistémologie*. Chacun de nous perçoit le monde et en fait l'expérience d'une façon différente ; inévitablement, nous adoptons tous un point de vue différent et unique, non seulement parce que chaque personne occupe un espace qui lui est propre, mais également parce

---

4. Evelyn Keller, *op. cit.*

qu'elle constitue en soi un organisme unique. Il est donc impossible que nous percevions ou expérimentions exactement la même chose, et les descriptions de nos expériences ne seront jamais identiques.

Cependant, l'épistémologie est plus qu'une perspective. C'est une théorie de la connaissance.

C'est d'abord dans un contexte théologique que j'ai découvert le mot «épistémologie», où il faisait référence aux diverses façons de connaître Dieu. C'était au moment où, ayant décidé de m'ouvrir à d'autres horizons que celui que m'offrait notre ferme, j'ai commencé à m'intéresser à la critique féministe de la science et de la théologie. J'ai mis beaucoup de temps à comprendre la signification de ce mot et à me familiariser avec lui. Après tout, j'avais grandi aux États-Unis, où notre science est *la* science, et notre vérité est *la* vérité. Il n'y en a qu'une, et nous la détenons.

L'*épistémologie,* affirme Steven Rose, «fait référence à notre façon d'étudier et de comprendre le monde», tandis que l'*ontologie* «réfère aux croyances que nous nourrissons sur ce qu'est "réellement" le monde[5]». Il s'agit là d'une distinction fort utile, car elle laisse entendre qu'il est possible de croire que le monde constitue un tout, voire un endroit «raisonnable», où nous pouvons vivre et agir. Rose décrit ce monde matériel comme «une unité ontologique [...] que nous appréhendons avec une diversité épistémologique». Imaginons, par exemple, un match de volley-ball. Avant le début du match, nous reconnaissons qu'il y a un ballon, un filet et un ensemble de lignes qui marquent les limites du terrain, ce qui forme une unité ontologique. D'autre part, chaque joueur perçoit et expérimente ces éléments d'une façon unique, ce qui représente la diversité épistémologique. «Nous avons besoin de la diversité épistémologique pour comprendre l'unité ontologique de notre monde», soutient Rose. Nous devons aussi prendre conscience du fait que notre façon de percevoir nos filets, nos limites et nos règlements n'est pas universelle.

La science occidentale, aussi capable soit-elle d'analyser les constituants chimiques d'une plante, ignorera peut-être tout de ses propriétés médicinales. Une personne indigène de l'Inde ou du Costa Rica, en revanche, même si elle ne parle pas anglais et ne possède aucune formation scientifique, et même si elle ne peut identifier les différentes composantes de la plante, connaîtra peut-être non seulement les propriétés médicinales de ses feuilles, mais également la valeur nutritive de ses racines et de ses noix, de même que ses habitudes de croissance et ses particularités. La

---

5. Rose, *op. cit.*, p. 85.

culture occidentale, toutefois, est traditionnellement une culture qui laisse peu de place aux épistémologies ou aux cultures divergentes. L'*hubris* de la civilisation occidentale — son orgueil démesuré — l'amène à afficher fièrement sa supériorité et à revendiquer l'exclusivité de sa conception « unique » du savoir et de la science. Elle ne ressent pas le besoin de s'ouvrir à d'autres vérités et à d'autres façons de concevoir et de comprendre la réalité, ni même de simplement reconnaître leur existence. La biotechnologie industrielle et le génie génétique sont des produits de cette culture.

L'objet de notre connaissance représente un aspect de l'épistémologie. La façon dont nous avons acquis cette connaissance en est un autre. Comment arrivons-nous à connaître les caractéristiques d'une plante, d'une molécule ou d'une personne ? Est-ce en les isolant de leur milieu naturel de façon à pouvoir réduire les variables avant de les disséquer ? C'est du moins l'approche fondamentaliste de la science réductionniste pratiquée en laboratoire. Cependant, les connaissances qui en résultent se voient ainsi considérablement limitées. Peut-être ne sont-elles même pas exactes ou fiables, car aucun objet, aucun organisme, n'existe en dehors d'un contexte ou d'un environnement particulier. Sans contexte, un code génétique ou une séquence d'ADN pourraient être interprétés de multiples façons, ou encore ne rien signifier du tout.

Si une enfant pleure, nous pourrions adopter une approche réductionniste pour déterminer les causes de son désarroi, grâce à une prise de sang, une scanographie du cerveau ou un examen psychologique. Nous pourrions également choisir de considérer l'environnement de l'enfant et constater qu'un monstre se cache derrière la fenêtre, qu'elle a englouti une énorme quantité de cerises, ou encore qu'elle a un doigt coincé dans une porte. Nous pourrions enfin élargir l'idée du contexte dans le temps, considérer le vécu de l'enfant, au cours de ses premiers mois ou la veille, ou ce qui l'attend dans une heure si on la mène à l'hôpital.

Comment en sommes-nous venus à attribuer l'auréole de la compréhension absolue — de l'omniscience — à notre science borgne, profondément réductionniste ? Malgré toutes ses prétentions, en effet, la science occidentale réduit le monde à une seule perspective, l'examine sous un seul angle.

Si nous renversons la question de la perspective et examinons la réalité de l'intérieur plutôt que de l'extérieur, observant ce qui l'entoure, c'est alors son contexte qui se révèle à nous.

Nous grandissons et évoluons tous dans un contexte particulier. Chaque organisme et chaque cellule s'insèrent dans un contexte hors duquel ils n'existent pas. La meilleure façon de saisir ce contexte est de le percevoir comme un système vivant en constante évolution, composé « d'organismes vivants et de leurs déplacements dans le temps et l'espace ». Steven Rose nomme ces déplacements « lignes de vie ».

Le philosophe et professeur Craig Holdrege propose une autre façon de situer un organisme dans son environnement. Selon lui, l'espace seul ne permet pas que la plante forme un tout. « Le tout se crée dans le temps [...] Le "corps temporel" de la plante engendre son "corps spatial"[6]. » Les lignes de vie d'un organisme se rejoignent latéralement dans l'espace et s'entrecroisent dans le temps, ce qui situe l'organisme et établit le contexte particulier dans lequel il s'insère.

De l'endroit où je suis assis, je peux observer ce qui m'entoure et me situer dans l'espace. Je peux aussi me remémorer mon passé et imaginer mon avenir, déterminant ainsi mes propres lignes de vie. De façon plus personnelle, je peux évoquer tous ceux et celles sur la planète qui ont contribué à définir ma vie et l'être que je suis aujourd'hui. Enfin, je peux me rappeler les personnes qui, par le passé, ont façonné ma vie et l'ont guidée, et qui font indubitablement partie de mes lignes de vie. Je me trouve au centre de lignes de vie génétiques et sociales, qui comprennent mes parents, mes enfants, plusieurs oncles et tantes, des professeurs, des sages, des prophètes et des amis, et d'autres personnes que je n'oserais pas qualifier d'amis.

L'affirmation de Holdrege selon laquelle « la pensée axée sur le contexte ne s'arrête pas aux objets isolés ; ainsi, les "choses" du monde s'estompent, révélant les liens qui les unissent » me rappelle à quel point, au secondaire, je détestais l'histoire, qui nous était présentée comme une simple énumération de rois et de reines, de guerres et de victoires, de traités et d'inventions. Quand, vers le milieu de mes études universitaires, j'ai découvert que l'histoire pouvait être abordée comme un ensemble d'interrelations, un véritable récit où s'entremêlaient les cultures, les conflits, les classes et les conséquences, le passé m'est apparu sous un jour nouveau. L'histoire, riche de mille lignes de vie se chevauchant et s'entrecroisant, prenait vie et formait un tout organique, plus près du mythe que de la chronique. C'était comme si, plutôt que de chercher à

---

6. Craig Holdrege, *Genetics & the Manipulation of Life: The Forgotten Factor of Context*, Hudson (New York), Lindisfarne Press, 1996, p. 40.

comprendre les humains en disséquant leurs corps, on s'intéressait à l'étude de leurs relations sociales. De toute évidence, la biotechnologie est de la première école.

Dans le cadre de son analyse historique de l'attitude de la société à l'égard de la science, Jon Turney a décrit la façon dont, au cours de la première moitié du XXe siècle, le biologiste était typiquement représenté comme un homme au sarrau blanc, armé d'un microscope et d'une éprouvette. Après le milieu des années 1950, toutefois, le «personnage au sarrau blanc» était plus souvent associé à un modèle de molécule ou à un schéma de la double hélice au tableau noir. Plus récemment, l'image s'est à nouveau transformée. Le centre d'intérêt du scientifique type est devenu «une séquence d'ADN ou une photo de matériel génétique — *l'accent est mis sur l'information plutôt que sur la structure*[7].» Autrement dit, l'objet des recherches, l'organisme, est de plus en plus isolé et dépouillé de son contexte.

Si l'on suit cette logique, l'industrie a raison d'affirmer que la biotechnologie n'est pas une discipline nouvelle; déjà, au milieu du XIXe siècle, «un nouveau type de physiologistes prétendaient qu'on pouvait donner une explication purement physicochimique de la vie [...] La vivisection n'était pas une innovation, comme en témoigne Victor Frankenstein quand il décrit à Walton la façon dont il "a torturé l'animal vivant pour donner vie à l'argile". Ce qui était nouveau, c'était de l'employer à une grande échelle. Elle s'inscrivait dorénavant dans une approche à la fois interventionniste et empiriste des problèmes biologiques[8].» La biotechnologie n'a fait que pousser plus loin le réductionnisme et la dissection, et diviser le vivant en parcelles plus minuscules encore.

«La recherche industrielle et la recherche universitaire dans le domaine de la biologie sont devenues la "biotechnologie", écrit Richard Strohman. Aucune des deux ne s'intéresse aux organismes; elles n'étudient pas un tout mais des mécanismes et des parties, et le concept prépondérant qui guide cette recherche n'est "fondamental" que parce qu'il s'appuie sur l'espoir futile qu'un jour, les parties et les mécanismes trouveront le moyen de s'unir en un tout[9].»

---

7. Turney, *op. cit.*, p. 44.

8. *Ibid.*, p. 48.

9. Richard Strohman, lettre à *Nature Biotechnology*, p. 1224–1225, novembre 1997.

Ce commentaire de Strohman sur la structure (ou sur le manque d'un «produit» complet) est complété par celui de Steven Rose sur le fonctionnement de la science occidentale : «Les succès de la science ne reposent pas tant sur l'observation et la contemplation que sur une intervention active dans le phénomène qu'on cherche à expliquer [...] nous ne pouvons nier le fait que la biologie interventionniste — et plus particulièrement la physiologie —, est une science fondée sur la violence, sur "l'assassinat dans l'intention de disséquer les cadavres" [10]. »

Le réductionnisme scientifique et la culture axée sur le contrôle qui constituent la base de la biotechnologie moderne éliminent nécessairement le contexte. Représentons-nous la poupée russe traditionnelle, la grande *babushka* qui s'ouvre pour révéler une autre *babushka* toujours plus petite, jusqu'à ce qu'apparaisse une dernière poupée de bois massif, de la grosseur d'un dé à coudre — le gène. De la même façon, pour découvrir l'information fondamentale que l'on dit à la base de toute vie, il nous faut la dépouiller de tout ce qui l'entoure. Mais que ferions-nous de la petite *babushka* de bois massif, solitaire et intemporelle, si nous n'avions qu'elle? Peut-être l'oignon nous offre-t-il une meilleure analogie : nous le dénudons péniblement, pelure par pelure, jusqu'à ce qu'il n'en reste plus rien, sinon nos yeux larmoyants!

Pour la biotechnologie industrielle, comme pour l'agriculture industrielle à laquelle elle est appliquée, le contexte n'est rien de plus qu'un problème à régler ou une contrainte à éliminer. L'assurance avec laquelle on vante la précision des techniques utilisées et leur capacité de modifier, de détruire ou d'ajouter un seul gène à la fois, de même que l'arrogance de ceux et celles qui nient toute probabilité de conséquences négatives, dénotent une volonté d'ignorer toute notion de contexte ou de «lignes de vie», que ce soit à titre d'influence ou de conséquence. Cargill, par exemple, a lancé ses semences de tournesol hybride en Inde en claironnant n'avoir utilisé que le meilleur matériel génétique au monde — totalement exempt de gènes indiens. Et les semences de soya transgénique mises au point pour l'Ontario, l'Ohio ou l'Indiana sont vendues à travers le monde, comme si le milieu naturel — ou le contexte — des semences ne revêtait pas la moindre importance.

Mais la notion de l'organisme-automate relève de la fiction. «Les frontières entre un organisme et son environnement ne sont pas définies. Les organismes ne cessent d'absorber des parties de leur environnement, d'où

---

10. Rose, *op. cit.*, p. 4.

ils tirent leur alimentation, et ils modifient constamment leur milieu en y intervenant, en y expulsant leurs déchets, ou encore en adaptant le monde à leurs besoins», explique Rose. Les organismes ne font pas que répondre passivement à leur environnement. Ils choisissent de le façonner et prennent les moyens pour le faire. «Les organismes [...] sont les acteurs de leur propre avenir [11]. » Autrement dit, l'organisme et son contexte interagissent continuellement, et ils sont en constante évolution. C'est cela qui forme la vie, non pas l'ADN isolé et l'«information» qu'il renferme, ni la molécule, ni la cellule d'un organisme.

Sans contexte, la mort

La biotechnologie moderne est-elle l'expression extrême de la fascination des scientifiques du XIXe siècle pour la dissection des mécanismes de la vie, laquelle suppose inévitablement la mort des sujets étudiés, qu'il s'agisse de chats errants ou de criminels condamnés? Marque-t-elle plutôt un énorme bond en avant de sa capacité à franchir les frontières de la nature et à violer l'intégrité d'organismes morts ou vivants, des bactéries aux êtres humains? Ou peut-être représente-t-elle ces deux courants?

«Pour prendre d'assaut les secrets de la nature, la science occidentale était mieux organisée et disposait de moyens plus imposants que la science d'autres cultures», avançaient les auteurs d'un article publié dans le *Scientific American* il y a plusieurs années, citant comme preuve le «miracle économique occidental» [12]. Cette affirmation est peut-être aussi juste aujourd'hui. Mais la science occidentale en général, et la biotechnologie en particulier, ne risquent-elles pas d'être entraînées dans la dégringolade des marchés qui s'est amorcée en 1998, et de créer autant de chaos et de destruction sociale?

L'histoire en jugera. Mais quoi qu'il advienne, il ne fait nul doute que la résistance de la population et des scientifiques s'intensifie à mesure que les allégations de l'industrie, qui non seulement prétend connaître les «secrets de la vie» mais tente de se les approprier, se font plus radicales, plus stridentes, plus agressives.

La biotechnologie est acclamée comme le moteur de l'économie ainsi que comme notre seul espoir de nourrir les affamés de la planète et de protéger l'environnement de la menace humaine. Mais outre cela, elle

---

11. *Ibid.,* p. 140–142.

12. Nathan Rosenburg et L.E. Birdzell, «Science, Technology and the Western Miracle», *Scientific American,* novembre 1990.

fait miroiter à ceux qui peuvent se le permettre une autre possibilité des plus séduisantes : celle de vaincre la mort, ou du moins de la repousser.

Evelyn Fox Keller a décrit « l'élan scientifique » qui anime la biotechnologie comme « le désir ardent de pénétrer les secrets de la nature, conjugué à l'espoir voulant qu'à force de sonder les mystères de la nature, nous pourrons pénétrer (et donc contrôler) les secrets ultimes de notre propre mort ».

Cette « campagne », explique Keller, est menée sur deux fronts : « La quête de la fontaine de Jouvence et, simultanément, la recherche d'armes de plus en plus efficaces pour donner la mort [13]. » Le succès de cette entreprise, ajoute-t-elle, tout comme la reconnaissance de la biologie moléculaire à titre de science véritable, ont été marqués par la découverte de la structure de l'ADN, d'un côté, et par l'invention de la bombe atomique, de l'autre.

Keller nous propose une théorie convaincante, présentant la science occidentale comme une entreprise conçue et promue par des hommes en vue de percer les secrets de la vie détenus par les femmes. « Les secrets délimitent une frontière [...] une sphère de pouvoir autonome. La réponse à la question « Qui, à travers l'histoire, a détenu le secret de la vie, et de qui ce secret a-t-il été tenu à l'écart ? » est évidente : traditionnellement, la vie a toujours été perçue comme un secret inaccessible aux hommes, que confère aux femmes leur capacité d'enfanter. » La culture occidentale, soutient Keller, a délibérément « inventé une stratégie » — la méthode scientifique — pour affronter « la menace ou la fascination exercées par les secrets de la Nature », et soumettre la « sphère potentiellement autonome de la Nature » à son autorité [14].

Évidemment, ce sont surtout des femmes, comme Maria Mies, qui prennent conscience de la violence qui imprègne cette attitude et ces pratiques : « Sans rompre violemment le tout organique appelé Mère Nature, sans séparer par force les objets étudiés de leur contexte symbiotique en les isolant dans le laboratoire, sans les disséquer [...] en des morceaux et des pièces de plus en plus petits [...] les nouveaux scientifiques sont incapables d'accroître la connaissance. Ils ne peuvent pas, semble-t-il,

---

13. Evelyn Fox Keller, *Secrets of Life, Secrets of Death,* New York et Londres, Routledge, 1992, p. 39–40.

14. *Ibid.,* p. 40–41.

comprendre la nature et les phénomènes naturels s'ils les laissent intacts dans leur propre environnement [15]. »

La quête de la source de la vie, pour laquelle on pousse les recherches toujours plus profondément dans l'organisme, a trouvé un nouveau centre d'intérêt : la cellule embryonnaire, comme la désigne ceux qui espèrent en faire une véritable « usine-éprouvette », capable de produire sur commande des pièces de rechange pour les humains. Assurément, « cela pourrait représenter une mine d'or pour la compagnie de biotechnologie qui ferait breveter la cellule vierge [16] ». Avant de pouvoir étudier cette cellule primordiale, toutefois, les biologistes « doivent la capturer — et en contrôler la croissance ». Pour ce faire, il leur faut d'abord l'isoler. Autrement dit, ils doivent l'extirper de son milieu pour pouvoir l'étudier. Mais sur quoi porteront leurs recherches si, comme nous l'avons constaté, il est impossible d'identifier et de comprendre un organisme ou ses composantes sans considérer son milieu de vie ?

En outre, fait remarquer Keller, « Alors que la quête des physiciens à la recherche des constituants de la vie les mène dans le royaume de l'infiniment petit et de l'évanescent, la quête des biologistes à la recherche des composantes fondamentales de la vie les conduit dans le royaume de l'information pure [17] ». Et chaque fois qu'ils semblent pouvoir se l'approprier, cette information leur file entre les doigts.

Par conséquent, comme le souligne Richard Strohman, ce qui se voulait à l'origine une « théorie génétique au sens étroit, un modèle du gène » prend de l'ampleur et évolue par erreur en une théorie et un modèle de la vie même. « La science normale est une approche qui révèle des cartes génétiques reliées aux fonctions biologiques ; les légendes des cartes, toutefois, ne sont pas incluses dans le paquet. Et manifestement, les véritables secrets de la vie se trouvent dans ces légendes manquantes [...] Il est beaucoup plus probable que ces règles soient enchâssées dans l'organisation de la vie qu'inscrites dans le catalogue des éléments de cette organisation [18]. »

---

15. Mies, *op. cit.*, p. 62. Voir aussi Vandana Shiva, *Staying Alive,* Londres, Zed Books, 1988.

16. Antonio Regalado, « The Troubled Hunt for the Ultimate Cell », *Technology Review,* juillet/août 1998.

17. Keller, *Secrets of Life, Secrets of Death,* p. 179.

18. Richard Strohman, « The coming Kuhnian revolution in biology », *Nature Biotechnology,* mars 1997, p. 194–200.

Mais l'industrie de la biotechnologie le voit d'un autre œil. « Chacun des gènes du genre humain, dont on estime le nombre à 100 000, renferme un code moléculaire précis qui permet la synthèse d'une protéine différente [...] C'est en se familiarisant avec le rôle de ces protéines que les scientifiques pourront percer les secrets de la vie et mettre au point de nouveaux médicaments puissants[19]. »

Le rêve de ces alchimistes modernes est insaisissable ; le but ultime de leurs recherches, en effet, ne cesse de se dérober à l'horizon. Leur première victoire a été la découverte de la structure de l'ADN par Watson et Crick qui, en fait, se sont approprié le fruit des recherches de Rosalind Franklin. (Ce scénario aurait été radicalement différent si, comme il est pratique courante aujourd'hui, Franklin avait fait breveter sa découverte avant de la faire connaître. Francis Crick n'aurait peut-être jamais été rien de plus qu'un technicien de laboratoire de haut niveau.) A suivi le séquençage de l'ADN et l'identification de gènes précis, puis la détermination de la nature des protéines codées. Aujourd'hui, le rêve tend à se relocaliser dans les protéines mêmes. Ruth Hubbard nous rappelle toutefois que « la relation entre les protéines et les gènes rappelle en quelque sorte la relation entre la poule et l'œuf. De nombreux gènes déterminent la synthèse d'une protéine donnée, et de nombreuses protéines participent à la synthèse et au fonctionnement d'un gène donné[20]. » Environ 100 000 protéines sont produites dans le corps humain, ce qui permet 50 milliards de combinaisons possibles.

Quels seront les prochains secrets à percer à tout prix ? Et quand la science réductionniste reconnaîtra-t-elle avoir fait fausse route, comme le laissent entendre Strohman et bien d'autres ? Quand prendra-t-elle conscience que le secret de la vie ne se cache pas dans des séquences ni dans des protéines ou autres éléments isolés, quels que soient la façon dont on les désigne et l'endroit où on les a découverts ?

Aujourd'hui, ceux et celles qui sont engagés dans cette quête des secrets de la vie se trouvent à un carrefour. Ils peuvent choisir de mettre l'accent sur l'étude des relations sociales et des lignes de vie des organismes, ou alors s'acharner à rechercher l'essence de la vie à la façon des vitalistes, convaincus qu'en disséquant un organisme en parcelles de plus en plus minuscules, ils finiront par mettre à nu le secret de la vie — l'ultime cellule — et à se l'approprier.

---

19. Antonio Regalado, « The Next Genome Project », *Technology Review,* mai/juin 1998.

20. Hubbard et Wald, *op. cit.*, p. 52.

Mais pour en arriver là, si cela s'avère possible, le prix à payer est énorme : c'est la vie elle-même qu'il faut sacrifier.

***

Parallèlement à cet « épluchage » de la vie, on a également cherché à mettre à nu la mort, un processus aux conséquences extrêmement hasardeuses. On s'est d'abord attaqué aux fléaux et aux épidémies. Il y a à peine quelques années, on nous assurait que la malaria, de même que la tuberculose, étaient sur le point d'être éradiquées. On pourrait avoir recours aux antibiotiques pour éliminer toutes sortes d'agents pathogènes opportunistes. D'ici peu, tous les démons et les maladies qui menacent la vie des humains disparaîtraient un à un, anéantis par l'ingéniosité humaine et la science moderne.

L'étape suivante consisterait à éliminer — ou à pouvoir réparer — les ravages des maux qui, sans être terminaux, assaillent de toutes parts l'humanité. « Des organes sans donateurs — voilà la logique qui sous-tend la fusion d'ovules de vaches et de cellules humaines [...] C'est là le rêve de tout chirurgien transplantologue : une réserve inépuisable d'organes et de tissus parfaitement adaptés aux patients [..] Puisque ces tissus et ces organes seraient clonés à partir des cellules du patient, on réduirait considérablement les risques de rejet immunitaire. Cela pourrait représenter la solution tant recherchée au manque chronique d'organes humains provenant de dons [...] [21]. »

La science nous traite de plus en plus comme des automobiles composées de pièces fabriquées un peu partout sur la planète, qu'elle peut obtenir grâce à son réseau de vente exclusif — et la biotechnologie adopte exactement la même attitude à l'égard des plantes.

J'ai reçu récemment une nouvelle carte « or » d'assurance-maladie provinciale confirmant mon identité d'« aîné » âgé de plus de 65 ans, accompagnée d'un formulaire de dons d'organes provenant de la Société de transplantation de la Colombie-Britannique et d'une enveloppe « généreusement pré-affranchie par Roche ». Je pourrais donc, moi aussi, contribuer au procédé de fabrication « ponctuel » mis au point par les fabricants d'automobiles japonais, selon lequel les pièces, au lieu d'être produites et entreposées pour être utilisées au besoin, sont fabriquées dans des sous-chaînes de montage (des corps comme le mien, par exemple) partout

---

21. *New Scientist,* 11 juillet 1998.

dans le monde et expédiées de façon à arriver juste au bon moment dans la salle d'opération. Ces sous-chaînes de montage peuvent être des gens ordinaires comme moi, ou alors des enfants de la rue au Brésil ou des femmes appauvries par le Progrès, en Inde. Bientôt, des porcs ou d'autres animaux « modifiés » à cette fin produiront à leur tour des pièces de rechange (pour des xénotransplantations) — et peut-être quelques virus mortels pour leur tenir compagnie. Évidemment, quoi qu'il advienne, Roche saura en tirer profit, même si ce n'est pas dans notre intérêt.

Sommes-nous sur le point de vivre le dernier chapitre d'une longue et sordide histoire, celle de notre perception de l'enfant au fil des siècles et de notre quête de perfection séculaire ? Dans un livre intitulé *Quest for Perfection,* Gina Maranto décrit les diverses façons dont on se débarrassait des enfants non désirés — ou imparfaits — par le passé. Aujourd'hui, dit-elle, « Le contrôle est indubitablement la condition *sine qua non* de la science [...] Le but ultime du projet de la procréation assistée, qui est le fruit de 2000 ans de persévérance, d'intuition et d'ingéniosité, est d'assujettir ce processus naturel, d'en contrôler tous les aspects. Dans l'industrie de l'infertilité, les endocrinologues spécialisés dans la reproduction, entre autres, participent déjà aux décisions eugéniques prises par les couples qui font appel à eux. Un jour, si on les laisse agir à leur guise, les scientifiques-médecins remplaceront les gènes défectueux dans les embryons comme s'il s'agissait de mauvais carburateurs [22]. »

Peut-être le marché des technologies de reproduction est-il plus prospère encore que celui de la lutte contre la mort et l'invalidité qui s'élargit sous l'impulsion de l'industrie de la biotechnologie. Le fait que les personnes infertiles se sentent impuissantes, indésirables, voire presque inhumaines, ou qu'on les perçoive ainsi, sert à légitimer la « production » d'un enfant, peu importe la situation des parents ou de ceux qui souhaitent produire cet enfant. La transformation de ce désir en un véritable droit confère un pouvoir indéniable à la division de la production de bébés de l'industrie de la biotechnologie. Une fois de plus, dans l'intérêt de l'industrie, le problème n'est pas associé à des causes sociales et environnementales mais à des facteurs d'ordre individuel et génétique. Le procès intenté par un avocat de la Nouvelle-Écosse au gouvernement provincial en offre un exemple extrême. L'homme demandait que les frais inhérents aux techniques aussi coûteuses qu'incertaines de fertilisation *in vitro*

---

22. Gina Maranto, *Quest for Perfection : The Drive to Breed Better Human Beings,* New York, Scribner, 1996, p. 24.

auxquelles son épouse et lui avaient eu recours soient couverts par le système de santé de la province, à titre de « traitement médical nécessaire ». « Les personnes infertiles gisent dans les fossés en bordure de la route et saignent parce qu'elles ont le cœur brisé », avait conclu Alex Cameron[23]. Au début de 1999, le juge décréta : « le traitement n'a pas été effectué à des fins médicales, et dans cette affaire, la procédure médicale employée en vue de favoriser la procréation [...] ne semble pas répondre à un impératif médical[24]. »

Cette confusion qui règne sur les frontières entre la vie et la mort est illustrée par un autre fait divers : « L'homme est mort subitement, et sa famille demanda que l'on conserve son sperme. » Une équipe de médecins préleva les spermatozoïdes de l'épididyme du cadavre et les congela. « Cela remplit les gens d'espoir et apaise la douleur qui résulte de la perte subite d'un être cher », affirma le médecin en chef. Par la suite, les spermatozoïdes décongelés furent injectés dans les ovules de l'épouse du défunt[25].

Comme l'écrivait récemment le biologiste E. O. Wilson : « Dans la mesure où nous dépendrons de prothèses pour garder la biosphère et nous-mêmes vivants, nous fragiliserons tout ce qui existe. Dans la mesure où nous bannirons le reste de la vie, nous appauvrirons pour toujours notre propre espèce. Et si nous abandonnons notre nature génétique à la ratiocination assistée par la machine, si nous diluons notre éthique, notre art et notre essence profonde en prenant l'habitude de nous perdre en digressions insouciantes au nom du progrès, nous prenant pour des dieux et imaginant que nous sommes déchargés de l'héritage de nos ancêtres, alors nous ne serons plus rien du tout[26]. »

23. *Globe & Mail,* 25 juillet 1998.

24. *Globe & Mail,* 6 février 1999.

25. *New Scientist,* 18 juillet 1998.

26. E. O. Wilson, *Consilience,* New York, Knopf, 1998.

CHAPITRE XI

Armageddon ou la lutte suprême

La fin et la genèse

SOUS LA SURFACE du génie génétique appliqué à la biotechnologie couve un magma métaphysique qui jaillit de temps à autre, faisant surgir une multitude d'interrogations à propos de la véritable nature de cette industrie. Que l'on pense aux coûteux efforts déployés pour produire des pièces de rechange pour les humains, mettre au point des techniques de sélection génétique pour obtenir le bébé « parfait » ou « améliorer » le canola et le maïs, ou encore aux promesses de Monsanto offrant à l'humanité « Nutrition — Santé — Avenir », le questionnement à propos des secrets de la vie et de la mort reste au cœur du débat.

Le scénario conçu par Monsanto pour justifier sa propre mutation biologique et métaphysique, soit la métamorphose d'une vilaine compagnie de produits chimiques en un ange de vie porteur d'un message d'espoir et de salut pour le nouveau millénaire, est aussi blasphématoire que prétentieux, dans la lignée de tous les scénarios apocalyptiques fondamentalistes.

Par ailleurs, comme le soutiennent certains critiques, il est fort plausible que la firme, loin d'être dupe de sa propre propagande, soit parfaitement consciente de l'imminence d'une catastrophe écologique — voire d'un désastre pour l'humanité — qui pourraient être provoqués par ses activités ou celles d'une autre compagnie du même acabit. S'il est vrai qu'un tel cynisme règne, les compagnies n'ont plus qu'un seul souci : voir jusqu'où elles peuvent aller, et combien de richesses elles peuvent accumuler, avant l'Apocalypse.

Selon les millénaristes, la fin du monde est proche, et un nouveau paradis terrestre se trouve à notre portée. Cette croyance est souvent interprétée comme le rétablissement du jardin d'Éden. Dans *The Religion of Technology* [1], par exemple, l'historien David Noble met l'accent sur l'interprétation de Joachim de Flore du Livre des Révélations et sur sa prétention (en 1200) à lire les signes du temps, et donc à prédire les événements à venir. « Armés de cette connaissance anticipée de l'avenir, notamment du rôle qui leur serait confié, les élus n'auraient plus à attendre passivement le millénium ; ils pourraient dorénavant travailler activement à le provoquer. » La technologie devint un instrument de grâce pour atteindre ce but ultime.

Noble soutient que la croyance en un millénium imminent, de même que « le vieil espoir de retrouver le savoir adamique perdu lors de la chute d'Adam », étaient au cœur de la science au XVIIᵉ siècle. L'historien place Francis Bacon dans ce camp : « Le plaidoyer de Bacon en faveur des arts utiles à l'évolution du savoir humain visait d'abord et avant tout à favoriser l'accomplissement de la promesse millénariste du rétablissement de la perfection. » Cependant, comme l'indique Noble, « même s'ils reconnaissaient avec ferveur l'intervention divine dans leur travail, les scientifiques commencèrent, subtilement mais sûrement, à s'accaparer les pouvoirs du Créateur ». Vers la fin de sa vie, Bacon prédisait (dans *Nouvelle Atlantide*) que « les humains créeraient un jour de nouvelles espèces et deviendraient pareils à Dieu ».

Cela se passait il y a trois siècles !

Noble poursuit en abordant la question du « nouveau millénarisme » de l'âge nucléaire, qui reposait sur un renouveau de la croyance en un destin technologique incontournable, conjuguée à l'espoir de la délivrance, ou du « salut », résultant d'un Armageddon — ou ultime combat — atomique. Il est difficile, aujourd'hui, de se remémorer le climat politique et émotionnel entourant la période de la guerre froide, soit les trois décennies entre les années 1950 et les années 1970. Avant de qualifier leurs critiques d'hystériques, les promoteurs de la biotechnologie devraient se rappeler la véritable hystérie dans laquelle, à tout moment, menaçaient

---

1. David Noble, *The Religion of Technology,* New York, Knopf, 1997, p. 23.

de basculer des millions de personnes de tous âges, à l'époque où la moindre sirène d'alarme paralysait tous les adolescents, qui s'attendaient au pire. Encore aujourd'hui, le souvenir de cette expérience me fait frémir. Le plus effrayant, c'était le fait que des démagogues — des politiciens et des présidents, dont Kennedy — étaient prêts à détruire le monde pour mieux « protéger » l'échafaudage idéologique qu'ils nommaient « liberté » (et qu'ils appelleraient aujourd'hui le « marché »).

Mais nous avons fini par nous faire à cette idéologie, grâce aux rationalisations de plus en plus poussées qu'ont laborieusement élaborées des théologiens, des politiciens et des laboratoires de pensée comme l'Institut Hudson. À l'heure actuelle, l'Institut Hudson confère une légitimité institutionnelle à Dennis Avery et à ses fantasmes utopiques à propos « des pesticides et du plastique », et maintenant de la biotechnologie. « Nous » avons remporté la guerre de la propagande, et les Russes paient aujourd'hui le prix de cette victoire.

La guerre froide fait maintenant partie du passé, et les jeux féroces de l'époque — y compris les préparatifs de guerre chimique et biologique, au cas où l'effet de dissuasion exercé par la menace nucléaire ne serait pas assez efficace — ont sombré dans l'oubli. La mise au point d'armes chimiques et biologiques à l'époque, cependant, a directement ouvert la voie à la propagande actuelle de la biotechnologie ; ce sont là des manifestations d'une véritable démence contre laquelle j'ai toujours lutté, sous toutes ses formes.

Notre manifestation silencieuse, en 1960 ou 1961, à l'entrée de Fort Detrick, au Maryland, où étaient situées les installations de recherche et de fabrication d'armement chimique et biologique de l'armée américaine, m'a laissé un souvenir impérissable, gravé dans mon âme à tout jamais. (Ces installations sont aujourd'hui consacrées à des recherches en biotechnologie, comme le Projet sur la diversité du génome humain.) La manifestation avait été organisée par un couple de quakers qui ont assuré une veille silencieuse aux portes principales de Fort Detrick pendant plusieurs années, en signe de protestation contre les funestes activités auxquelles on s'y livrait, lançant un muet appel aux employés qui passaient par là matin et soir. Ces heures passées debout, en témoin silencieux méditant sur l'éventualité de désastres amorcés en ce lieu sinistre, furent pour moi une expérience lugubre et troublante.

Il y eut d'autres manifestations. Pendant mes études au séminaire, à New York, nous avions droit chaque année à une grande farce qui durait une journée, un exercice de défense civile aussi grotesque que grandiose, en cette sombre période où tout le monde devait savoir comment se mettre à l'abri des bombes nucléaires. Pour quelques compagnons du séminaire et moi, c'était là une belle occasion de refuser consciencieusement de coopérer. Nous nous installions dans les marches du *Lincoln Memorial* dans le *Riverside Park*. Au centre-ville, Dorothy Day et les *Catholic Workers* feraient une fois de plus les frais d'arrestations de routine. Dans le haut de la ville, les flics feraient mine de ne pas nous voir.

Peut-être devrions-nous, aujourd'hui, nous préparer à l'éventualité de flux de transgènes provenant du canola *Roundup Ready* comme nous le faisions à l'époque pour les risques de retombées radioactives. Mais comment protéger des champs entiers, qui ne peuvent se réfugier dans un abri antiatomique?

La biotechnologie a «évolué»: alors qu'elle était autrefois un outil visant à créer les armes idéales pour un génocide silencieux, elle est devenue une technologie salvatrice destinée à produire de nouveaux instruments d'espoir et de salut. À l'origine, comme je l'ai déjà mentionné dans le chapitre VI, les premiers produits issus de la biotechnologie (soit la tomate *FlavrSavr* et l'hormone de croissance recombinante bovine) n'avaient pas fait l'objet de prétentions semblables. Les comparer à des bombes atomiques nous serait apparu absurde à l'époque. Mais peut-être ces produits n'étaient-ils que les premières salves de la campagne biotechnologique actuelle?

Robert Shapiro, directeur général de Monsanto, «n'anticipe aucune collision apocalyptique entre la croissance et les "limites naturelles" de la terre», rapportait *The Economist*. «Certains soutiennent que les semences de M. Shapiro constituent l'équivalent biologique de la puissance nucléaire, un autre produit qui a jadis été acclamé comme une solution "propre" à l'épuisement des ressources de la terre[2].»

La vision millénariste du rétablissement du jardin d'Éden, ou du moins du paradis dont jouissait Adam avant de se laisser emporter par son avidité, a peut-être inspiré les scientifiques du XIXe siècle. Avec la laïcisation de la société occidentale, cependant, la puissance de ce mythe s'est estompée au profit d'une nouvelle mythologie — une transposition de l'histoire de Frankenstein, en fait — créée pour justifier le projet de la biotechnologie. Ce mythe moderne, offert en promotion par les multinationales spécialisées dans les «sciences de la vie» et résumé par le nouveau

---

2. *The Economist,* 26 avril 1997.

logo de Monsanto, ne fait pas miroiter le retour à l'Éden mais l'accomplissement de la promesse du serpent, qui avait susurré à l'oreille d'Ève que si elle croquait dans le fruit de l'Arbre de Vie, ses yeux s'ouvriraient : «Vous serez comme des dieux, qui connaissent le bien et le mal». À l'orée du nouveau millénaire, toutefois, Ève l'entrepreneure a fait breveter cette pomme du savoir et de l'information et exige de toucher des redevances pour une bribe de sa connaissance du bien et du mal.

Frankenstein, comme le fait remarquer Jon Turney, «marque une transition dans les histoires de création de la vie par des humains : le savant Victor, en effet, n'invoque ni Dieu ni aucune force surnaturelle. Il parvient à ses fins grâce à ses propres efforts [scientifiques] [3].» Ces efforts, cependant, dépendent en partie des connaissances qu'il a acquises en disséquant des cadavres humains dont la provenance reste obscure. Mary Shelley prête d'ailleurs ces propos à son héros : «Pour examiner les sources de la vie, il nous faut d'abord avoir recours à la mort. J'ai exploré la science de l'anatomie, mais cela n'était pas suffisant ; je dois observer aussi le déclin et le pourrissement naturel du corps humain.» Dans la conclusion de l'histoire, évidemment, la victoire de Victor qui parvient à «créer la vie» ne provoque que tragédie et mort.

***

Dans un bref exposé sur ce qu'il nomme le caractère typiquement chrétien de la technologie occidentale au cours de la Renaissance et de la Réforme, Ernst Benz se penche d'abord sur le concept chrétien — prépondérant dans l'Ancien Testament — d'un Dieu créateur, potier et maître d'œuvre à l'origine, puis grand machiniste ou horloger, inventeur de la machine cosmique, dans le contexte de la révolution industrielle [4]. Comme l'exprime Evelyn Fox Keller : «La nature, délivrée de la présence de Dieu, s'est vue transformée : parce qu'elle était dorénavant définie comme un objet, elle s'ouvrait à toutes les investigations [5].»

Le fait de concevoir Dieu comme le Créateur et le monde comme son œuvre dépouille l'univers de son caractère divin : il n'est pas Dieu mais un produit de Dieu, à la fois temporel et transitoire. D'après une

---

3. Turney, *op. cit.,* p. 14.

4. Ernst Benz, *Evolution and Christian Hope,* Garden City, Anchor Books, 1968, p. 121–132.

5. Keller, *Secrets of Life, Secrets of Death,* p. 58.

version de la genèse et la tradition qui l'a perpétuée, explique Benz, les humains ont par la suite été créés à l'image de Dieu et placés dans le monde pour en prendre soin — ou, comme on n'a pas tardé à l'interpréter, pour le dominer. Lors de l'acte de création, le monde se voit coupé de Dieu et perd donc toute nature divine. Adam voit ensuite le jour, créature séparée de Dieu. Il n'y a alors qu'un pas à franchir pour pouvoir affirmer que si l'humanité a été créée à l'image de Dieu, les humains doivent eux aussi prendre part à la Création et participer à l'établissement du royaume de Dieu. Si l'on pousse plus loin ce raisonnement, la présence de Dieu s'estompe petit à petit et finit par disparaître complètement. L'achèvement de la Création devient alors une entreprise exclusivement humaine, facilitée par la technologie moderne : c'est le mythe de Frankenstein qui se perpétue.

Pour finaliser la Création — ou provoquer la bataille d'Armageddon — peut-on trouver une meilleure technologie, ou des techniques plus efficaces, que celles que nous offre le génie génétique ?

Proposant une analyse de l'histoire différente de celle qui est présentée par Noble, Benz souligne l'importance d'un autre élément clé : l'idée que Dieu le Créateur était également le Seigneur d'une histoire qui évolue vers son but ultime : le salut. Or, c'est précisément là le fondement de l'idéologie du progrès : l'histoire s'inscrit dans un plan divin dont la visée ultime est l'achèvement de la Création, à laquelle l'humanité est appelée à participer. « La révolution technologique moderne n'a jamais pu nier ses racines eschatologiques ni le fait qu'elle s'appuie sur la conception chrétienne du temps et de l'histoire. Elle a transformé l'attente chrétienne de la venue du royaume de Dieu en une utopie technologique[6]. »

L'analyse de Benz nous conduit logiquement à la culture contemporaine et à la dynamique actuelle de la biotechnologie, même si, comme celle d'Ivan Illich, elle a été effectuée au moins dix ans avant l'aube de l'ère de la biotechnologie. L'édition originale du livre de Benz a été publiée en allemand en 1965, à une époque où il était impossible de prévoir l'apparition du projet utopique de l'amélioration de la vie par le génie génétique. Son argumentation, néanmoins, permet une meilleure compréhension de l'*hubris* de la culture industrielle et du réductionnisme scientifique occidentaux.

Les dernières étapes du processus historique que décrit Benz nous sont proposées par Bruno Latour, qui laisse entendre qu'au cours du

---

6. Benz, *op. cit.,* p. 132.

processus de modernisation, l'immanence de Dieu dans la nature a évolué vers l'immanence de Dieu dans l'humanité. La nature a été consciencieusement sécularisée, coupée du divin et des forces spirituelles, tandis que les humains se sont vus dotés d'une essence divine qui leur conférait la sanctification sans condition. «Il [Dieu] n'allait plus gêner en rien le développement des modernes, tout en demeurant efficace et secourable dans le seul esprit des seuls humains[7].»

Ce raisonnement nous offre une explication plausible de l'arrogance du projet moderniste de la biotechnologie, pour lequel il n'existe pas de limites à l'intervention de l'humain dans la nature, et du totalitarisme de la science qui ne laisse aucune place ni à la critique ni à l'éthique. Nul n'entravera la voie de Dieu!

> Car qui me trouve trouve la vie, il obtiendra la faveur de Yahvé; mais qui m'offense blesse son âme, quiconque me hait chérit la mort. (Proverbes 8:35-36)

Le Verbe et la semence

> « Au commencement était le Verbe »
>
> Mais était-il *ex situ* ou *in situ,* écrit ou oral ?

Après avoir examiné quelques-unes des pratiques de la biotechnologie ainsi que l'attitude et les mécanismes qui les caractérisent, et exploré l'idéologie qui a engendré cette expression extrême de la culture occidentale, nous pouvons nous poser une question fondamentale à propos de la culture de la biotechnologie elle-même: est-elle morte ou vivante?

Comme je l'ai déjà mentionné, à l'époque où le *Frankenstein* de Mary Shelley a vu le jour, en 1831, la biologie expérimentale en était à ses premiers balbutiements. La dissection (de cadavres) et par la suite la vivisection (d'animaux et d'organismes vivants) étaient en voie de devenir les instruments de prédilection des scientifiques désireux de comprendre le fonctionnement de la vie, s'inscrivant dans la tradition selon laquelle «pour comprendre le corps, il faut le mettre en morceaux». La population en général, et celle de l'Angleterre en particulier, n'était guère enthousiaste à l'égard de ces violents assauts contre les animaux, et le mouvement «anti-vivisection» commença à s'affirmer sur la scène politique et sociale.

Ces nouvelles «technologies», de même que l'attitude qu'elles reflétaient, ne tardèrent pas à remplacer l'observation phénoménologique

---

7. Latour, *op. cit.,* p. 52.

qui avait caractérisé jusqu'alors la recherche et l'enseignement dans le domaine de la biologie, notamment en médecine. Alliées à la quête mystique des secrets de la vie, elles préparèrent le terrain pour l'émergence de la biologie moléculaire, un siècle plus tard, laquelle fut suivie de près par le génie génétique, alors qu'apparaissaient des outils permettant de fouiller de plus en plus profondément l'organisme, partie par partie, à la recherche de la source de la vie. (On peut se demander ce que les scientifiques imaginaient pouvoir découvrir.)

L'histoire de Frankenstein, comme le fait remarquer Turney, n'est pas ancrée dans le surnaturel mais dans la science de l'époque, dépeinte comme la recherche de « contrôle des fondations biologiques de la vie ». Comme histoire d'horreur, elle est lue et relue, et parce qu'elle exprime des peurs et des espoirs profondément humains, et qu'elle se transforme constamment en étant contée et recontée, mise en scène et portée à l'écran, elle a évolué en un véritable mythe contemporain. « Le mythe est malléable, surtout en raison de la forme orale qui le caractérise, mais il conserve un noyau de sens immuable. Le texte littéraire imprimé, lui, possède une forme définie, et le travail du critique consiste à en découvrir les multiples sens[8]. » Ces notions peuvent nous aider à comprendre les questions que soulèvent la conservation génétique, les banques de semences et l'agriculture de subsistance.

Ce n'est que depuis quelques années qu'en matière de conservation des semences — des « ressources génétiques », comme les nomme aujourd'hui l'industrie de la biotechnologie —, on a commencé à privilégier la conservation *ex situ* : les semences sont isolées de leur environnement naturel et entreposées dans des banques de semences réfrigérées, que l'on retrouve principalement dans les riches pays du Nord. Autrement dit, l'« information » est entreposée à froid, conservée comme un objet inerte que l'on utilise de temps à autre comme source de matériel génétique.

Cette « information » peut également être comparée à un document écrit à préserver, au même titre que les manuscrits de la mer Morte ou tout autre parchemin ancien. On se base sur l'hypothèse selon laquelle les semences entreposées dans une banque de semences il y a 50 ans, puisqu'elles sont définies et immuables, conserveront leur valeur d'origine. La semence, ou plus précisément l'information génétique qu'elle contient, est séparée de son contexte et perçue comme déconnectée et inerte,

---

8. Turney, *op. cit.*, p. 27.

comme les rois et les reines ou la date d'une bataille importante dans mes livres d'histoire du secondaire. Et évidemment, l'histoire enseignée n'est qu'une chronique extrêmement sélective des événements, tels que perçus par les vainqueurs. Les perdants, tout comme les autres cultures, épistémologies et cosmologies, ont tout simplement été occultés. Les érudits peuvent consacrer une multitude d'heures, voire d'années, à tenter de confirmer l'exactitude d'une interprétation de l'histoire, sans être conscients qu'il existe peut-être des lacunes importantes dans l'information qu'ils manipulent. Leur attitude s'apparente beaucoup à celle de Bauman qui vantait les mérites de la HCrb, en se fondant sur « l'information disponible [...] ».

Cette approche contraste fortement avec celle qui caractérise la conservation de semences *in situ,* qui consiste à garder les semences dans leur habitat naturel, où elles peuvent évoluer en harmonie avec leur environnement. Ces semences — et les gens qui les conservent — auront peut-être à lutter contre les assauts de la révolution verte et du génie génétique, entre autres, mais ils ne sont pas à la merci d'une panne d'électricité, d'une compression budgétaire ou d'une négligence. Ainsi, les semences conservées *in situ* se rapprochent incontestablement du mythe. Les vérités fondamentales qu'elles véhiculent demeurent intactes et sont transmises au fil des ans, alors qu'elles sont semées, récoltées et ressemées, contées encore et encore comme les épopées orales. Et de toute évidence, les agents de brevets n'ont pas leur place dans cette culture.

On a déjà soutenu que « la vitalité des mythes réside précisément dans leur capacité de se transformer, de s'adapter et de s'ouvrir à de nouvelles combinaisons de sens [9] ».On pourrait tout aussi bien affirmer que « la vitalité des semences et des organismes vivants réside précisément dans leur capacité de se transformer, de s'adapter et de s'ouvrir à de nouvelles combinaisons de sens ».

À titre d'entreprise, ou d'investissement, le génie génétique exige que les gènes soient capturés, possédés, conservés et exploités comme de simples marchandises. « Qui penserait à investir dans le génie génétique appliqué à la biotechnologie, sachant à quel point les gènes et les génomes sont fluides et malléables ? [10] », demande Mae-Wan Ho.

***

9. C. Baldick, *In Frankenstein's Shadow : Myth, Monstruosity and Nineteenth Century Writing,* Oxford, Oxford University Press, 1987, p. 4.

10. Ho, *op. cit.,* p. 71.

La signification profonde de la dichotomie *in situ/ex situ* est mise en évidence dans un rapport sur la situation du Bangladesh après les graves inondations survenues pendant l'été de 1998. Farida Akhter, de UBINIG, une association de paysans du Bangladesh, y écrivait que « quand les eaux ont commencé à se retirer des propriétés familiales rurales, les familles de paysans ont entrepris leurs préparatifs en vue de semer des légumes dans leur potager. Les femmes étaient prêtes. Elles avaient cherché à sauver leurs réserves de semences de citrouilles, de haricots, de courges, de lentilles, pour ne nommer que celles-là. Certaines familles avaient perdu toutes leurs semences, mais les femmes étaient ouvertes au partage et aux échanges. Vers la mi-septembre, UBINIG lança une initiative de distribution des semences. Les femmes étaient intéressées à recevoir des semences de citrouilles. Tous les plants de citrouille avaient été dévastés par les inondations, et une maison paraît si dénudée sans plant de citrouille ! Rushia, une paysanne, était ravie de recevoir de nouvelles semences. Elle exprima sa joie par une chanson, "*Praner Bondhu tomar Dekha Pailam*", qui signifie "Ô mon amie, quel bonheur de te voir !" » Elle se réjouissait de ne pas avoir eu à se procurer des semences au marché, où on ne peut généralement trouver que des variétés à haut rendement (HYV) ou des hybrides. »

Quels enseignements pouvons-nous tirer de cette apparente simplicité, qui contraste avec le simplisme de la monoculture d'hybrides et la soi-disant précision de la biotechnologie ?

Akhter poursuit en expliquant que « tout le processus de sélection des semences renforce considérablement la capacité ancestrale de la communauté de réagir aux catastrophes. La sélection elle-même est une technique très raffinée, que l'économie officielle ne peut comprendre ni rationaliser en raison de sa subtilité et de sa logique interne adaptée aux besoins divers des familles. Une seule variété végétale, ou une seule espèce de légume, ne suffit pas, car chaque famille a des besoins particuliers. Ces besoins sont satisfaits grâce aux échanges et à la reconnaissance mutuelle des besoins de chacun. Une famille qui possède des semences qu'elle ne peut semer parce que son champ est inondé les offre tout naturellement à une autre famille. »

Dans la culture occidentale, qui se caractérise par le matérialisme et l'individualisme et met l'accent sur l'exclusivité, on utilise le langage écrit pour établir des contraintes légales et définir les droits relatifs à la propriété privée, qu'il s'agisse de territoire, de « ressources naturelles », ou encore de l'« information » contenue dans les nouvelles formes de vie et les nouveaux procédés. Selon la loi, les semences doivent être brevetées et ne peuvent être partagées.

Récemment, j'ai entendu quelqu'un dire qu'avec les végétaux génétiquement modifiés, on est en train de créer une agriculture repliée sur elle-même et stérile : ces végétaux, en effet, n'acceptent pas de partager la terre avec les espèces sauvages, les insectes, ni même avec les bactéries. Aucun partage avec qui que ce soit. Puisque les agriculteurs ne sont plus propriétaires des semences qu'ils sèment, ils ne peuvent en faire profiter d'autres. La technologie *Terminator* — la production de semences stériles brevetées par une compagnie — est une manifestation extrême de cet égoïsme et de cette avarice. La nature tolérera-t-elle cet affront ?

Akhter décrit la façon dont le partage des semences fait partie intégrante de la culture des paysans au Bangladesh : « Ils croient que si vous partagez vos semences avec vos voisins et vos amis, la récolte sera meilleure. Si le paysan conserve jalousement ses semences, alors que d'autres souffrent d'une pénurie de semences, cela lui portera malheur, étant donné qu'il les en prive. Cette culture axée sur le partage protège la diversité naturelle et assure la conservation *in situ* des semences. »

Dans un livre superbe intitulé *Enduring Seeds,* Gary Nabhan nous parle des recherches de l'ethnobotaniste Janis Alcorn, qui a décrit la façon dont « les paysans traditionnels se conforment à des "scénarios non écrits", transmis par leurs ancêtres, qui permettent d'assurer la continuité des pratiques agricoles, de génération en génération. La plupart des sociétés axées sur l'agriculture se conforment à ces règles informelles qui guident la sélection des espèces et la conservation des semences. Chaque paysan ou paysanne adapte ce système à ses besoins uniques, mais les principes de base qui le sous-tendent seront transmis à ses descendants. De cette façon, les caractéristiques des végétaux qui émergent en un milieu de vie donné grâce à la sélection naturelle sont conservées ou développées au fil des générations [11]. »

Au cœur de ces récits et de ces scénarios ancestraux, on retrouve un profond respect du flux de la vie, fort éloigné de l'organisation calculée de l'information par la machine technologique. De par son essence même, l'ingénierie génétique exige l'isolation et l'identification des fragments de la vie en vue de se les approprier, de les manipuler et de les posséder. Elle choisit de faire abstraction des interrelations et des lignes de vie qui forment les organismes, les écosystèmes et les sociétés.

---

11. Gary Nabhan, *Enduring Seeds,* San Francisco, North Point Press, 1989, p. 74.

À l'heure actuelle, l'idéologie capitaliste dominante oblige chacun de nous à faire un choix entre le savoir-faire populaire et les méthodes de l'industrie, entre des traditions sociales et écologiques, essentiellement orales, et un échafaudage juridique écrit et codifié, conçu pour établir les structures de domination d'une économie dirigée et centralisée. Ce contrôle, évidemment, émane des sièges sociaux des multinationales spécialisées dans les « sciences de la vie », et il s'immisce dans le patrimoine génétique des semences, des spermatozoïdes et des ovules eux-mêmes, lesquels, à l'instar des anciennes colonies, sont voués à assouvir les besoins de la « compagnie mère ».

CHAPITRE XII

La résistance

C'est qu'il est impossible que la situation coloniale perdure, parce qu'il est impossible qu'elle soit aménagée [1].

Résistance : organisation clandestine luttant pour la libération nationale dans un pays sous occupation militaire ou totalitaire ; capacité d'un organisme ou d'un tissu de résister aux effets d'un agent nuisible dans son environnement [2].

JE N'AIME PAS le langage et les métaphores militaires, et j'essaie d'éviter l'usage de mots comme « combattre » ou « lutter », à moins qu'ils ne soient utilisés dans un contexte très précis. La notion d'« occupation totalitaire », cependant, dépasse le contexte militaire et me semble décrire de façon réaliste la campagne de l'industrie de la biotechnologie et les efforts qu'elle déploie pour imposer une économie dirigée.

Si cinq ou six multinationales contrôlent toutes les semences de toutes les principales cultures commerciales aux quatre coins de la planète, on peut parler de régime totalitaire. Ajoutez à cela leur mainmise sur le patrimoine génétique des principales lignées d'animaux d'élevage, de même que la manipulation du matériel génétique des espèces végétales et animales en vue de produire des variétés hybrides ou stériles, ou les deux. Résultat : un véritable système totalitaire, comparable à l'occupation d'un

1. Albert Memmi, *Portrait du colonisé,* Paris, Gallimard, 1985, p. 158.

2. *Nelson Canadian Dictionary,* 1997.

territoire — la Terre entière! — par des troupes étrangères et leurs mercenaires locaux. À l'autre extrémité de la chaîne alimentaire, en effet, les terres cultivables se retrouvent sous la domination d'une poignée de chaînes de marchés d'alimentation géantes, elles-mêmes envahies par une foule d'aliments et de produits alimentaires transgéniques, non étiquetés afin que la population ne puisse identifier les envahisseurs, et par conséquent ni les éviter ni les rejeter.

Une bonne façon de vérifier si nous sommes en train de sombrer dans la paranoïa est de nous poser, à différents moments et à différents endroits à l'intérieur de ce système, cette simple question: «À qui cela profite-t-il?». Si la réponse est toujours la même, quel que soit le contexte, nous sommes bel et bien en présence d'un régime totalitaire. Si le système sert invariablement les intérêts et la soif de contrôle des grandes entreprises, il est temps de réagir et d'organiser la résistance.

N'allez pas vous laisser convaincre que les objectifs de la manipulation génétique des semences et de l'occupation des terres consistent à nourrir l'humanité et à protéger l'environnement. Tout ce qui intéresse les décideurs, c'est d'accroître leur contrôle et de créer une dépendance. À l'instar de tous les efforts impérialistes et coloniaux, leurs manœuvres visent l'exploitation des ressources du territoire et de la population colonisés au profit des grandes puissances impérialistes. Ce qui est nouveau, c'est que ces puissances impérialistes ne sont plus des États mais des multinationales. (En fait, celles-ci s'inscrivent dans la lignée des entreprises de Christophe Colomb et de la Compagnie de la Baie d'Hudson.)

Au nom du Progrès, ces nouvelles puissances tentent de nous faire croire que le projet de la biotechnologie représente pour nous la seule voie possible. Dans cette optique, elles deviennent tout simplement les instruments du destin. Nous devrions donc accepter leur règne et les remercier pour leur leadership et les efforts qu'elles déploient dans notre intérêt, même si nous ne leur avons rien demandé.

Ces puissances veulent également nous imposer leurs frontières floues entre la vie et la mort, et la confusion qui en découle. Le génie génétique prône la reconstruction de la vie en vue de l'«améliorer»; or, on ne peut reconstruire, transformer et livrer que les données qui forment la vie, et non pas la vie elle-même. Une simple compagnie ne peut contrôler la vie. Elle peut nous menacer, nous intimider, nous traîner devant les tribunaux, ou même tuer. Mais si, comme l'État, elle peut s'arroger le droit d'enlever la vie, elle ne pourra jamais donner la vie.

Depuis des millénaires, l'agriculture traditionnelle reconnaissait la complexité et la diversité du vivant. Jusqu'à très récemment, les agriculteurs étaient convaincus qu'il fallait célébrer et préserver cette complexité ; il n'était aucunement question de réduire et encore moins d'éradiquer la diversité au profit d'une élite de plus en plus restreinte de gènes, de semences et de personnes. La protection de la vie ne reposait pas sur le monopole et l'exploitation jalouse de la propriété privée mais sur le partage des semences, des plantes, des animaux, des terres et de l'eau.

Aujourd'hui, les multinationales dépensent des centaines de millions de dollars, sinon des milliards, pour éliminer toute réticence du public en général et des agriculteurs en particulier à l'égard de ces nouvelles technologies axées sur la domination et les profits. Dans cette guerre contre la vie, on se sert des gènes, du patrimoine génétique, des semences et des embryons brevetés comme de véritables bombes.

> En plus des deux millions de tonnes de bombes lâchées par les Américains [pendant la guerre contre le peuple du Viêt Nam et ses voisins qui a fait rage il y a 30 ans] [...] il y eut aussi des batailles au sol [...] Résultat : le Laos est le pays où l'on retrouve le plus grand nombre de munitions explosives non explosées (UXO) au monde [...] Les armes les plus meurtrières sont les bombes antipersonnel américaines, que les Laotiens appellent «bombies». Les plus communes [...] contiennent 100 grammes d'explosifs et 300 billes de métal enchâssées dans une gaine d'acier. Environ 90 millions de bombes de ce type ont été lâchées, et près du tiers n'ont pas encore explosé[3].

L'histoire se répétera-t-elle avec les cultures transgéniques, dont les effets sont peut-être plus subtils et à plus long terme encore ? Les bombes mutilent et tuent, mais au moins elles ne possèdent pas la faculté de se reproduire.

La biotechnologie n'est pas la science de la vie mais une technologie fondée sur l'intervention violente, la domination et la mort. C'est l'expression d'une société plus encline à tenter de conjurer la mort — ou au contraire à la provoquer — que fascinée par le miracle de la vie.

***

Au moment où s'intensifiait le mouvement étudiant contre la guerre du Viêt Nam, vers la fin des années 1960, j'ai assisté, lors d'une conférence étudiante en Ohio, à la projection du film *La bataille d'Alger,* dans lequel

---

3. *Guardian Weekly,* Londres, 4 octobre 1998.

on raconte l'histoire de deux hommes qui ont grandi ensemble en Algérie et qui sont amis depuis toujours, même si l'un deux est Français d'origine et l'autre Algérien. Le film met l'accent sur la situation à laquelle ils sont confrontés dans le contexte de la guerre d'Algérie, qui visait à libérer le pays du colonialisme français dans les années 1950. L'Algérien et le Français prennent conscience du fait que l'histoire et les circonstances les placent dans des camps opposés. Ils reconnaissent que si cela s'impose, ils devront s'affronter en ennemis, prêts à s'entre-tuer. Il n'existe plus de terrain d'entente. Cette situation tragique confère au respect qu'ils éprouvent l'un pour l'autre et à leur amitié une intensité extrême.

Ce film m'a laissé un souvenir aussi limpide que douloureux, car tout juste après avoir assisté à la projection, j'ai vécu une prise de conscience semblable avec un homme qui était mon ami depuis notre tendre enfance. Je ne l'ai jamais revu depuis ce jour-là, parce que je me suis rendu compte qu'il était devenu un adversaire, en raison de son orientation professionnelle et de son statut social, ou simplement à cause d'un conflit de classes. J'ai pensé que si une guerre éclatait, nous serions dans des camps ennemis. Pourtant, nous avions tant en commun sur le plan de la culture, de l'histoire. La ligne de démarcation qui sépare les camps ne peut jamais être tracée à la légère.

***

Rechercher le terrain d'entente et vouloir éviter les conflits : voilà peut-être un réflexe universel, du moins très présent chez les Canadiens. Je sais que je n'aime pas les conflits. Mais se peut-il que nous prônions la voie du milieu simplement parce qu'elle permet d'éviter de résoudre une fois pour toutes les situations déplaisantes ?

Avec la biotechnologie, il n'existe plus de voie du milieu ni de terrain d'entente : elle est devenue une question de vie ou de mort. Les chefs de file dans ce domaine et leurs compagnies, comme nous l'avons constaté, véhiculent délibérément une vision manichéenne des enjeux et des débats. Si vous n'acceptez pas la biotechnologie, vous vous y opposez. Ses promoteurs en ont fait un véritable culte : si vous n'êtes pas croyant, vous êtes un infidèle.

C'est là une situation déplorable, surtout pour ceux qui aiment la science — ceux qui y ont consacré des années, que ce soit dans le laboratoire d'une compagnie ou d'une université, ou encore au sein d'un organisme de réglementation ou d'instituts de recherche du gouvernement —

mais qui ne peuvent plus supporter la façon dont elle est utilisée et manipulée. Elisabeth Abergel, de l'université de York, par exemple, explique que lorsqu'elle travaillait comme biologiste des molécules pour une compagnie de biotechnologie, on lui avait demandé de cultiver un microorganisme inconnu en laboratoire en vue de définir son patrimoine génétique. Elle avait alors cherché à connaître son origine et son rôle dans la nature, et s'était demandé s'il ne valait pas mieux l'identifier d'abord afin de pouvoir favoriser sa croissance. On lui avait répondu que tout cela n'avait pas d'importance ; tout ce qu'on voulait savoir, c'était si ce microorganisme comportait des éléments susceptibles d'être utiles. Abergel en avait conclu qu'elle n'était pas au bon endroit et qu'elle devait réorienter sa carrière.

Il est essentiel d'aider les personnes qui, comme Abergel, tentent de trouver de nouvelles façons de pratiquer leur science, moins dans les éprouvettes et davantage dans les champs, où elle peut être mise au service des agriculteurs et de la population. Elles ont besoin de soutien, d'une « filière clandestine » comme celle qui aidait les esclaves noirs à fuir leurs maîtres américains et celle qui, un siècle plus tard, a permis aux jeunes Américains d'échapper à la conscription au moment de la guerre du Viêt Nam.

Les agriculteurs et les communautés rurales peuvent remplacer les conseils d'administration des compagnies, de même que leur science mise au point en laboratoire et vendue au prix fort, par des programmes de recherche dirigés par des agriculteurs et utilisant les ressources du milieu. Parmi les nouveaux « décideurs », nous retrouverons les plantes, les animaux et les micro-organismes, et nous apprendrons à leur donner voix au chapitre.

La population, tout comme les organismes ou les tissus, peut apprendre à résister aux effets d'agents nuisibles à son environnement. De plus en plus, les apôtres de la biotechnologie et leurs produits se heurtent à une résistance, tant de la part de riches consommateurs européens que de paysans — au Bangladesh, par exemple. Même certains organismes de réglementation perdent la confiance du public, alors qu'ils se voient forcés de composer avec des lacunes et des surprises impossibles à dissimuler, comme la pomme de terre Bt qui semble avoir perdu un gène commercial crucial, ou le canola qui renferme un mauvais gène ou deux.

Aux États-Unis, la résistance n'est pas soutenue comme l'industrie par la Fondation Rockefeller ni par les instituts de santé nationaux ; au Canada, elle ne peut s'appuyer sur le Projet de coïnvestissement en recherche et en développement agro-alimentaires, les crédits d'impôts fédéraux ni aucun des incitatifs économiques offerts par le gouvernement en vue de favoriser et de soutenir les activités du secteur privé dans le domaine de la biotechnologie. Aux quatre coins de la planète, cependant, la résistance peut compter sur le soutien des gens ordinaires qui organisent des rencontres, impriment et distribuent de l'information ou offrent nourriture et abri aux messagers et aux éclaireurs de la résistance.

Steve Emmott, du Groupe des Verts au Parlement européen, explique que «l'industrie ne comprend pas ce que nous faisons parce que nous ne sommes pas payés pour le faire. Ils ne comprennent pas qu'on puisse faire quelque chose simplement par conviction. L'industrie est inquiète car elle ne peut nous contrôler[4].»

La résistance peut se répandre parmi les gens comme elle le fait parmi les plantes sauvages ou cultivées. Nous savons aujourd'hui que les «mauvaises» herbes peuvent acquérir une résistance aux herbicides, tout comme les bactéries peuvent apprendre à résister aux antibiotiques. Ce n'est qu'une question de temps. Nous savons aussi que les gènes de résistance à un herbicide peuvent se propager rapidement des végétaux transgéniques aux espèces sauvages parentes — et peut-être même ailleurs. Selon les compagnies mêmes qui produisent des variétés résistantes aux herbicides, le canola résistant à un herbicide a déjà fait son apparition là où il ne le devrait pas. Et tandis que l'agence de réglementation concernée (soit l'ACIA) reste muette, les représentants des compagnies en question affirment à qui veut les entendre: «Nous avions prévu depuis le début un certain degré de transfert de la résistance à l'intérieur de l'espèce.»

***

Le canola à qui l'on introduit de force un gène de résistance à un herbicide peut-il se mettre en colère face à cette violation de son intégrité? Est-il possible que sa tendance à disséminer ses gènes aux quatre vents, y compris ses gènes de résistance, soit sa façon de se révolter? La pomme de terre contrainte de reproduire des gènes Bt étrangers s'insurge-t-elle contre ce travail forcé? La vache traitée à la HCrb désapprouve-t-elle cette violente intervention dans son métabolisme?

---

4. Propos de Steve Emmott, conseiller en biotechnologie pour le Groupe des Verts au Parlement européen, formulés lors du premier rassemblement populaire consacré à la biodévastation, St. Louis, juillet 1998.

Nous avons la responsabilité de participer à la résistance au nom de tous les organismes qui n'ont pas les moyens de protester. Même si la Holstein est une excellente vache laitière, elle préférerait sans doute ne pas dépasser certaines limites. Mais on ne lui laisse guère le choix : elle doit s'en remettre au jugement des producteurs laitiers qui se laissent séduire par les promesses de Monsanto. Il nous revient donc de prendre la décision en son nom.

Plus les promoteurs de la biotechnologie et leurs stratégies sont agressifs, plus ils craignent la résistance grandissante des organismes de toutes les formes et de toutes les grandeurs. Si les défenseurs de la biotechnologie parlaient auparavant des craintes de la population à l'égard des nouvelles technologies, il est devenu évident qu'aujourd'hui, c'est l'industrie qui a peur des réactions du public — c'est-à-dire des gens qui échappent à son contrôle —, à un point tel qu'elle en est venue à considérer la population comme un agent pathogène, nuisible à la pratique de la biotechnologie.

C'est pourquoi l'industrie éprouve le besoin de se protéger contre la population. Tout comme l'agriculture qu'elle a créée, que l'on doit défendre contre son environnement, les compagnies d'agrotoxines et de biotechnologie jugent dorénavant nécessaire de faire appel aux tribunaux et à la police pour se protéger. En 1993, lorsque des agriculteurs indiens s'en sont pris à l'usine de semences que Cargill était en train de construire à Bellary, au nord de Bangalore, dans l'État du Karnataka, la firme a demandé à la police de défendre ses installations. En 1998, Monsanto a absorbé les activités relatives aux semences de Cargill (sauf en Amérique du Nord), et avant la fin de l'année, alors que la résistance des agriculteurs s'intensifiait non seulement au Karnataka mais dans plusieurs autres États indiens, elle a réagi elle aussi en demandant une protection policière. Dans un journal de Bangalore, on rapportait : « L'ambassadeur des États-Unis à Delhi a écrit au gouvernement du Karnataka pour demander aux autorités de fournir une protection policière à toutes les entreprises américaines de la ville. Signalant les attaques répétées que des "malfaiteurs" avaient fait subir aux entreprises américaines, l'ambassadeur a demandé au gouvernement de l'État d'éliminer de leur atmosphère de travail les sources d'anxiété et d'appréhension. Il a également souligné la nécessité d'une protection spéciale pour les compagnies œuvrant dans le domaine des sciences et de la technologie [...] [5]. »

---

5. *Samykta Karnataka*, Bangalore, 25 novembre 1998.

Pour se protéger, l'industrie utilise également le secret (que le gouvernement préfère nommer « confidentialité » ou « information exclusive »), le refus d'étiqueter ses produits et des campagnes de propagande de grande envergure. C'est parce qu'elle craint les réactions de la population que l'industrie de la biotechnologie a cherché à garder secret l'emplacement de ses cultures expérimentales. Ses expériences passées lui ont enseigné que lorsque le public connaît l'endroit où se déroulent ses activités, elle doit affronter des manifestations d'hostilité sans équivoque.

La responsabilité civile

Pendant une grande partie de 1998, les militants engagés dans la résistance aux manipulations génétiques au Royaume-Uni ont utilisé la communication électronique aussi habilement que les paysans du Chiapas pour tenir le monde au courant de leurs actions. Voici un échantillon de leurs rapports :

> Il existe actuellement environ une centaine de sites d'essais où 13 compagnies de biotechnologie se préparent à coloniser le sol européen. Jusqu'à ce jour, quelque 36 sites ont été attaqués avec des manches à balai, des faucilles et des gants de jardinage.

> À Totness, dans le Devon, un champ en particulier a reçu la visite de 600 personnes de la région, dont certaines avaient fermé leur magasin pour participer à cette manifestation. Le champ de maïs génétiquement modifié, qui se trouvait à l'intérieur de la zone de pollinisation de la plus grande ferme biologique du pays, a été détruit par une vingtaine de personnes, lors d'une récente soirée d'été. Deux d'entre elles ont été accusées de délit et doivent subir des conditions de caution scandaleuses. La communauté leur a offert un soutien extraordinaire : plus de 300 personnes ont assisté à leur dernière comparution devant les tribunaux, et une pétition rassemblant plus de 2000 signatures de résidants de la municipalité a été acheminée. Les gens qui l'ont signée démontraient leur appui à cette « action illégale » menée dans l'intérêt de la population !

> À cinq heures du matin, le samedi 23 mai, on put assister à la première occupation d'un champ en Grande-Bretagne, alors que 30 militants pour le moins singuliers ont exprimé leur opposition aux manipulations génétiques en envahissant un champ de culture expérimentale de betterave à sucre de la compagnie Novartis à Kirby Bedon, près de Norwich. Quarante minutes plus tard, les policiers arrivaient, mais ils ne tardèrent pas à s'excuser pour leur précipitation : « Désolés, nous avions entendu dire qu'il y avait ici 30

personnes avec des bâtons, mais en arrivant, nous avons constaté que vous construisiez des wigwams!»

En l'espace de quelques heures, des fleurs et des plants de légumes biologiques avaient transformé le champ d'agriculture industrielle de la compagnie en un jardin éducatif présentant diverses possibilités de cultures intercalaires et de compagnonnage des plantes. On avait creusé des latrines, construit une cuisine et allumé un feu de camp, ces éléments indispensables de la vie de camp, et organisé un espace d'information bien documenté dans une yourte [tente traditionnelle]. Puis des journalistes sont arrivés, puis d'autres, et ce, pendant deux semaines. Le plus grand soutien a été fourni principalement par des résidants de la région (dont certains campaient sur le terrain la nuit et partaient travailler le matin). Quand on a émis un mandat d'éviction après deux semaines (difficile d'y échapper quand on *squatte* la terre du représentant de la Couronne dans le comté de Norfolk), nous avons ramassé nos affaires et nous sommes partis.

Après la fin de la saison des récoltes et des réjouissances qui l'accompagnent, ce fut au tour des supermarchés de recevoir les pressions des consommateurs qui réclamaient l'interdiction de tous les aliments génétiquement modifiés. Alors qu'un nombre grandissant de grandes chaînes d'alimentation, menées par Iceland, exprimaient leur intention de débarrasser leurs tablettes de tous les aliments génétiquement modifiés, le représentant de la Couronne dans le comté de Norfolk, gestionnaire du domaine agricole de Sir Timothy Coleman, annonçait au début de février 1999 la fin de toutes les cultures expérimentales sur cette propriété, en même temps qu'il mettait un terme à ses ententes avec Novartis et Monsanto. C'est dans ces champs, comme nous l'avons déjà mentionné, qu'avait eu lieu le premier *squat* de protestation contre les cultures génétiquement modifiées, en l'occurrence des betteraves transgéniques. Comme l'expliqua le gestionnaire du domaine, Roly Beazley, «Les aliments génétiquement modifiés suscitent actuellement une immense controverse et beaucoup de réticences chez la population. *Crown Point Farms* ne veut pas être mêlé à cette affaire[6].»

La stratégie de la résistance consiste alors à isoler et à désarmer les forces de l'occupation et à décontaminer le territoire occupé, une tactique parfaitement rodée au Royaume-Uni. La tâche n'est pas facile, mais cette résistance a l'avantage d'être décentralisée et démocratique; en outre, elle est mue par une conviction et non par une soif de contrôle et de gloire. Les forces de l'occupation, composées d'étrangers ou de mercenaires,

---

6. *Farmers' Weekly,* 5 février 1999.

sont handicapées par leur dépendance envers une structure extrêmement centralisée et par de longues voies de ravitaillement. Autrement dit, malgré les apparences, elles sont très vulnérables, ce qui explique peut-être leur comportement irrationnel et leur peur de la population.

Contrairement à la structure centralisée et autoritaire de l'industrie de la biotechnologie, la résistance au génie génétique qui s'organise actuellement à l'échelle de la planète est extrêmement décentralisée et spontanée. Certes, on retrouve quelques analystes bien en vue et une élite de militants d'expérience qui travaillent au niveau international, dont les plus connus sont sans doute Pat Roy Mooney et la Fondation internationale pour l'essor rural (RAFI). D'une certaine façon, toutefois, ces derniers fournissent le soutien et la recherche nécessaires aux militants de la base; ils effectuent un travail inestimable sur le plan mondial en dénonçant et entravant les projets impérialistes des compagnies de biotechnologie, tandis que les militants qui œuvrent au niveau local agissent sur le terrain et commencent concrètement à bâtir une société différente.

Par exemple, le mouvement britannique *genetiX snowball,* qui a été lancé pendant l'été de 1998, se définit comme «une campagne non violente de responsabilité civile». Cette présentation des fondements du mouvement, distribuée par courrier électronique, représente bien la philosophie de ces actions de résistance axées sur la démocratie et la non-violence:

> Après un siècle où nous avons dû faire face aux dangers de l'âge nucléaire et de la scission de l'atome, nous voilà à l'aube d'un siècle sur lequel pèse une nouvelle menace, peut-être pire encore: la scission du gène. La radioactivité a une «demi-vie», c'est-à-dire qu'elle devient de moins en moins dangereuse au fil de milliers d'années; le génie génétique, au contraire, possède une «vie multiple»: les gènes ne cessent de se répliquer, et ils ne peuvent jamais être rappelés une fois qu'ils ont été libérés [...]
>
> *genetiX snowball* est une campagne non violente de responsabilité civile dont l'objectif est d'organiser une résistance active à la menace que représente cette nouvelle technologie génétique, qui est non voulue, non nécessaire, dangereuse et irréversible. Notre système démocratique ne réussit pas à nous protéger; les multinationales sont devenues trop puissantes et les forces du marché détiennent les rênes du pouvoir. En termes simples, nous pouvons dire que les profits passent en priorité, au détriment de la santé humaine et de la protection de l'environnement.

La vision de la résistance est exprimée avec justesse dans cet avis:

L'action qui sera menée le dimanche 20 septembre 1998 par *genetiX* prendra une forme différente : plutôt que de simplement arracher les végétaux génétiquement modifiés, le groupe tentera une action de « transformation ». Cela consistera à planter des arbres fruitiers, des semences et des plants de légumes biologiques, de façon à présenter une vision concrète d'agriculture durable. L'endroit où aura lieu cette action de transformation, qui se tiendra sans doute dans un champ de cultures transgéniques expérimentales, sur le terrain d'une compagnie de biotechnologie ou sur celui d'un institut de recherche en manipulations génétiques, sera dévoilé lors d'une conférence de presse [...]

Comme dans la nature, la résistance se répand :

26 novembre 1998 : un groupe de jardiniers conservateurs, qui se sont présentés comme les *California Croppers*, ont pris part à un match de football le matin de l'Action de grâce dans les jardins de *Gill Tract* à Berkeley, détruisant des plants de maïs génétiquement modifiés sur leur passage, en un geste informel de « bienvenue ». Ces terrains appartiennent à l'université de la Californie, qui en assure la gestion. Les *Croppers* ont profité de cette occasion pour souhaiter la bienvenue au géant de la biotechnologie Novartis, qui venait tout juste de signer une entente relative à la recherche de plusieurs millions de dollars avec l'université de la Californie à Berkeley. Le match se voulait également un cadeau pour l'Action de grâce destiné aux Américains, qui auront droit aujourd'hui à de copieux repas, dont on estime à entre 60 et 70 pour cent la proportion d'aliments renfermant des produits alimentaires génétiquement modifiés. La décontamination des champs de légumes mutants, qui peut prendre la forme d'activités sportives plutôt agréables, est très répandue en Europe et en Inde.

Si l'on considère sa tradition inspirée par Gandhi et le poids incontestable de sa population — de 600 à 700 millions de personnes y pratiquent une agriculture de subsistance —, il n'est guère étonnant que l'Inde soit un pays particulièrement propice à l'organisation et au développement de la résistance. Vers la fin de novembre 1998, des militants du *Karnataka Rajya Raita Sangha* (KRRS — Association des agriculteurs de l'État du Karnataka) ont annoncé que les cultures expérimentales de Monsanto au Karnataka seraient réduites en cendres. Deux jours auparavant, des journalistes avaient forcé le ministre de l'agriculture du Karnataka à dévoiler les trois sites de cultures expérimentales de coton Bt dans l'État. Le KRRS avait communiqué avec les propriétaires des champs afin de leur expliquer la nature et les fondement des actions qui y seraient menées, et de les informer que le KRRS les dédommagerait de toute perte subie. Le monde a également été avisé des actions du KRRS :

Sindhanoor (Inde), 28 novembre 1998 : La campagne d'action directe menée par des agriculteurs indiens, l'opération « Incinérons Monsanto », a été lancée aujourd'hui dans le village de Maladagudda, situé à environ 400 kilomètres au nord de Bangalore. M. Basanna, propriétaire d'un champ où des cultures transgéniques expérimentales ont été effectuées à son insu, et le professeur Nanjundaswamy, président du KRRS (un mouvement inspiré par Gandhi rassemblant 10 millions d'agriculteurs dans l'État du Karnataka, situé dans le sud de l'Inde), ont déraciné ensemble le premier plant de coton génétiquement modifié, invitant le reste des paysans de la région à suivre leur exemple. En l'espace de quelques minutes, tous les plants du champ étaient entassés et prêts à être brûlés [...]

Nous encourageons UNIQUEMENT les actions directes non violentes. La non-violence, dans ce contexte, signifie que nous devons respecter tous les êtres vivants (non génétiquement modifiés), y compris les policiers et les personnes qui travaillent pour ces multinationales.

L'industrie de la biotechnologie utilise l'intimidation, les poursuites judiciaires et les menaces de poursuites, soit envers des agriculteurs qu'elle accuse de violer les « droits » des compagnies en conservant leurs semences pour les réutiliser, soit envers les journalistes et les gens du peuple qui ont osé critiquer ouvertement les activités de l'industrie ou qui ont cherché à en savoir plus sur ce qui les rendait malades. Les représentants de l'industrie ne semblent pas comprendre que la résistance est l'expression de préoccupations et de convictions beaucoup plus profondes que le contenu du prochain rapport trimestriel destiné aux actionnaires.

La prise de conscience

La première étape de la résistance, et la plus évidente, se situe toujours sur le plan de la prise de conscience.

Quand la gent politique se plie servilement aux exigences du marché contrôlé par l'industrie, la démocratie s'exprime mieux par la décontamination des champs et des jardins, ou encore par des actions menées directement dans les supermarchés. Pour les consommateurs, il s'agit de faire des choix conscients quant aux aliments qu'ils achètent et consomment, et quant à l'endroit où ils les achètent ; ils peuvent également considérer d'autres options, comme le troc et le jardinage.

Même chose pour les agriculteurs et les jardiniers, ainsi que pour tous ceux qui désirent se nourrir et nourrir leur famille et leur communauté de façon plus responsable. La première étape consiste à éviter toutes les semences génétiquement modifiées et tout ce qui y est associé. Si l'on veut aller plus loin, on peut sélectionner et préserver ses propres semences et les échanger avec d'autres. Cette pratique ancienne renaît et se répand de plus en plus aux quatre coins de la planète, alors que les compagnies de biotechnologie resserrent leur contrôle en matière de commerce des semences.

Les détaillants, les grossistes et les transformateurs de produits alimentaires qui dépendent de votre portefeuille sont particulièrement sensibles à l'opinion publique, et votre « vote » peut avoir beaucoup de poids. Vous pouvez l'exprimer non seulement par le boycottage des produits génétiquement modifiés (ou de ceux que vous soupçonnez d'avoir été manipulés), mais également en communiquant directement avec les compagnies qui les produisent, en vous référant à l'adresse qui apparaît sur les bouteilles d'huile de canola, les sacs de pommes de terre, le lait et tous les produits dérivés du maïs et du soya. Vous pouvez aussi faire parvenir des copies des lettres que vous adressez aux compagnies, peut-être accompagnées d'une note explicative, à vos représentants élus.

Vous avez également la possibilité d'exprimer votre opposition en posant des gestes aussi simples que concrets : aborder directement le sujet avec les employés et les gérants de votre marché d'alimentation, afficher clairement vos choix personnels en expliquant à voix haute à la personne à la caisse que vous achèteriez telle ou telle marque d'huile de canola, par exemple, mais seulement si vous étiez certain qu'elle ne provient pas de végétaux transgéniques. Vous pouvez ajouter que malheureusement, le produit en question n'est pas convenablement étiqueté et ne fournit pas cette information essentielle. Cette forme de résistance peut être menée avec légèreté et respect ; aussi simple soit-elle, elle peut provoquer des échanges intéressants avec les gérants de section et les employés à la caisse, pour la plupart sous-payés et peu informés, lorsqu'ils se rendront compte qu'ils ne peuvent répondre à vos questions. J'ai eu un jour une conversation passionnante avec un gérant de magasin au sujet du lait provenant de vaches traitées à la HCrb ; il avait grandi sur une ferme laitière, et son père s'était catégoriquement opposé à ce produit. À une autre occasion, à la suite d'un échange de lettres, j'ai eu un long entretien téléphonique avec une jeune femme de Toronto qui travaillait au siège de l'empire Weston (propriétaire de Loblaws et de Superstore). Elle m'avait appelé pour que je lui explique ce que je voulais savoir exactement au sujet de leur huile de canola. Je l'avais alors introduite à quelques notions de génie génétique pour qu'elle puisse poser les bonnes questions à ses patrons. J'attends toujours sa réponse, que la compagnie est probablement en train de concocter à sa manière. Entre-temps, pendant que la compagnie en question reçoit de plus en plus de lettres à ce sujet, ses supermarchés recevront peut-être une visite singulière, comme ce fut le cas en Grande-Bretagne :

> Le 20 juin, des légumes mutants — résultant de croisements avec des poulets, par exemple — se promenaient en liberté dans le Safeways de Taunton, dans le Somerset. Tout en arpentant les allées dans un chariot d'épicerie, ils ont annoncé leur intention de conquérir le monde, expliquant aux clients amusés : « Il y en a beaucoup d'autres comme nous, vous savez, nous ne sommes que les premiers à nous être échappés ! ». Après avoir été expulsés du marché, les légumes ont poursuivi leurs avertissements et distribué des tracts sur lesquels on pouvait lire : « Merci de votre participation à notre expérience. » Des employés trop zélés ont alors tenté de ramener les légumes dans le marché en attendant l'arrivée des policiers. Les légumes ont essayé de leur faire comprendre qu'on ne pouvait emprisonner les végétaux, ce qui a rendu les employés plus agressifs, jusqu'à ce que les légumes décident qu'il était temps de rentrer chez eux.

***

Quand les « mauvaises » herbes acquièrent une résistance aux herbicides, elles le font de l'intérieur ; c'est pour elles une question de survie. Vous pouvez presque les entendre s'organiser et affirmer : « Nous avons le droit d'être ici, plus que les agents transgéniques de Monsanto ! »

La résistance doit s'amorcer à l'intérieur de chacun de nous, par une prise de conscience. Il s'agit véritablement d'une question de vie ou de mort, aussi radical cela puisse-t-il sembler. Nous avons le choix, comme l'exprime le prophète Moïse : « Je te propose la vie ou la mort, la bénédiction ou la malédiction. Choisis donc la vie, pour que toi et ta prospérité vous viviez [...]. » (Deut. 30:19) Peut-être les prophètes de la biotechnologie nous offrent-ils la vie — ou l'immortalité —, à condition évidemment qu'ils puissent obtenir le financement et la réglementation essentiels à la mise au point de leurs technologies. Mais le prix à payer, c'est la mort.

Le temps est venu de remplacer l'économie dirigée et centralisée du monde industriel, qui cherche à s'immiscer dans les structures fondamentales de la vie, par des économies démocratiques et décentralisées.

Plus que jamais, le temps est venu de remplacer l'idéologie de la compétition par celle du partage. Pour y arriver, il nous faut comprendre qu'il y a assez de ressources sur la planète pour chacun et chacune de nous.

Lexique

Armageddon : 1) Dans l'Ancien Testament, lieu de l'ultime combat entre les forces du bien et du mal. 2) Conflit décisif ou catastrophique. (*Nelson Canadian Dictionary*)

Bioéthique : Dans le domaine de la biologie, confinement de l'éthique à la question des relations entre individus — entre le médecin et son patient, par exemple. Exclut toute notion de responsabilité sociale.

Biotechnologie : Entreprise visant à produire de nouveaux produits à partir d'organismes vivants. (Geoffrey Rowan, *Globe and Mail,* 1er mai 1990)

Charge de la preuve : 1) Ancien concept moral en voie d'être « génétiquement modifié » par l'interversion de deux gènes déterminants : la responsabilité est transférée de l'accusateur à l'accusé. 2) « Vous êtes coupable jusqu'à ce que vous prouviez votre innocence. »

Dangers : Plus réels que les risques ; soigneusement passés sous silence dans le discours de l'industrie et des législateurs de la biotechnologie.

Dépendance : 1) Condition imposée par les grandes entreprises et les puissances impérialistes. 2) Incapacité de survivre sans soutien externe. 3) L'un des objectifs du génie génétique consiste à en créer une.

Déterminisme génétique : 1) « Tout est dans les gènes. » 2) « Information » génétique innée. 3) « Tout ce que nous pouvons faire, c'est ce pourquoi nos gènes sont programmés : par conséquent, nous ne sommes pas responsables de nos actes. »

Déterminisme technologique : 1) « La technologie est issue de l'Immaculée Conception. » 2) « Nous n'avons pas d'autres choix que de l'utiliser, pour le meilleur et pour le pire. » 3) « Les considérations d'ordre éthique ou social ne sont pas pertinentes. »

Droits : Peuvent prendre différentes formes, comme les droits de propriété : « Pioneer Hi-Bred prendra des mesures énergiques pour protéger ses droits de propriété sur son matériel génétique. » (Communiqué de presse de la compagnie)

Équivalence en substance : Dans le système actuel, il n'est pas nécessaire de réglementer un produit destiné à être commercialisé comme aliment si ce produit est « équivalent en substance » à un aliment familier. (Voir Familiarité.) Par exemple, un produit rouge et juteux à la peau mince, qui pèse entre quelques grammes et un demi-kilo, est « équivalent en substance » à la tomate.

Évaluation des risques : Exercice théorique aléatoire.

Faim : Problème qui pourrait être résolu par le génie génétique à condition que ce soit assez rentable.

Familiarité : Concept adapté par les législateurs de la biotechnologie pour éviter de déplaire aux bailleurs de fonds de l'industrie : si un aliment a une odeur et une apparence familières, il peut être lancé aussitôt sur le marché, sans faire l'objet d'analyses ou d'études plus approfondies.

Fardeau de la preuve : Voir Charge de la preuve.

Gène : « Les gènes [...] n'existent pas [...] Le gène n'est qu'une tâche que la cellule doit accomplir. » (Ernst Peter Fischer, cité par Craig Holdrege dans *Genetics and the Manipulation of Life*) 2) « Chaque gène détermine la séquence d'acides aminés d'une protéine. En fait, c'est ce qui définit le gène. » (Ruth Hubbard et Elijah Wald, *Exploding the Gene Myth*)

Génétique : Ce à quoi la vie a été réduite, que l'on appelait autrefois semences, dans le cas des plantes, et spermatozoïdes et ovules, chez les mammifères — y compris chez les humains.

Gratitude : Attitude saine à l'égard de la vie.

Innocuité: Concept réductionniste appliqué aux aliments, perçus comme la somme des parties ou des ingrédients connus qui les composent. L'innocuité alimentaire fait précisément référence à l'absence de toxines reconnues pour leurs effets «catastrophiques» (ou à l'absence de ces substances en quantité suffisante pour qu'il y ait des effets immédiats — et immédiatement observables — sur la santé humaine). Étroitement liée à la notion d'évaluation des risques.

Innovation: Connaissance traditionnelle et indigène reliée aux plantes, aux animaux et à l'écologie, «découverte» et brevetée par les compagnies pharmaceutiques.

Inquiétude: Fruit de l'imagination des critiques de la biotechnologie.

Intégrité: 1) Qualité inhérente à tous les êtres vivants mais qui fait défaut aux formes de vie artificielles — aux multinationales spécialisées en biotechnologie, par exemple. 2) Concept non reconnu par le génie génétique.

Matériel génétique: Voir Patrimoine génétique.

Modification: Transformation violente subie par un organisme.

Monoculture: «Cancer de l'uniformité.» (GRAIN)

Nouveau, aliment: 1) Aliment génétiquement manipulé. 2) Ne serait pas considéré comme comestible par notre grand-tante.

Organisme: Forme de vie dont on doit respecter l'intégrité, quelle que soit sa complexité.

Organisme génétiquement manipulé: Expression rarement employée officiellement, particulièrement par les machines à propagande comme Burson-Marsteller. Voir Organisme génétiquement modifié.

Organisme génétiquement modifié (OGM): Terme employé par euphémisme pour Organisme génétiquement manipulé. «Modifié» risque moins de faire réagir la population que «manipulé».

Patrimoine génétique: Fondement sacré de la vie; selon les règles du capitalisme, peut devenir une propriété privée.

Principe de précaution: Regardez avant de sauter — et si vous n'êtes pas certain de ce qui vous attend, ne sautez pas!

Questionnement: Attitude nuisible à l'avancement professionnel dans le domaine de la biotechnologie.

Réductionnisme : « Processus consistant à réduire les objets ou les organismes à leurs composantes plutôt qu'à les considérer comme un tout [...] En biologie, le réductionnisme perpétue la croyance selon laquelle la meilleure façon d'expliquer le comportement d'un organisme ou d'un tissu est d'étudier ses cellules, ses molécules et ses atomes, et de décrire leur composition et leur fonction. » (Hubbard et Wald, *op. cit.*)

Risques : Conséquences négatives possibles, mais improbables, qui ne méritent pas que l'on s'y attarde. « Parmi les risques potentiels [du génie génétique], certains sont presque impossibles à prévoir. » (Déclaration de l'*Institute of Food Science & Technology* du Royaume-Uni à propos de la modification génétique des aliments.) Pour l'industrie de la biotechnologie, l'évaluation des risques est devenue la « gestion des risques » : elle nous assure que tous les risques potentiels seront bien gérés, et qu'aucun plan d'urgence n'est nécessaire.

Savoir : À ne pas confondre avec information.

Sciences de la vie : Nom que s'est approprié la campagne visant à réduire la vie à un médicament vendu sur ordonnance.

Syndrome des œillères : Maladie propre aux compagnies de biotechnologie, incapables de voir plus loin que le prochain trimestre. Très nocif pour la pratique scientifique.

Technologie : Terme utilisé par euphémisme pour génie génétique.

Variété : Classification taxonomique confuse, sauf si elle est brevetée.

Le génie génétique

Bon nombre des aliments offerts sur les tablettes de notre supermarché en sont issus — le soya et le maïs génétiquement modifiés, par exemple. On le retrouve dans les champs en bordure de la route — dans les cultures expérimentales de variétés génétiquement modifiées de colza, de betterave à sucre, de blé, de pomme de terre et de fraise, pour ne nommer que celles-là. Tout cela, sans avertissement ni consultation publique.

On désigne habituellement ce domaine par les expressions «génie génétique», «modification génétique» ou «manipulation génétique», qui font toutes référence à la recombinaison de gènes, généralement introduits dans une espèce étrangère; par exemple, on insérera des gènes de poisson dans le matériel génétique de la tomate, ou encore des gènes humains dans l'ADN du porc. Le génie génétique s'inscrit dans la sphère plus vaste de la biotechnologie.

Mais quels sont les principes qui sous-tendent cet ensemble de techniques? Pour saisir le fonctionnement du génie génétique, il importe de comprendre d'abord certaines notions fondamentales de biologie.

Qu'est-ce qu'une cellule ?

La cellule est la plus petite unité vivante, la composante de base de tout être vivant, qu'il s'agisse d'une plante, d'un animal ou d'un champignon.

Certains organismes, comme les amibes et les bactéries, de même que certains types d'algues et de champignons, sont unicellulaires, c'est-à-dire qu'ils ne sont formés que d'une seule cellule. L'être humain, pour sa part, est composé d'environ trois billions de cellules (3 000 000 000 000).

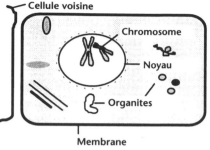

Figure 1

Selon les fonctions qu'elles exercent, les cellules peuvent avoir différentes formes. Toutefois, elles ressemblent généralement à une brique aux coins arrondis, ou à une masse angulaire.

Les cellules sont réunies de façon à former des tissus, des organes ou des structures (le cerveau, le foie, les os, la peau, la feuille, le fruit, etc.).

Dans un organisme, les cellules se spécialisent pour remplir certaines tâches : certaines produisent des enzymes ou emmagasinent les glucides ou les lipides, d'autres construisent le squelette ou remplissent des fonctions reliées à la communication, comme les cellules nerveuses ; d'autres encore, comme les globules blancs ou les cellules urticantes des méduses et de certaines plantes, veillent à la défense de l'organisme.

Pour participer pleinement au fonctionnement général de l'organisme, la plupart des cellules possèdent la même information, les mêmes ressources et le même « équipement » de base.

Chaque cellule d'un organisme supérieur (une plante ou un animal, par exemple) comprend les éléments suivants :

- une MEMBRANE cellulaire entourant l'ensemble de la cellule. (Les cellules végétales possèdent en plus une paroi cellulaire qui sert à renforcer leur structure.)
- plusieurs ORGANITES, éléments fonctionnels que l'on pourrait comparer aux organes dans le corps d'un animal, responsables par exemple de la digestion, du stockage ou de l'excrétion.
- un NOYAU, centre de commande de la cellule. Ce dernier contient toute l'information fondamentale nécessaire au fonctionnement, à la croissance et à la reproduction de la cellule ou de l'ensemble de l'organisme. Cette information est emmagasinée sous la forme d'un

code génétique porté par les chromosomes, que l'on retrouve à l'intérieur du noyau.

Les protéines

Les protéines sont les matériaux de construction des cellules et sont fabriquées par la cellule elle-même. Si on les examine de près, on s'aperçoit qu'elles sont formées d'une chaîne d'acides aminés, de petites molécules distinctes qui se lient facilement. Même si les protéines sont construites de façon linéaire, elles sont généralement pliées et repliées de façon à former des structures complexes. Les protéines ne remplissent pas toutes les mêmes fonctions. Certaines assurent le transport (comme l'*hémoglobine* des globules rouges, par exemple, qui véhicule l'oxygène) ; d'autres jouent le rôle d'anticorps, de messagers, d'enzymes (les enzymes digestifs, par exemple) ou d'hormones (comme les hormones de croissance ou l'insuline). On retrouve également des protéines de structure, qui délimitent les frontières et permettent le mouvement, l'élasticité et la contraction. Les fibres musculaires, par exemple, sont principalement composées de protéines. Ainsi, les protéines jouent un rôle fondamental dans la formation et le fonctionnement des cellules.

Les chromosomes

Le mot « chromosome » signifie « corps coloré ». (On peut examiner les chromosomes au microscope grâce à une teinture spéciale.) Comparables à des nœuds et à des boucles qui se forment le long d'un fil, les chromosomes sont porteurs du bagage génétique, c'est-à-dire des caractères héréditaires. Cette information est inscrite tout au long d'un filament que l'on appelle ADN. « ADN » est l'abréviation d'*acide désoxyribonucléique,* un constituant chimique que l'on retrouve dans le *noyau.* L'information génétique est codée, presque comme une bande sonore. Pour protéger le filament et l'information qu'il renferme, celui-ci est composé de deux brins tordus, la fameuse *double hélice.* Quand une cellule se multiplie, elle effectue une copie de toute l'information contenue dans son ADN et la transfère aux cellules filles. L'ensemble du bagage génétique d'un organisme est appelé *génome.*

Chaque cellule du corps humain, par exemple, renferme deux ensembles de 23 chromosomes différents, dont l'un provient du père et l'autre de la mère. Si on les déploie, l'ADN de chaque cellule humaine correspond à deux mètres d'ADN : il est donc extrêmement important qu'il

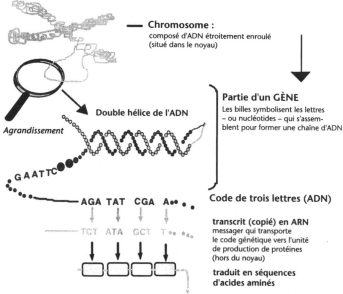

Formation de protéines à partir des acides aminés

Figure 2

soit organisé en chromosomes, afin d'éviter les nœuds, les enchevêtrements et les bris. La longueur des filaments d'ADN de l'ensemble du corps humain est d'environ 60 milliards de kilomètres, ce qui équivaut à 8000 allers et retours entre la Terre et la Lune !

L'information contenue dans l'ADN porté par les chromosomes est écrite et encodée de façon à ce que presque toutes les espèces vivantes de la Terre puissent la comprendre. C'est pourquoi on l'appelle le *code universel de la vie*.

Dans ce système codé, les cellules n'ont besoin que de quatre symboles (nommés *nucléotides*) pour déchiffrer toutes les données nécessaires à la synthèse d'une *protéine* donnée. Les nucléotides sont les unités constituantes de l'ADN, et on les désigne généralement par la première lettre de leur nom, soit A, C, G et T. Ces lettres se combinent pour former des « mots » de trois lettres, qui constituent des codes pour un *acide aminé* précis, comme le démontre la figure 2. L'information relative à la structure et au fonctionnement des cellules est encodée dans des *gènes* distincts. Le *gène* est un segment précis d'ADN qui renferme les directives permettant la synthèse d'une protéine donnée. La séquence codante d'un gène comprend en moyenne 1000 nucléotides. Par exemple, des gènes codent pour l'insuline, les enzymes digestifs, les protéines responsables de la coagulation sanguine ou les pigments.

La régulation de l'expression génétique

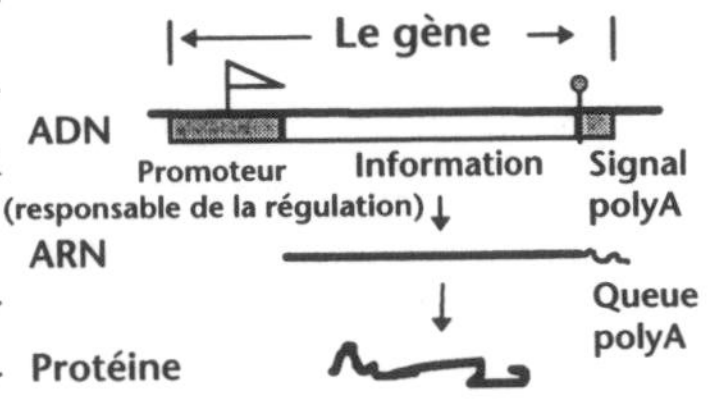

Comment la cellule sait-elle quelle pro-téine produire, quand la produire et en quelle quantité?

Figure 3

Devant chaque gène se trouve une sé-quence d'ADN qui contient les éléments ré-gulateurs de l'expression de ce gène, dont l'élément principal est nommé *promoteur*. Celui-ci fonctionne comme une «tour de contrôle», bran-dissant constamment un «drapeau» pour avertir le gène qu'il contrôle. Prenons par exemple la production de l'insuline (qui active la digestion des glucides). Quand la tour de contrôle de l'insuline reçoit, sous la forme d'une molécule, un message indiquant un manque d'insuline, elle achemine ce message vers le gène codant pour l'insuline. La molécule messagère, parvenue à son but, déclenche alors le processus de l'expression génétique.

Comment l'information contenue dans l'ADN est-elle transformée en une protéine au bon moment? Comme l'indique la figure 3, chaque gène est constitué de trois éléments principaux: la «tour de contrôle» (promoteur), un bloc d'information et un élément de signal poly A.

Si la cellule manque d'une protéine en particulier, un message est envoyé au noyau pour qu'on y trouve le gène contenant l'information nécessaire à la synthèse de cette protéine. Si la tour de contrôle reconnaît ce message, elle ouvrira l'«entrée» du bloc d'information. Les données sont alors automatiquement copiées — ou *transcrites* — le long d'une molécule appelée *acide ribonucléique* (ARN), qui forme un filament. L'ARN ressemble beaucoup à l'ADN, mais il n'est formé que d'un seul brin. Quand la copie a été effectuée, une chaîne pouvant comprendre jusqu'à 200 nucléotides de type A (une queue poly A) s'ajoute au bout du filament (*Voir figure 3*). On nomme *polyadénylation* ce processus, qui est déclenché par un élément de signal poly A situé vers l'extrémité du gène. On croit que la queue poly A empêche, pendant une période limitée, la dégradation du message de l'ARN. Les copies (ARN) du gène sortent ensuite du noyau et sont distribuées, à l'intérieur de la cellule, à de petites unités de travail qui convertissent cette information en protéines.

Une cellule n'utilise jamais toute l'information encodée dans son ADN. Les cellules se partagent la tâche en se spécialisant. Par exemple, les cellules du cerveau ne produiront jamais d'insuline, les cellules du foie ne produiront jamais de salive, et les cellules de la peau ne produiront jamais de tissu osseux. Si elles le faisaient, il régnerait dans notre corps un véritable chaos !

Même chose pour les plantes : les cellules des racines ne produiront jamais de chlorophylle, pas plus que les feuilles ne produiront de pollen ni de nectar. De plus, l'expression génétique varie selon la maturité : dans les jeunes pousses, aucun gène associé au mûrissement des fruits ne sera exprimé ; chez les personnes âgées, les gènes qui déterminent la production d'une nouvelle dentition restent habituellement silencieux.

En fait, l'expression des gènes est étroitement liée à l'environnement de la cellule et au stade de développement de l'organisme. Ainsi, à moins d'outrepasser les limites des méthodes de reproduction traditionnelles, on ne peut demander aux feuilles du pavot de produire la couleur rouge des pétales de cette plante, même si les cellules des feuilles possèdent toute l'information génétique nécessaire pour accomplir cette tâche. Un « blocage », en effet, empêche le rougissement des feuilles. Ce blocage peut s'expliquer de deux façons :

- Le gène qui engendre la couleur rouge a été soigneusement enveloppé à l'intérieur de toutes les cellules des feuilles et donc réduit au silence de façon permanente. L'information qu'il renferme devient alors inaccessible.

- Les cellules des feuilles n'ont pas besoin de l'information relative à la couleur rouge et ne demandent donc pas de copies (ARN) de ces données. Par conséquent, aucune molécule messagère n'est envoyée à la tour de contrôle du gène « rouge » pour en déclencher l'expression.

Évidemment — vous l'aurez peut-être deviné —, il existe un truc qui permet de tromper la plante et de forcer ses feuilles à rougir. On peut introduire le gène « rouge » par la technique du cheval de Troie, en le dissimulant derrière la tour de contrôle d'un autre gène. Pour y arriver, il faut toutefois prélever les gènes et les réintroduire en les disposant autrement. C'est là que s'arrête la simple reproduction et que commence le génie génétique.

La reproduction

La reproduction est le processus naturel de génération à l'intérieur d'une même espèce. Le bagage héréditaire des deux parents est alors combiné et transmis à leurs descendants. Lors de ce processus, les mêmes sections d'ADN peuvent être échangées entre les chromosomes homologues, mais les gènes conservent toujours la même position et le même ordre sur les chromosomes. Un gène reste toujours voisin du même ADN, à moins que ne surviennent des mutations ou des accidents génétiques. Certaines espèces parentes, comme l'âne et le cheval, peuvent se croiser entre elles, mais leur progéniture (la mule, dans ce cas) est généralement stérile. Il s'agit là d'une protection naturelle qui empêche le métissage de gènes qui pourraient s'avérer incompatibles et assure la survie de l'espèce.

Le génie génétique

On recourt au génie génétique pour prélever des gènes ou autres segments d'ADN sur une espèce (le poisson, par exemple) et les introduire dans une autre espèce (la tomate, par exemple). Pour y arriver, le génie génétique offre un ensemble de techniques permettant de découper l'ADN soit au hasard, soit à certains endroits précis. Une fois isolés, ces segments d'ADN peuvent être étudiés, reproduits et *épissés* (insérés) dans n'importe quelle séquence d'ADN d'une autre cellule ou d'un autre organisme. Le génie génétique permet de franchir les frontières naturelles entre les espèces et de recombiner l'information issue d'espèces très différentes ; par exemple, il devient possible d'introduire le gène antigel d'un poisson comme le flet dans l'ADN de la tomate ou de la fraise, d'insérer dans le génome du maïs, du coton ou du colza un gène responsable de la synthèse d'une toxine insecticide issu d'une bactérie, ou encore d'introduire des gènes humains dans l'ADN du porc.

Cela pose cependant un problème : le gène prélevé sur un poisson ne peut être exprimé dans une tomate sans qu'on lui fournisse un promoteur muni du « drapeau » qui pourra donner le signal reconnu par les cellules de la tomate. Cette séquence de contrôle peut provenir soit de la tomate elle-même, soit d'un autre organisme. La plupart des compagnies et des chercheurs, cependant, choisissent le chemin le plus court et ne se donnent pas la peine de rechercher le promoteur approprié de la tomate, car il faudrait plusieurs années pour comprendre le fonctionnement de la cellule en matière de communication et de régulation internes. Pour éviter ce long processus d'expérimentation et d'ajustement, la plupart des chercheurs utilisent des promoteurs viraux. Or, comme vous le savez sans doute, les virus sont des organismes très actifs. Une fois qu'ils ont trouvé une nouvelle victime, ou plutôt un nouvel *hôte,* rien, ou presque rien, ne peut les arrêter. Ils intègrent leur bagage génétique à l'ADN de la cellule hôte (une cellule de votre corps, par exemple), se multiplient, infectent les cellules voisines et se multiplient encore. Ce phénomène s'explique par la présence chez les virus de promoteurs très puissants, qui commandent à la cellule hôte d'utiliser l'information contenue dans les gènes viraux pour produire des protéines virales. En utilisant simplement le promoteur d'un virus végétal et en le plaçant devant le bloc d'information du gène de poisson, on peut obtenir un gène «hybride» de virus et de poisson qui pourra être exprimé n'importe quand et n'importe où dans la plante.

Ce tour de force, qui peut sembler extraordinaire, comporte toutefois un inconvénient majeur : l'expression du gène hybride ne peut être interrompue. La plante, en effet, ne contrôle plus l'expression de ce nouveau gène et ce, même si cette expression constante (et forcée) du nouveau caractère affaiblit l'immunité de la plante ou nuit à sa croissance.

En outre, la réalité déjoue parfois la théorie. Souvent, sans raison apparente, le nouveau gène ne s'exprimera que pendant une période limitée. Cependant, il n'y a aucun moyen de prévoir cette éventualité. Bien que l'on prétende souvent le contraire, l'introduction d'un gène étranger dans un organisme hôte supérieur est encore une technique des plus rudimentaires, aussi imprécise qu'imprévisible. On ne peut déterminer à l'avance l'endroit où se retrouvera le «nouveau» gène ; celui-ci peut aboutir près d'un autre gène — ou même à l'intérieur de celui-ci — dont il perturbera le fonctionnement ou la régulation. Si le «nouveau» gène se retrouve dans une zone «silencieuse» de l'ADN de la cellule, où les gènes ne sont pas exprimés, il risque de perturber la régulation de l'expression génétique de la zone au complet — en provoquant l'expression de gènes «silencieux», par exemple.

Souvent, lors de manipulations génétiques, on ne se contente pas d'utiliser l'information contenue dans un gène précis et de la disposer derrière le promoteur d'un autre gène : on emploie également des éléments prélevés sur d'autres gènes et d'autres espèces. Même si cette pratique vise à favoriser l'expression et le fonctionnement du «nouveau» gène, elle constitue une intervention additionnelle et accroît les risques d'effets indésirables.

L'introduction d'un gène étranger dans une cellule

Il existe différentes façons d'insérer un gène de A à B ou de *transformer* une plante grâce à l'introduction d'un «nouveau» gène. Le *vecteur* est ce qui introduit le gène dans l'hôte, ou plus précisément dans le noyau de la cellule hôte (a). On emploie habituellement comme vecteurs des *plasmides* bactériens (voir ci-dessous) ou des virus. La «technique du fusil» ou «biobalistique» est une autre méthode, qui consiste à projeter à l'aveu-

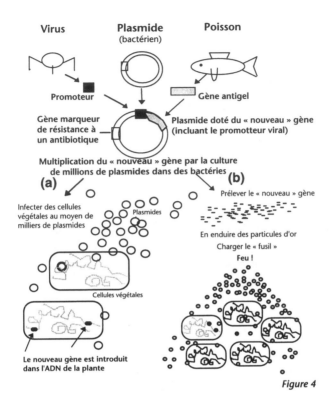

Figure 4

gglette une grande quantité de fines particules d'or recouvertes du gène désiré sur une plaque de cellules végétales, dans l'espoir que le gène en question s'introduise dans l'ADN de certaines cellules (b).

Qu'est-ce qu'un plasmide?

Les **plasmides**, que l'on retrouve chez plusieurs types de bactéries, sont de petits anneaux d'ADN pourvus d'un nombre limité de gènes. S'ils ne sont pas essentiels à la survie des bactéries, ils peuvent cependant leur faciliter grandement l'existence. Même si toutes les espèces de bactéries portent déjà sur leurs chromosomes l'ensemble de l'information génétique fondamentale relative à leur survie et à leur reproduction, elles ont inventé un outil qui leur permet d'accélérer les échanges d'information. Si l'on compare le chromosome à une étagère couverte de manuels et de livrets d'instruction, et le gène isolé à une recette ou à un mode d'emploi précis, le plasmide pourrait se comparer à un dépliant. Parce que les plasmides se répliquent de façon autonome, ils sont facilement multipliés et introduits. De plus, ils contiennent souvent des gènes de résistance à un antibiotique. Ce type d'information, qui se transmet aisément, peut s'avérer extrêmement utile pour les souches de bactéries qui tentent de résister à l'action des médicaments ; c'est d'ailleurs l'une des causes principales de la propagation rapide d'une résistance aux antibiotiques.

Travailler avec les plasmides

Les plasmides sont relativement petits et se répliquent très rapidement, ce qui permet de les étudier et de les manipuler facilement. On peut sans problème déterminer la séquence de leur ADN, c'est-à-dire découvrir l'ordre des lettres — ou nucléotides — (A, C, G et T) et les numéroter. Certaines combinaisons de lettres — comme CAATTG — sont faciles à découper à l'aide d'enzymes particuliers. (Voir la section sur les protéines.) Ces enzymes, nommés « enzymes de restriction », font partie de la « trousse à outils » des biochimistes spécialisés en génie génétique. Si l'on désire introduire un gène de poisson dans un plasmide, par exemple, il faudra procéder par étapes : d'abord, on doit placer une quantité suffisante d'un plasmide connu dans une éprouvette et y ajouter un enzyme de restriction particulier, qui s'attaque alors à l'ADN du plasmide en le découpant ; une heure plus tard, le temps est venu d'interrompre ce processus de « digestion », de purifier l'ADN découpé du plasmide et de le mélanger à des copies du gène de poisson ; après un certain temps, le gène de poisson s'insère dans la boucle coupée de l'ADN du plasmide. On doit alors ajouter rapidement la « colle » tirée de la trousse à outils — soit un enzyme nommé *ligase* —, réintroduire les plasmides modifiés dans la bactérie et les laisser croître et se multiplier. Évidemment, le plasmide conserve ses propres gènes, ou les gènes dont on l'a doté à l'avance en vue de faciliter l'expérience. Dans ce cas, les **gènes marqueurs**, qui sont généralement des gènes de résistance à un antibiotique, facilitent grandement le déroulement du processus. Quand le plasmide est marqué par un gène de résistance à un antibiotique, on peut effectuer une sélection en ajoutant l'antibiotique en question à la réserve de nourriture des bactéries. Toutes celles qui renferment le plasmide modifié avec succès — et donc le gène de résistance à l'antibiotique — survivent et se multiplient, alors que les autres meurent.

Pourquoi se méfier du génie génétique ?

Le génie génétique est une science qui n'a pas dépassé le stade expérimental et qui a été appliquée prématurément à la production alimentaire. En analysant un gène dans une éprouvette, il est possible d'observer son comportement dans cet environnement limité ; toutefois, cela ne permet pas de comprendre le rôle et le fonctionnement de ce gène à l'intérieur de l'organisme sur lequel il a été prélevé, et encore moins de prévoir ses réactions advenant son introduction dans une espèce complètement différente. Les gènes codant pour la couleur rouge, une fois introduits dans des fleurs de pétunias, n'ont pas seulement changé la couleur des pétales : ils ont aussi perturbé la fertilité des plants et la croissance des racines et des feuilles. Le saumon génétiquement modifié que l'on a doté d'un gène codant pour une hormone de croissance, en plus de grandir trop rapidement, est devenu vert ! Ce sont là des effets secondaires imprévisibles, que les scientifiques nomment *effets pléiotropiques*.

En outre, nos connaissances sont très limitées en ce qui a trait aux effets potentiels d'un gène étranger (ou d'une partie donnée de sa séquence d'ADN) selon l'endroit où il est introduit dans le génome. Ces *effets positionnels* suscitent un grand nombre d'interrogations non résolues, tout comme les conséquences possibles de l'instabilité génétique et des manipulations visant à annihiler l'expression de gènes particuliers.

Comment s'assurer qu'une plante génétiquement modifiée destinée à l'alimentation ne renfermera pas une quantité anormale de toxines ou de substances allergènes dormantes, ou qu'elle n'en produira pas de nouveaux types ? Quels sont les effets des manipulations génétiques sur la valeur nutritive des aliments, ou encore sur l'environnement, la faune et la flore ? Toutes ces questions, pourtant cruciales, restent en suspens. Tant que nous n'y aurons pas répondu, le génie génétique ne devrait pas sortir du laboratoire. Quand elle s'allie à l'industrie, la biotechnologie est malheureusement portée à ignorer non seulement le principe de précaution, mais également certains principes scientifiques fondamentaux.

Cette section, accompagnée de schémas conçus par Faye Kenner, a été documentée et rédigée par Ricarda Steinbrecher pour le Women's Environmental Network *(WEN), l'un des organismes à but non lucratif les plus actifs dans le domaine de la protection de l'environnement en Grande-Bretagne. Les objectifs de cette organisation sont d'éduquer et d'informer les femmes qui s'intéressent à la protection de l'environnement, et de leur fournir les outils dont elles ont besoin.*

Les Éditions Écosociété
DE NOTRE CATALOGUE

Pleins feux sur une ruralité viable

**Collectif sous la direction de Laval Doucet,
Muimana Muende Kalala et Françoise Sorieul**

Ce livre est le produit d'un colloque international sur l'agriculture, la foresterie, l'élevage et l'énergie, tenu en mai 1993 au Québec.

ISBN 2-921561-15-8

16,95 $

Les vrais maîtres de la forêt québécoise

Pierre Dubois

L'auteur dénonce 150 ans de politique forestière au service exclusif des compagnies, assurées de la complicité de l'État.

ISBN 2-921561-23-9

16,95 $

L'écosophie ou la sagesse de la nature

Serge Mongeau

Envisager la nature comme un processus de vie dans lequel nous avons un rôle à jouer. Une exploration des voies pour y arriver.

ISBN 2-921561-06-9

16,95 $

Notre empreinte écologique
Matthis Wackernagel et William Rees

Créer une conscience populaire, tel est le but ultime de ce livre qui nous offre un outil de planification pour mesurer le poids réel sur la Terre de l'entreprise humaine, poids auquel les auteurs ont donné le nom d'«empreinte écologique».

ISBN 2-921561-43-3
24,95 $

Entre nous
Rebâtir nos communautés
Marcia Nozick

Il existe en Amérique du Nord des milliers de projets et d'initiatives communautaires qui pourraient changer bien des choses.
Un phénomène source d'espoir.

ISBN 2-921561-04-2
24,95 $

La simplicité volontaire, *plus que jamais...*
Serge Mongeau

« La société de consommation nous enferme, individuellement et collectivement, dans une cage qui nous laisse de moins en moins de choix véritables et de vraie liberté. »
Un livre qui met en valeur l'*être* en opposition à l'*avoir*.

ISBN 2-921561-39-5
19,95 $

Nos diffuseurs

en Amérique : *Dimédia inc.*
539, boul. Lebeau
Saint-Laurent (Québec)
H4N 1S2

en Belgique : Les Éditions *EPO*
20A , rue Houzeau de Lehaie
1080 Bruxelles

en France : *Diffusion de l'Édition québécoise (DEQ)*
30, rue Gay-Lussac
75005 Paris

les éditions
écosociété

Faites circuler nos livres.

Discutez-en avec d'autres personnes.

Inscrivez-vous à notre Club du Livre.

Si vous avez des commentaires, faites-les-nous parvenir ;
il nous fera plaisir de les communiquer aux auteurs et à
notre comité de rédaction.

Les Éditions Écosociété
C.P. 32 052, succursale Les Atriums
Montréal (Québec)
H2L 4Y5

Courriel : ecosoc@cam.org
Web : http://www.cam.org/~ecosoc/